西方经济学
穷人和贫困问题
研究及启示

贺静 著

中国社会科学出版社

图书在版编目（CIP）数据

西方经济学穷人和贫困问题研究及启示／贺静著 . —北京：
中国社会科学出版社，2013.5

ISBN 978 - 7 - 5161 - 2600 - 4

Ⅰ.①西⋯　Ⅱ.①贺⋯　Ⅲ.①西方经济学—贫困问题—
研究　Ⅳ.①F091.3

中国版本图书馆 CIP 数据核字（2013）第 097158 号

出　版　人	赵剑英
选题策划	田　文
责任编辑	张报婕
责任校对	杜丽延
责任印制	李　建

出　　　版	中国社会科学出版社
社　　　址	北京鼓楼西大街甲 158 号（邮编 100720）
网　　　址	http://www.csspw.cn
	中文域名：中国社科网　　010 - 64070619
发　行　部	010 - 84083685
门　市　部	010 - 84029450
经　　　销	新华书店及其他书店

印　　　刷	北京市大兴区新魏印刷厂
装　　　订	廊坊市广阳区广增装订厂
版　　　次	2013 年 5 月第 1 版
印　　　次	2013 年 5 月第 1 次印刷

开　　　本	880×1230　1/32
印　　　张	9
字　　　数	222 千字
定　　　价	29.00 元

凡购买中国社会科学出版社图书，如有质量问题请与本社联系调换
电话：010 - 64009791

中 文 摘 要

　　本书以当前中国改革开放突进、深层矛盾凸显的社会转型期为背景，首次将该时期出现的贫困、公平分配、弱势群体等一系列问题归结到穷人问题中，以穷人问题作为主线，从西方经济学的理论中收集、整理相关资料，对西方经济学各流派有关穷人问题的理论进行梳理和研究。

　　西方经济学各流派对穷人问题的研究总体上呈现出一定的规律性。那就是，每当阶级矛盾和社会冲突激化的时期，代表不同阶级利益的西方经济学家们就会对穷人问题展开研究，由于他们所站的立场不同，研究的目的也不尽相同。代表资产阶级利益的西方经济学家极力为资本家和资本主义制度辩护，他们中的有些人虽然对穷人表示了极大的同情，但所持的理论观点和政策建议却是有利于资产阶级利益的。而且，即使有些政策措施对穷人有利，也是为缓和阶级矛盾所服务的，其改良政策和措施并没有触动资本主义制度的本质。西方经济学中思想比较激进的异端学派是在对资本主义现实进行强烈批判的过程中展开对穷人问题的研究的，他们指出社会改良政策无法从根本上解决问题，并提出了自己的一些观点和看法。本书从经济思想史的角度，将西方经济学各学派对穷人问题的研究归为三类进行比较分析，即西方经济学正统学派中的干预派对穷人问题的研究、西方经济学正统学派中的自由派对穷人问题的研究以及西方经济学异端学派对穷人问题的研究。

其中,正统学派中的干预派认为,穷人问题的存在不仅极大地破坏了资本主义社会的和谐,甚至还影响到了资本主义统治的稳定,所以他们主张国家应采取政策措施对资本主义社会中存在的一些不和谐的地方进行局部的调整和改革,以改善穷人的状况,缓和阶级矛盾,从而达到稳定资本主义统治的目的。正统学派中的自由派认为,穷人问题的出现是资本主义经济发展中不可避免的一种现象,从某种意义上讲,牺牲这部分穷人的利益还会促进资本主义经济的发展。而政府的干预不仅不会改善穷人的状况,而且会使问题变得更糟糕。所以,他们主张按市场规则自由发展经济,政府不应作干预,即使政府在必要时采取干预措施,其程度和范围也应是有限的。西方经济学异端学派一般都以"左"的姿态批判正统学派的观点,揭露现行资本主义制度的弊端和不良现象,异端学派的某些观点已深入到资本主义制度的剥削本质。

本书在对西方经济学有关穷人问题研究的对比分析中发现,有三条理论主线贯穿其始终,即国家干预主义与经济自由主义的理论主线、公平分配的理论主线以及和谐与冲突的理论主线,这三条理论主线既相对独立又彼此相交,呈现出此消彼长、相辅相成的特点。这三条理论主线可以说是对西方经济学穷人问题研究的高度理论概括。

在理论分析的基础上,本书又对西方发达国家有关穷人问题的政策和实践进行了研究。第二次世界大战以来,西方发达国家为了维护其正常的社会秩序和统治秩序,力图化解和缓和"李嘉图定律"所造成的恶果——穷人问题的大量存在,在某些观念上往往向和谐思潮倾斜并在生产关系的具体形式和政策上作了局部的调整和变革。如西方国家通过全球化扩展，不断在全球范围内复制其现代资本主义生产方式；大力扩充中产阶级；西方国家尤其是北欧的"民主社会主义"化倾向；发展社会保障制度；重视非政府组织和慈善事业的发展，并将其视为弥补市场或政府失灵的"第三次分配"力量；强化对企业的微观规制和劳动立法以及倡导绿色的新发展观等。

通过以上分析发现，西方经济学各流派有关穷人问题的某些理论观点和实践经验对我国有一定的启示，可以合理借鉴，如公平和谐的分配理念、社会福利制度的构建以及非政府组织的慈善作用等。但是，在学习与借鉴西方理论资源和政策实践为我所用的过程中要注意，直接套用西方经济学各流派的见解和主张不可取，因为西方经济学各流派对穷人问题的理论分析与政策研究虽然有其自身的优点，但同时又存在着严重的缺陷，直接套用的结果只会是南辕北辙，有害而无益。因此，我们借鉴西方经济学有关穷人问题理论的正确思路应该是，结合当前中国现实的穷人问题，吸收西方经济学各流派有关穷人问题研究的有益成分，摒弃其不合理和错误的观点，从而归纳出有价值的政策建议，为我所用。在这个过程中，我们必须坚持以马克思主义基本原理为指导，并始终保持清醒的头脑和辩证的思维。

关键词：穷人问题　公平分配　和谐冲突理论　启示

Abstract

To the background of social transition in that China's reform and opening – up presses forward and the deep contradictions highlight, it is first attributed to the issue of poor that a range of issues such as poverty, equitable distribution and vulnerable groups occurring during this period. The issue of poor is taken as the main thread; lots of relevant theoretical resources are quarried and collected from the depository of Western Economics, the theoretical issues of schools of Western Economics are researched in this thesis.

The research on the poor of schools of Western Economics shows a certain degree of regularity in general. That is, whenever the class contradictions and social conflicts of the period of intensification, the Western economists on behalf of the interests of different classes would study the problem of the poor, because of there different position, objective of there study is also different. As the representatives of the bourgeoisie, the Western economists strongly defended for capitalists and the capitalist system, some of them expressed great sympathy to the poor, but the theoretical views and policy recommendations of them were conductive to the interests of the bourgeoisie. Moreover, even if some policies and measures were favorable to the poor, it was also to ease the class contradictions, the improved policies and measures had not touched the essence of the capitalist system. The heterodox schools, whose ideas were more radical of Western Economics, carried out research on the poor in the process of strongly criticizing the capitalism reality. They pointed out that social policies can not solve the problems fundamentally, and some of there views were proposed.

In this thesis, the research on the poor of schools of Western Economics will be classified into three categories for analysis from the perspective of the history of economic thought, namely, the research on the poor of the state intervention schools of the orthodox school in Western Economics, the research on the poor of the liberalism schools of the orthodox school in Western Economics, as well as the research on the poor of the heterodox school in Western Economics.

In which, the thoughts of the state intervention schools of the orthodox school are that, the problems of the poor not only greatly undermined the harmony of capitalist society, and even affected the stability of capitalist rule. As a result, they maintained that countries should adopt policies and measures to adjust and reform the disharmony of capitalism society to improving the situation of the poor and easing class conflicts, so as to achieve the purpose of the stability of capitalist rule. The thoughts of the liberalism schools of the orthodox school are that, the problem of the poor is an inevitable phenomenon in the economic development of capitalism. In a sense, the expense of the interests of the poor would facilitate the development of the capitalist economy. And the intervention of governments would not improve the situation of the poor, even make the problems more worse. Therefore, they advocated the freedom to develop economy according to the rules of the market, the government should not do more intervention, even if the government intervention are necessary, its extent and scope should be limited. Generally heterodox school in Western Economics criticize the views of the orthodox school to the "left" gesture, they often expose the drawbacks and undesirable phenomena of the existing capitalist system, some of there arguments have been deep into the exploitation essence of the capitalist system.

In the thesis, it is found that, there are three main theory threads throughout in it, that is, the theory thread of state intervention and liberalism, the theory thread of equitable distribution, as well as the theory thread of harmony and conflict. These three theory threads are independent, but intersect with each other, showing a diminishing supply and complementary characteristics. These three theory threads can be the theoretical generalization at a high degree for the research of the poor of Western Economics.

In the basis of theoretical analysis, the research on policies and practices of the poor of the western developed countries was below the thesis. Since World War II, in order to maintain their normal social order, western developed countries tried to resolve and reduce the problems of the poor, the adverse consequences by the "Ricardo's Law". Therefore, some concepts of these countries were often favored to the harmonious thought, and the partial adjustments and changes were made in the specific forms and policies of relations of production. Such as through the expansion of globalization, western countries continued to copy their modern capitalist mode of production at the global level; the expansion of the middle class; the "democratic socialism" tendency of western countries especially the Nordic countries; the development of the social security system; attaching importance to the development of NGO and charities, and put it as "The Third Allocation" force to make up for the failure of market and government; strengthening the regulation of micro – enterprise system and advocating the green new concept of development etc.

From the analysis above, it is found that the theoretical perspectives and practical experience on the problems of the poor of western schools in Western Economics have a certain degree of enlightenment to our country, it can be reference reasonably. Such as the concept of equitable distribution and harmony, social welfare system, and the role of the charity of NGO etc. However, in the process of reference, we should notice that it is undesirable to apply to the views of Western Economics directly. Because there are some advantages and serious shortcomings in the views. The results applying are only polarized harmful. Therefore, the correct line of thought should be that basing on the current issues of the poor of China, absorbing the useful constituents of the research, abandoning its unreasonable and wrong constituents, summarizing the valuable policies and recommendations for our use. In this process, we must adhere to the basic tenets of Marxism as a guide, and always remain sober – minded and dialectical thinking.

Key words：Issue of Poor　Equitable Distribution　Harmonious and Conflict Theory　Enlightenment

目　录

序　言

本书以西方经济学中有关穷人和贫困问题为研究对象，首次从经济思想史的角度，对西方经济学各流派及代表人物庞杂的理论观点进行尽可能系统的梳理和总结，将西方经济学有关穷人和贫困问题的研究分成三派，即正统学派中的干预派、正统学派中的自由派以及异端学派；首次概括出西方经济学研究穷人和贫困问题的三条理论主线，即：国家干预与自由主义理论主线、公平分配理论主线以及和谐与冲突理论主线，并贯穿于西方经济学穷人和贫困问题研究的始终；作者试图寻找西方经济学研究穷人和贫困问题的一般规律，从中借鉴其积极成果，从而有助于建构中国特色的反贫困理论和政策。

穷人抑或贫困以及相关的反贫困抑或发展问题，是迄今为止人类社会发展以及经济学研究经久不衰的一个主题。与此相关的思潮和派别还有穷人经济学、幸福经济学、福利经济学、发展经济学、经济正义论，不一而足。诺贝尔经济学奖曾多次颁给了"研究穷人"问题的经济学家，其中包括瑞典斯德哥尔摩大学教授冈纳·缪尔达尔（1974 年）、美国的威廉·阿瑟·刘易斯和西奥多·舒尔茨（1979 年）、英国剑桥大学的印度裔教授阿玛蒂亚·森（1998 年），而摘取 2006 年诺贝尔和平奖的是孟加拉国银行家穆罕默德·尤努斯。

"穷人经济学"（the Political Economy of the Poor）以及富
人经济学（Economics of the Rich）的概念最早是由敌视穷人
的纳骚·西尼尔（1790—1864）提出的。① 而马尔萨斯阴影
（1798 年），萨伊的"报酬递减律"（1803 年）、"李嘉图定
律"（1817 年）、克拉克的"劳动生产力递减律"（1899 年）、
"库兹涅茨假说"（1955 年）、② 伊斯特林悖论（1974 年）③ 则
论证了穷人贫困的必然性和合理性。

西方学界的有识之士推出了"回到斯密"、"回到马歇尔"
和"回到苏格拉底"的口号。西方经济学的开山鼻祖斯密的
古典精神，就是关注人的发展，关注人的福利和幸福，关注普
遍的人类命运，而不是仅仅关注经济增长和资源配置。斯密把
一国经济的发展、一国财富的增长以及"富国裕民"作为政
治经济学研究的对象、目标和任务。在他看来，利己的经济人
和利他的道德人应该是并行不悖的。马歇尔则认为经济学是

---

① 详见［美］亨特《经济思想史：一种批判性的视角（第二版）》（颜鹏飞
总译校）第 6 章《理性主观主义：边沁，萨伊和西尼尔的经济学说》、第 7 章
《穷人的政治经济学：威廉·汤普逊和托马斯·霍吉斯金的理论》，上海财经大学
出版社 2007 年版。不少人把这一概念的提出者归之为美国经济学家西奥多·W.
舒尔茨，但是，他却是在 20 世纪 50 年代，才深入剖析对贫困现象和穷人的行为
特征及其形成根源，认为由于世界上大多数穷人都生活在农村，农业经济学就是
穷人的经济学（The Economics of Being Poor）。

② 所谓库兹涅茨假说，就是人均财富差异与人均财富增长、增长与不平等
的关系、公平与发展遵循库兹涅茨所谓的倒"U"型曲线规律。库兹涅茨指出：
"在从前工业文明向工业文明极为快速转变的经济增长早期，不平等扩大，一个
时期变得稳定；后期不平等缩小。"（Kuzents, Simon, Economic Growth and Income
Inequality, *American Economic Review*, 1955（1：18））

③ 美国经济学家理查德·伊斯特林（Richard Easterlin）在《经济增长是否
改善人类：一些实证证据》（1974 年）一文中指出，经济增长和人均收入的提高
并不一定会带来相应的国民幸福程度的上升，此即"伊斯特林悖论"或者"幸福
悖论"（Easterlin Paradox）。

"经济生物学"，既是一门研究财富的学问同时也是一门研究人的学问。他在 1893 年总结自己的学术生涯时指出："在这25 年中，我投身于贫困问题的研究……我所致力的任何研究工作，很少不是和这个问题相关的。"① 被誉为"经济学良心的肩负者"、"穷人的经济学家"的阿玛蒂亚·森指出，经济学还是应该回到它的出发之地，不管经济学如何发展，它总要回答两千年前苏格拉底提出的命题，即"人应该怎样活着"的问题。

　　现代经济学的幸福经济学是一种回归。大卫·哈尔彭撰写的《隐形的国民财富——幸福感、社会关系与权利共享》，把幸福视为一种隐形的心灵的国民财富，用以区别显性的物质的国民财富。古典政治经济学时期，经济学本来在财富增长和人的幸福之间、利己和利他之间存在一个契合点和转换点，即理性人的自利性选择有一个经济伦理道德的约束。经世济民、民富国强亦即关注一国经济发展和人的幸福是经济学的本来目标。可是后古典政治经济学时期，现代主流经济学日益成为一门令人压抑的、"忧郁的"、"冷冰冰的学科"，它主要以功利主义作为自己的哲学信条和方法论基础，越来越成为"中性"的、"非道德"选择与"非价值取向"（Value Freeornon – Value Orientation）观占上风的极富工具理性的学科，丢失了主体性意识其中包括对人的关怀和对幸福的追求。

　　"经济正义"思潮及其流派方兴未艾。穷人及其贫困现象是对于"经济正义"的反动。马歇尔的弟子庇古以及帕累托和阿玛蒂亚·森等运用福利经济学的基本原理和分析工具对公平分配问题进行了理论释义。美国的约翰·罗尔斯的《正义

---

① ［美］凯恩斯：《马歇尔公职文书集》，伦敦 1926 年版，第 206 页。

论》（1971 年）提出"作为公平的正义"原则的首要性，以及分配正义理论，弘扬自由主义框架下的平等价值，从而引发了关于经济正义问题的当代论争。这是率先对于古典功利主义伦理理论的挑战，后者包括效率原则为取向的帕累托定理、准帕累托准则、卡尔多—希克斯标准和第三优理论。罗尔斯主义的公平分配正义论、自由至上主义的权利持有正义论、社群主义的多元社会正义论、西方马克思主义的劳动生产正义论和"新"功利主义的经济效率正义论等流派，应运而生。各学术派别拥有各自独特的学理资源和核心价值，但其集中思考与发人深省的两大问题——哪个领域会凸显经济正义问题，以及如何达致社会经济正义——使他们聚集在经济正义这面大旗之下。

以关注发展中国家的发展或者反贫困问题为标准的西方发展经济学已经成为一门显学。这里所讲的发展是多维度的，包括数量、质量、速度、成本、结构（内在经济结构；外在制度结构）多种维度，以及 what（什么是发展）、how（怎样发展）、for（为谁发展）、by（依靠谁发展）、of（由谁来享受发展成果）多种视阈。联合国开发计划署在《1996 年人类发展报告》中提出五种"有增长而无人类发展"或者"增长中的烦恼和贫困"的现象。但是，包括"有增长而无人类发展"在内的非科学发展至少可以归纳为七种表现形式：jobless——没有创造就业机会的经济增长；ruthless——无情的增长，成果不能为社会共同分享的经济增长；voiceless——无声的增长，没有发言权、没有推进民主政治发展的经济增长；rootless——无根的增长，没有文化根基的经济增长，本民族的文化和传统逐渐消失；futureless——无望的增长，以资源浪费、环境破坏为代价的没有前途的经济增长；Independenceless——低头的增长即依附型增长现象。这也是应该加以杜绝的第六种病态的导致不可持续性的经济发展现象；Controlless——以市场神话和公共产品市场化为标志的失控的增长现象，并被韦斯凯尔（T. Weisker）视为"愚蠢的增长"，即"不受约束的增长、漫无目标的增长、无政府状态的增长"。

"穷人政治经济学"已经在西方发展经济学中占有一席之地。著名的世界各国《发展报告》的研究成果表明：目前全球不到70亿人口中，约有65%的人处于经济快速发展的状况中，约20%的人仍生活在30年前的状况中，还有约20亿人处于原地踏步或倒退之中。21世纪初期，联合国、世界银行和经合组织提出"有利于穷人的增长"（Pro - poor Growth，PPG）的理念，即能够显著减贫、穷人获益而同时能够改善社会机会不均等从而使增长成果为社会共同分享。实际上，PPG理论是隶属于美国和谐—冲突学派中的穷人政治经济学的一个主题。阿玛蒂亚·森（Sen）和萨克斯（Jeffrey Sachs）是这一流派的著名代表人物。后者也是在全球范围内消灭贫困的非营利组织Millennium Promise Alliance主席和《贫穷的终结》一书的作者，他指出："我们时代最大的悲剧是还有1/6的人口根本就没有踏上发展的阶梯。大量极端贫困人口被困在发展陷阱中……因此，这些目标是我们时代的经济可能：至2015年实现千年发展目标；至2025年结束极端贫困；确保在2025年之前，世界上所有贫困国家能沿着发展阶梯获得可持续发展；为了实现上述目标，富裕国家应当提供适当的财政援助——比现在提供的数额要多，但在它们长久以来承诺的数额之内。"①

---

① ［美］萨克斯：《贫穷的终结》，邹光译，上海人民出版社2007年版，第21、26页。

世界各国自第二次世界大战以来，尤其 20 世纪五六十年代以后，凸显出合作、和平、发展以及变革、调整和转型的时代特征。西方发达资本主义社会随着时代及其主题的变化，在工人运动的压力下并为了自身的经济发展而力图维护社会正常秩序和社会制度运行的稳定性，力图跳出"李嘉图定律"的阴影和陷阱——穷人和贫困问题的大量存在，在某些观念上往往向和谐思潮倾斜并在生产关系的具体形式和政策上作了局部的调整和变革。耶鲁大学历史学教授保罗·肯尼迪（Paul Kennedy）对此作了理论背书，推出了"资本主义形式有限改变"理论。他认为，"资本主义将何去何从？我们现有的、受到破坏的体系不会被完全平等的社会主义社会所取代，尽管这是马克思所希望的。我们未来的政治经济学很可能不会让斯密或他现在的弟子感到满意：政府对'市场'的干预程度将比人们欢迎的要高。有人猜测，对于我们的新型资本主义，熊彼得和凯恩斯会感觉较为熟悉。在这个体系中，市场的动物性将受到国内和国际动物园管理者的严密关注，但不会扼杀自由企业原则"。但是，他又强调指出："资本主义的形式会有所改变，但不会消失。资本主义有严重的缺点，但资本主义的批评者会发现，其他制度更糟糕。这就是政治经济学告诉我们的。"①

其一，20 世纪 60 年代的"伟大社会"（约翰逊语）运动。对社会不公正的诉求的途径得到基本解决，以及在西方世界范围内形成了一股关于政府治理、革命企业社会责任、生态责任、保护劳动者权益，重建中产阶级、民主社会主义的风潮。20 世纪 60 年代，美国总统林登·约翰逊提出要把美国建

---

① ［美］保罗·肯尼迪：《读四大家的书，得知资本命运》，英国《金融时报》2009 年 3 月 13 日。

成"伟大社会"。约翰逊向贫穷作战的努力取得了一些成就，美国贫穷率从1964年的18%降到1968年的13%。尼克松总统继续了这种福利政策，随着福利预算的不断投入，贫穷率继续下降，达到1973年的11%，但在那以后贫穷率的降势却停止了。有研究显示，美国现在的贫穷率实际上比20世纪70年代还高，而自约翰逊政府以后的历届的美国总统在福利项目上已经花费了几万亿美元。然而，"里根革命"开启了一个为华尔街谋求利益的新保守主义，从而结束了林登·约翰逊和约翰·肯尼迪的"进步时代"。

其二，西方新发展论的嬗变和发展政策。其标志是佩鲁的《新发展论》和三大宣言：1972年联合国人类环境会议发表的《斯德哥尔摩宣言》（即《人类环境宣言》），即以环境保护和可持续发展为主题的联合国环境与发展大会1992年通过的巴西《里约热内卢宣言》，以及《哥本哈根社会发展宣言》（1995年）①。例如，——应该一如既往地区分"发展"和

---

① 《哥本哈根社会发展宣言》有下述特点：(1)"民间社会广泛参与制订和执行影响各国社会的运作和福利的各项决定"；(2)"具有广泛基础的持续经济增长和可持续发展模式，把人口问题同经济和发展战略结合起来，将加快可持续发展和铲除贫困工作并促成实现人口目标和提高人民生活质量"；(3)"在社会群体和国家之间公平和非歧视性地分配增长利益，并扩大生活于贫穷中的人民获得生产性资源的渠道"；(4)"有利于效率和社会发展的市场力量的相互作用"；(5)"设法克服分化社会的贫富悬殊现象并尊重多元主义和多样性的公共政策"；(6)"促进民主、发展以及所有人权和自由之间关系相互增强的稳定的支持性政治和法律框架"；(7)"避免排他性、同时尊重多元主义和多样性包括宗教和文化多样性的政治和社会进程"；(8)"按照《哥本哈根社会发展问题宣言》的各项原则、目标和承诺以及国际人口与发展会议的原则、目标、承诺，强化家庭、社区及民间社会的作用"；(9)"更多地取得知识、技术、教育、保健服务和信息"；(10)"增强各级的团结、伙伴关系和合作"；(11)"使人民有能力终身享有良好健康和生产力"；(12)"在以人为中心的可持续发展范围内保护和养护自然环境"（转引自丁元竹《国际组织关于"以人为本"思想的要点》，《开放导报》2004年第2期）。

"增长"，要重视发展，而增长是比较狭隘和单一的概念；要区分"社会发展"和"经济发展"，要重视"社会发展"，而"经济发展"是比较狭隘和单一的概念；而在"社会发展"中，既重视世界社会发展，因为世界社会发展状况是衡量经济增长质量和社会福利增量的基本方面，同时又要重视人类福利、人类公平、人类尊严和人的发展。

——经济增长必须与公众参与和治理等问题结合起来，在发展过程中必须保证每一个人的权利和利益，而不仅仅保证投资商和精英们的权利和利益。

——以往的发展政策往往忽视经济增长与提高生活质量之间的联系，经济增长必须与生活质量提高挂钩。

——社会发展的核心是强调消除贫困、减少失业和消费歧视，而各个国家十来年的发展表明，在经济增长的同时收入不平等在加剧，经济增长与消除贫困之间没有必然的联系。因此，社会发展要保证全体居民尤其农民的收入及就业安全，减少贫困，增加儿童福利和改善政府的社会政策。在社会发展中尤其要给农村发展以特别关注，发展政策要满足农村发展的基本需求，保证农民收入平等持续增长，为乡村人口创造就业机会。

——要关注所有的资本，即有形资本、人力资本和自然资本，这是一个重要的发展原则。其发展目标应该从以物为本转到以人为本。发展就是改善人民的生活质量，就是提高他们构建自己未来的能力。这通常需要提高人均收入，但它还涉及更多的内容。它涉及到全体人民更平等地享有受教育和工作的机会，更高水平的性别平等，更好的健康和营养状况，更清洁和可持续程度更高的自然环境，更公正的司法体系，更广泛的公民和政治自由，以及更丰富的文化生活。其发展内容从关注人造资本转到关注综合资本。为了提高增长率，人们长期以来大多关注的是有形资本的累积。但其他关键的资产包括人力资本、社会资本和自然资本等也应当受到关注。这些资本对穷人来说也是至关重要的。

——时时关注分配问题也是一个重要的发展原则。发展分布要注意分配方面的问题。重视发展的质量带来了对增长进程中分配问题的重视。更平等地分配人力资本、土地和其他生产性资本意味着更平等地分配收入机会，意味着强化人民利用技术优势和创造收入的能力。

其三，联合国秘书长安南提出了"千年发展目标"和千年发展目标规划路线图。这一计划的很多核心建议在2005年9月举行的联合国首脑会议上被各国政府所采纳。这是国际各国达成的旨在2015年之前消除极端贫穷、疾病和饥饿的一系列共识。

由此可见，西方经济学各学派有关穷人和贫困问题的某些理论观点和实践经验对我国有一定的启示。但是，建立在剥削基础之上的资本主义私人占有制度，是无法从根本上解决穷人和贫困问题的，铸就其永久徘徊于"李嘉图定律"怪圈和"库兹涅茨假说"阴影之中的历史结局。西方古典政治经济学体系的完成者李嘉图提出的"李嘉图定律"的实质就是：社会生产力发展和社会的进步是以牺牲某些阶级或阶层的利益为代价，被称为绝对合理的必然规律。

马克思指出："李嘉图把资本主义生产方式看作最有利于生产、最有利于创造财富的生产方式……'人'类的才能的这种发展，虽然在开始时要靠牺牲多数的个人，甚至靠牺牲整个阶级，但最终会克服这种对抗，而同每个个人的发展相一致；因此，个性的比较高度的发展，只有以牺牲个人的历史过程为代价。至于这种感化议论的徒劳，那就不用说了，因为在人类，也象在动植物界一样，种族的利益总是要靠牺牲个体的利益来为自己开辟道路的……因此对李嘉图来说，生产力的进一步发展究竟是毁灭土地所有权还是毁灭工人，这是无关紧要的。"而"穆勒并不掩盖资本同劳动的对立。……为了使人类的（社会的）能力就在那些把工人阶级只当作基础的阶级中自由地发展，工人群众就必须是自己的需要的奴隶，而不是自己的时代主人。工人阶级必须代表不发展，好让其他阶级能够代表人类的发展。这实际上就是资产阶级社会以及过去的一切社会所赖以发展的对立，是被宣扬为必然规律的对立，也就是被宣扬为绝对合理的现状"。①

"李嘉图定律"崇尚生产力法则并承认阶级对立和不和谐，这无疑是正确的，因此马克思把李嘉图视为"博爱主义者"，并具备"客观的"、"科学的""斯多葛精神"即朴素的唯物主义倾向；但同时这一定律力图证明资本同劳动严重对立的资本主义社会是天然合理和永恒的社会，并赋予其绝对合理性和规律必然性，这表明李嘉图其人具备唯物与唯心、斯多葛精神与新斯多葛主义的双重品性。这也是一个双重悖论：其一，生产力是社会发展的原动力，先进生产力也是消除不和谐的物质基础；同时生产力的发展又以阶级对立和分配悬殊为代价。其二，阶级对立是不和谐的，但是资本同劳动严重对立从而导致穷人和贫困现象的资本主义社会又是一个所谓天然合理和永恒的社会。

我们在改革开放 30 年中取得了举世瞩目的发展成就，同

---

① 《马克思恩格斯全集》第 26 卷，人民出版社 1973 年版，第 2 册，第 124—125 页；第 3 册，第 102—103 页。

时也付出了巨大的发展代价。如何走出诸如"增长中的贫困"、"增长中的烦恼"或者"不带来好运"七种非科学发展的困境或瓶颈：怎样正确认识和解决"什么叫发展，怎样发展，为谁发展、依靠谁发展、由谁来享受发展成果"问题，并在推动科学发展中着力实现创新型发展、协调型发展、公平与和谐型发展、绿色型发展和非依附型发展。这是一个新的时代课题。

一般而言，一个国家处于人均 GDP 大约 1000—3000 美元的社会发展阶段，会呈现出双元化特征，也就是说，既是经济的加快发展的机遇期，又是各种矛盾的凸显期和非和谐期。这已为许多国家的发展实践所证实。中国已经进入以全面建设小康和谐社会为目标、以改革开放为动力的前所未有的社会转型期，尤其是在新世纪伊始，中国正处于一个不断"试错"、反思、争论和"纠错"，以及各个阶层、各种利益集团相互博弈、深层次矛盾尤其是分配问题凸显的时期，从而使改革进入深水区和攻坚阶段。中国改革的思路如果长期停留在效率优先而兼顾公平、先富而罔顾共富，不能正确处理"做大蛋糕"、"做好蛋糕"和"分好蛋糕"的关系，必然带来一系列的问题，如三大收入分配差距或者三大利益失衡问题，亦即居民收入差距、中观层次的地区差距以及宏观层次的国家与居民收入差距，2002 年到 2012 年这十年，中国基尼系数超过了 0.4 的警戒线，始终在 0.47 到 0.49 的区间高位运行，也高于世界平均 0.44 的水平，从而使得 30 年经济发展的成果和社会财富的积累不能为大多数人所分享，一部分人先富起来而没有及时带动大多数人实现共同富裕。贫困、公平分配、腐败、弱势群体等一系列的问题日益突出；分配关系是生产关系的反面，长此以往，"食之者众，生之者寡，用之者疾，为之者舒"，由此诱发的生产关系的质变必然导致经济基础和上层建筑的连锁反应。形势逼人，这一问题越来越成为理论上必须研究、实践中需要探寻的紧迫问题，尤其从经济学的角度对穷人和贫困问题进行研究具有重要的现实意义。

与中国目前的"经验型"分析不同，本书从经济思想史的角度对西方经济学理论中有关穷人和贫困问题的研究进行系统的梳理和学术归类，将西方经济学有关穷人和贫困问题的研究分成三类（即西方经济学正统学派中的干预派对穷人和贫困问题的研究、西方经济学正统学派中的自由派对穷人和贫困问题的研究以及西方经济学中异端学派对穷人和贫困问题的研究）、三大派别和三条理论主线，借鉴其精华，剔除其糟粕，为我所用；而且研究方法及论点也不乏新颖之处。这是与作者多年的专业积累和学术功底分不开的。该书也是我主持的教育部社科基金重大攻关项目《〈资本论〉及其手稿再研究》（11JZD004）的阶段性成果之一。相信本书的出版不仅可以给读者诸多启示，也将有益于推动经济学领域对穷人和贫困问题的研究。

是为序！

颜鹏飞

2012 年 12 月 28 日

于武汉大学珞珈山

第一章 导论

第一节 问题的提出和选题意义

2005 年 3 月 14 日，在十届人大三次会议结束后举行的记者招待会上，温家宝总理在回答《人民日报》记者的提问时引用了 1979 年诺贝尔经济学奖得主西奥多·W. 舒尔茨在其获奖演说中的有关"穷人经济学"的那段话："世界上大多数是穷人，如果你懂得了穷人的经济学，那么你就会懂得经济学当中许多重要的原理。世界大多数穷人当中，又主要是以农业为生计的。如果你懂得了农业经济学，那你就真正懂得了穷人的经济学。"[①] 是什么因素促使一国总理在改革开放近 30 年、人民生活水平普遍提高的今天，提到"穷人经济学"的问题呢？

自 20 世纪五六十年代以来，世界形势凸显出合作、和平、发展以及变革、调整和转型时代特征。世界各国处于不断地变革、调整和转型的重要历史时期。社会主义国家与资本主义国家都是如此。中国自 20 世纪中叶迄今，已经进入以全面建设小康和谐社会为目标、以改革开放为动力的前所未有的社会转型期，尤其是在新世纪伊始，中国正处于一个改革开放狂飙突

---

① 卢周来：《懂点穷人的经济学》，《经济日报》2005 年 3 月 31 日。

进、凸显实践、创新和借鉴以及不断"试错"、反思、争论和"纠错"的重要历史时期。中国的改革已经从增量改革转入存量改革，从保持比较优势（如低廉的劳动力资源）到追求竞争优势，从"引进来"到"走出去"，从体制外渐进式改革跨入体制内激进式改革，以及各个阶层、各种利益集团相互博弈、深层次矛盾尤其是分配问题凸显的时期，从而使改革进入深水区和攻坚阶段。一般而言，一个国家处于人均 GDP 大约1000—3000 美元的社会发展阶段，会呈现出双元化特征，也就是说，既是经济的加快发展的机遇期，又是各种矛盾的凸显期和非和谐期。这已为许多国家的发展实践所证实。中国改革的思路如果长期停留在效率优先而仅仅兼顾公平，必然带来一系列的问题，如利益失衡、收入差距拉大、市场竞争中大量弱势群体的产生，从而使得 30 年经济发展的成果和社会财富的积累不能为大多数人所分享。一部分人先富起来而没有及时带动大多数人实现共同富裕。世界银行 2007 年公布的一项报告说，中国有大约 1.3 亿人（也就是总人口的 1/10）每天收入不足 1 美元，处于绝对贫困状态。更令人关注的是，世行的统计数字显示，尽管中国经济从 2001 年后每年都保持了 10% 左右的高速增长，但是中国最贫穷的 1/10 人口的实际收入却下降了 2.4%。中国的基尼系数已经超过了 0.45，超过了国际警戒线。此外，2002—2005 年，中国政府可支配收入所占比重提升了 3.3 个百分点，而居民收入所占比重却下降了 4.6 个百分点。"在这 25 年间，……在经济社会发展取得巨大成就的同时，社会秩序和社会稳定指数却出现负增长。社会秩序指数年均递减 2.0%。"[①] 在当前中国这个改革开放突进、深层矛盾

---

　① 朱庆芳：《从指标体系看构建和谐社会亟待解决的几个问题》，冷溶主编：《科学发展观与中国特色社会主义》，社会科学文献出版社 2006 年版。

凸显的重要社会转型时期，贫困、公平分配、弱势群体这一系列的问题重新呈现在我们面前，而这一系列的问题其实都可归为一个问题——即穷人问题。在当前的形势下，这一问题越来越成为理论上必须研究、实践中需要探寻的紧迫问题，尤其从经济学的角度对穷人问题进行研究具有重要的现实意义。

从经济思想史的角度来看，西方经济学各学派对穷人问题的研究总体上呈现出一定的规律性。那就是，每当阶级矛盾和社会冲突激化的时期，代表不同阶级利益的西方经济学家们都对穷人问题展开了研究，不管是站在穷人立场为穷人权利呐喊的左翼经济学家，还是站在富人立场试图缓和资本主义社会阶级矛盾的资本主义辩护士。代表资产阶级利益的西方经济学家在研究穷人问题时极力为资本家和资本主义制度辩护，他们中的有些人虽然对穷人表示了极大的同情，但其所主张的理论观点和政策建议却是有利于资产阶级利益的，即使有些政策措施对穷人有利，也是为缓和阶级矛盾所服务的，其改良政策和措施并没有动摇资本主义制度的本质。西方经济学中思想比较激进的异端学派在对资本主义现实进行强烈批判的过程中也对穷人问题进行了探讨。他们一般都以"左"的姿态来揭露现行资本主义制度的弊端和不良现象。异端学派的某些观点已深入到资本主义制度的剥削本质。

有些经济学家甚至直接以"穷人经济学"的提法对穷人问题进行分析。"穷人经济学"这一概念最早是由纳骚·西尼尔（1790—1864）提出的。西尼尔在对激进主义和社会主义思想的批判中提到了"穷人政治经济学"（the Political Economy of the Poor）的概念，但他本人并不同情穷人，却鼓动资本家加强对工人的剥削，并提出"节欲论"和"最后一小时论"。20世纪50年代，美国经济学家西奥多·W. 舒尔茨在对贫困现象和穷人的行为特征及其形成根源作了深入剖析后认为，由于世界上大多数穷人都生活在农村，农业经济学就是穷人的经济学（The Economics of Being Poor）。

目前，中国学者对穷人问题的研究大致可以分为四类：第一类是对贫困问题的研究。关于这类的研究最多，学者们主要从贫困的原因和摆脱贫困的对策方面进行了探讨。第二类是对公平与效率问题的研究。最常见的思路是在"公平"与"效率"之间作出权衡。第三类是对公平分配问题的研究。学者们主要对目前收入差距扩大、财富分配不公的现实给予了分析。第四类研究主要是以"穷人经济学"为视角对当今人们比较关注的诸如就业、住房、医疗保障等社会热点问题进行了分析。

"他山之石可以攻玉。"与中国目前的"经验型"分析不同，本书从经济思想史的角度对西方经济学理论中有关穷人问题的研究进行系统地梳理和归类，将西方经济学各学派对穷人问题的研究归为三类（即西方经济学正统学派中的干预派对穷人问题的研究、西方经济学正统学派中的自由派对穷人问题的研究以及西方经济学中异端学派对穷人问题的研究）进行比较分析，以求获得某些新的启示。西方经济学中有关穷人问题的研究对解决当前中国的现实经济问题肯定是有帮助的，但如何结合中国实际来借鉴西方经验，却是个值得探讨的问题。在学习、借鉴西方经济学研究成果的过程中，我们必须坚持以马克思主义基本原理为指导，并始终保持清醒的头脑和辩证的思维，这是不言而喻的。

第二节　国内外的研究现状

一　国外的研究现状

（一）对发展中国家贫困问题的研究

发展经济学家在探讨贫困的原因和摆脱贫困的方式等方面创立了一系列著名的理论和模型。就贫困的原因方面，具有代表性的理论有：莱宾斯坦的"临界最小努力"理论、纳克斯的"贫困恶性循环"理论以及纳尔逊的"低水平均衡陷阱"理论等。就反贫困的战略模型方面，具有代表性的模型主要有：弗朗索瓦·佩鲁的"发展极"理论、罗森斯坦·罗丹的"大推进"理论、赫希曼的"不平衡发展"理论等。此外，还有哈罗德和多马的"哈罗德·多马模型"、刘易斯的"二元经济模型"、舒尔茨的"人力资本"理论、W. W. 罗斯托的"经济起飞论"等。

（二）对公平与效率抉择问题的研究

西方经济学理论一般认为，公平与效率两个政策目标是相互矛盾的，公平与效率之间必然存在一种此消彼长的替代关系，故公平与效率之间就存在一个抉择的问题。效率优先论者重视市场机制对资源的配置作用，而竭力反对政府的再分配政策。哈耶克、弗里德曼等人都持有这种观点。公平优先论者则将公平作为优先考虑的政策目标，主张限制市场机制的配置范围，推行国家干预政策。加尔布雷思、凯恩斯都是公平优先论的典型代表。在效率优先论和公平优先论之外的第三种观点——公平与效率最优交替论认为，公平与效率两个政策目标同等重要，没有先后次序，二者必须兼顾，这种观点探讨如何以最小的不公平换取最大程度的效率；或以最小的效率损失换取最大程度的公平。如美国经济学家阿瑟·奥肯就认为，效率优先论者持有的机会均等观的含义比公平优先论者所主张的结果均等更难界定和量化，因为个人所拥有的资源禀赋以及所处的家庭背景等存在很大差别，在现实生活中，人们很难机会均等地进入市场，进行公平竞争。在市场经济条件下，效率与公平之间虽然有矛盾，但二者相互妥协完全是可能的。对此，奥肯的名言是："在平等中注入一些合理性，在效率中注入一些人道。"①

（三）对公平分配问题的研究

西方经济学中有关公平分配问题的研究主要集中在福利经济学家的研究上。霍布森、阿瑟·C.庇古、帕累托及阿马蒂亚·森等福利经济学家运用福利经济学的基本原理和分析工具对公平分配问题进行了理论释义。

霍布森认为，经济学的中心任务就是发现现行社会制度下财富分配所依据的原则，提出改进财富分配以消除现行制度下分配不均的办法，从而增进人类的福利。阿瑟·C.庇古在其《财富和福利》一书中，一方面对福利进行了界定，把福利界定为个人获得的效用或满足，认为一个人的福利就是个人福利的总和，社会的福利就是全体社会成员的福利总和；另一方面，对增加社会福利总量的途径进行了选择。认为国家应该加强在收入分配领域的干预，在不影响国民收入增加的条件下，通过收入分配政策，增加穷人收入的绝对份额，减少收入分配的不平等，这样可以增加社会经济福利的总量。

以"帕累托最优状态"为前提的新福利经济学重新探讨

---

① ［美］阿瑟·奥肯：《平等与效率——重大的抉择》，华夏出版社1987年版，第105页。

了福利增加的条件。认为，如果在增加一些人福利的同时减少了另一些人的福利，这样就不能认为社会福利增加了。并指出，只在两种情况下才能认为社会福利是增加的：一种情况是社会上所有人的福利都增加了；另一种情况是一些人的福利增加了，而其他人的福利并没有减少。新福利经济学还认为，完全竞争的市场能够保证生产和交换的最优条件，而生产和交换的最优条件又能够使全体社会成员获得最大福利，或者使一部分社会成员的福利增加，而其他社会成员的福利没有减少。

阿玛蒂亚·森的以收入均等程度为指标的福利经济学认为，新福利经济学在探讨福利问题时没有考虑到收入分配因素，而衡量一个社会的福利水平应该考虑如何把收入水平和收入分配结合起来。此外，阿玛蒂亚·森还深刻分析了贫困问题，指出了隐藏在贫困背后的生产方式的作用以及贫困的实质——能力的缺乏，提出要通过重建个人能力来避免和消除贫困，并以其研究贫困问题的独特视角而获得1999年诺贝尔经济学奖。

（四）对"穷人经济学"的研究

在舒尔茨看来，由于世界上大多数穷人都生活在农村，农业经济学也就是穷人的经济学（The Economics of Being Poor）。在20世纪50年代相当一部分经济学家普遍重工轻农的情况下，舒尔茨提出了农业经济学的一些观点，指出，农业并不是消极无为的，农业完全可以成为一国经济增长的强大动力，对一国经济发展作出重要贡献，因此，国家应重视农业的基础性作用。舒尔茨在对一些发展中国家所实行的经济政策及其效果进行比较分析后指出，凡是推行重工轻农政策的国家，在其日后的发展中大都困难重重，而那些对农业发展给予足够重视的国家，其经济发展水平虽然没有很大程度的提高，但至少也是衣食无忧。与舒尔茨同时代的经济学家和政府官员们普遍认为，农村落后的根源主要在于农民的愚昧无知，由于农民大多没有经济头脑，且缺乏市场意识和管理知识，农民自身素质低下的这种状况使得其不能充分利用已有的各种资源，造成了农村的落后局面。他们进一步指出，如果由专门人员帮助农民学习新知识，采用先进的管理技术，使资源得到优化配置，农村就会摆脱贫穷落后，走上富裕之路。但舒尔茨对此类观点持反对意见，他认为，把农民看成愚昧无知的想法是错误的，这是对农业的歧视。农村之所以贫穷落后，是因为有些发展中国家将工业化作为发展的重要目标，实行的政策大都偏向于工业，对农业重视程度不够，这使得农业收益率太低，农民的生产积极性调动不起来。舒尔茨认为，要改变这种状况，就必须给予农业发展以足够的重视，引入新的生产要素，进行技术创新，提高农业投资收益率，只有这样农业才会发展起来。此外，舒尔茨还提出了人力资本的概念，认为对于个人而言，人力资本的短缺是导致贫穷的根本原因，穷人关键是没有机会。他特别强调了人力资本在农业发展中的基础性作用，认为，人力资本投资的收益率远高于其他投资。通过发展学校教育，提高农民的科学文化知识水平，可以提升农业生产率。因此，他主张，低收入国家应当采取一切尽可能的措施来提高国民素质，并将此视为促进经济发展的投资，包括照顾儿童、发展教育和改善国民的健康等。对于贫富分化问题，舒尔茨认为，一个社会的消费者中如果穷人太多、富人太富，迟早要出问题。

二 国内的研究现状

就国内学界对穷人问题的研究来看，以前主要是集中在对贫困问题的研究上。自 2005 年 3 月温家宝总理援引舒尔茨关于"穷人经济学"的经典论断以来，国内掀起了对"穷人经济学"研究的热潮。各大媒体纷纷就"穷人经济学"这一论题展开讨论。在中国期刊网以"穷人经济学"为主题进行检索，可以得到近400篇文章，学者们从不同的角度阐释了其对"穷人经济学"的理解，总的来看，学者们对"穷人经济学"的研究大致可以分为两个层次：从2005年开始，学者们主要是对"穷人经济学"的来源、内涵等作出探究和分析；而从2006年下半年以后，学者们对"穷人经济学"的研究作了深入和扩展，不再仅仅集中于"穷人经济学"一词，而是由解读、阐释转到综合分析及运用"穷人经济学"理念来具体分析中国的现实问题上来。具体看来，中国学界对"穷人经济学"的研究主要集中在以下三个方面：

第一，有关"穷人经济学"名词翻译的争论。一开始，学者们围绕"穷人经济学"这一名词的翻译展开了讨论。舒尔茨的原文为"the Economics of Being Poor"[①]，有的学者将其翻译为"经济学"，如"贫困经济学"、"穷人的经济学"、"穷国的经济学"；有的学者则对"穷人经济学"能不能称为一门学科展开了争论。中国人民大学的周诚（2006）教授明确指出了当前"经济学"这一概念被滥用，认为"关于穷人问题的经济理论著作，以不称'经济学'为好，不妨直接称之为'穷人经济问题研究'，以免大而无当"[②]。而他的学生蔡

---

① 温总理引用的英文原文为"Most of the people in the world are poor, so if we knew the economics of being poor, we would know much of the economics that really matters. Most of the world's poor people earn their living from agriculture, so if we knew the economics of agriculture, we would know much of the economics of being poor."舒尔茨获奖演说题目是"the economics of being poor"。

② 周诚：《从穷人的经济学谈起——关于"经济学"这一概念的滥用等问题》，《中国经济时报》2006年3月28日。

昉（2006）则为"穷人经济学"单独成科进行了一定的尝试，[1] 2007 年 4 月，蔡昉教授的《穷人的经济学——农业依然是基础》一书的第二版也已出版。

第二，对"穷人经济学"研究范围的讨论。一些学者将"穷人经济学"认定为舒尔茨的"穷人的经济学"，即农业经济学。如樊继达（2005）在《学习时报》第 284 期中就指出，农业经济学就是穷人的经济学，因为世界上大多数穷人都生活在农村。[2] 另外一些学者则认为，对"穷人经济学"的研究应当超出农业经济学的范围，赋予其更为广阔和丰富的内涵。如韩朝华（2006）认为，"真正的'穷人经济学'首先应该是鼓励经济发展的经济学，促进生产率提高的经济学，建立和完善法治的经济学"[3]。还有学者认为，要建立中国的"穷人学"，不应只限于经济学。达自然（2007）在《华人时刊》上撰文《稀缺的"穷人心"与"穷人学"》认为，穷人社会学、穷人居住学、穷人价格学、穷人法律学、穷人市场学等都需要建立和完善。而北京学者吴祚来（2006）则呼吁"建立中国特色的穷人学研究体系"，来解决中国存在的贫困与穷人问题。[4]

第三，从"穷人经济学"视角研究中国的现实问题。围绕着与穷人生产生活密切相关的一系列现实问题，如住房问题、医改问题、教育问题以及农民工问题等，学者们从"穷人经济学"视角对其进行了实践解读。霍增龙（2005）和刘春雷（2005）就房价高涨与穷人住房难的问题进行了分析。

---

① 蔡昉：《从发展经济学到"穷人经济学"》，《读书》2006 年 7 月。
② 樊继达：《舒尔茨与"穷人经济学"》，《学习时报》2005 年 5 月 9 日。
③ 韩朝华：《何谓"穷人经济学"[EB/OL]》，中国社会科学院研究所网站 2006 年 6 月 29 日。
④ 吴祚来：《研究穷人成为世界课题》，《环球时报》2006 年 10 月 28 日。

霍增龙（2005）在《房价疯涨摧残着穷人的梦想》一文中对房价疯涨的现象进行了批判，认为住房是一个人最基本的生存条件之一，而房价在高价位的状态下如果依然持续疯涨，就很可能会出现那种"强者拥有房千间，弱者身无片瓦居"的局面，不利于和谐社会的构建，他同时指出，如何平抑房价，如何建立起适合我国国情的住房保障体系，真正实现"居者有其屋"的目标，值得主管部门的深思，也是构建和谐社会的当务之急。① 刘春雷（2005）在《关于住房的"穷人经济学"》一文中针对大部分城市的房价在短时间内无法降低的现实问题提出了几点建议。她认为，国人的观念需要改进，尤其是低收入家庭，不应受制于住房"所有权情结"，而应将有限的资金用于消费性购房，所以应该发展、规范房屋租赁市场，而帮助低收入者最好的办法是货币化补贴。② 孙立忠（2005）在《医改应遵循"穷人的经济学"》一文中指出，政府应该遵循"公平优先、兼顾效率"的原则，采取有效措施抑制药价虚高，让广大公众看得起病，并为贫困人群设立平民医院，以解决弱势群体看病难的问题。③ 李华芳（2005）在《农村教育关乎穷人出路》一文中认为，对于中国而言，"穷人的经济学"就是要加强对穷人人力资本结构的改造。目前来看，最重要的仍然是加强对农民的教育，在农村切实普及并落实义务教育。她指出，穷人的经济学，不是争论什么"公平与效率"，而是研究如何发展穷人的人力资本并激励这种人力资本在创新过程中得到发挥的经济学。俞肖云（2006）在《穷人

---

① 霍增龙：《房价疯涨摧残着穷人的梦想》，《财富时报》2005 年 4 月 1 日。
② 刘春雷：《关于住房的"穷人经济学"》，《光明日报》2005 年 7 月 6 日。
③ 孙立忠：《医改应遵循"穷人的经济学"》，《中国社会报》2005 年 6 月 3 日。

经济学之四：血汗民工路》一文中指出，我国农民工在为经济建设作出巨大贡献的同时，却依然处于贫困状态，并在工作岗位竞争上遭受歧视与不公正待遇，其子女的受教育问题也没有得到妥善解决。他认为，国家有义务保障每个公民的劳动权利，开放所有的工作岗位，为平等竞争制定规则，而不是为了短暂的区域平衡和眼前的经济利益，牺牲最大的经济公平——平等的劳动权利。①

第三节　本书的分析框架

一　本书的研究方法

（一）理论研究与实践研究相结合

本书通过对西方经济学中有关穷人问题的研究进行梳理与分析，提炼与概括出了西方经济学关于穷人问题研究的三条理论主线，即国家干预与自由主义理论主线、公平分配理论主线以及和谐与冲突理论主线，并结合西方发达国家关于穷人问题的政策和实践，提出了几点有益的启示。这种理论研究与实践研究相结合的方法，可以更全面、系统地展示西方国家学术界及政府部门对穷人问题的相关理论及政策，以期为中国当前的现实问题提供有益的参考。

（二）整体研究与局部研究相结合

在对西方经济学各学派有关穷人问题理论的分析中，本书既有对个别学派或代表人物的局部分析，如对具体的学派或个人有关穷人问题的观点与对策的分析；又有从全局角度的整体把握，即概括出了西方经济学有关穷人问题

---

① 俞肖云：《穷人经济学之四：血汗民工路》，《中国统计》2006年第11期。

研究的三条理论主线。而且，本书既有从国家战略、政府政策以及制度层面的全局分析，又有对就业、个体福利层面的局部分析。这样整体研究与局部研究相结合，有助于更好地把握主题。

（三）历史研究与比较研究相结合

本书采用历史研究的方法，从历史的纵割面对19世纪初到20世纪70年代西方经济学中有关穷人问题的思想进行历史考察，同时又采用比较研究的方法，从历史的横截面对西方经济学各学派的研究进行比较分析，提炼出有价值的理论。在对西方国家穷人问题的政策和实践的研究中，本书也采用比较研究的方法，比较几个有代表性西方国家的政策经验，以供我国借鉴。

二 本书的结构

第一章：本章为导论部分。主要提出本书的选题背景、研究意义、研究方法、分析思路和基本框架；说明本论题在国内外的研究现状，对国内外理论研究成果作简要综述；认识到研究过程中可能遇到的难点以及创新之处。

第二章：本章是本书的主体部分之一。对西方经济学中正统学派有关穷人问题的研究进行了分析。根据正统学派中对穷人问题的基本态度的差别，其中又主要分两个部分展开，即正统学派中干预派的研究和正统学派中自由派的研究。干预派的基本主张是，国家应对穷人问题有所作为，通过改善穷人状况来缓和社会矛盾，从而达到稳定资本主义统治的目的。而自由派则认为，穷人问题是资本主义经济发展中不可避免的一环，资本主义的发展必然以牺牲某些阶层的利益为代价，国家的干预不仅不会改善穷人状况，只会产生副作用，即使政府在必要时进行干预，其程度也应该是有限的。

第三章：本章是本书的主体部分之二。对西方经济学中游离于正统学派之外的异端学派有关穷人问题的研究进行了分析。主要分析了激进政治经济学派、威廉·汤普森、托马斯·霍奇斯金以及卡尔·波兰尼的理论观点。异端学派猛烈抨击了资本主义制度造成的穷人问题的现实，指出社会改良政策无法从根本上解决问题，异端学派的某些观点已深入到资本主义制度的剥削本质。

第四章：本章是对第二章和第三章内容的提炼与加工。将西方经济学各学派有关穷人问题的研究进行归纳与总结，概括出三条理论主线：国家干预与自由主义的理论主线、公平分配的理论主线以及和谐与冲突的理论主线，从理论的高度对西方经济学有关穷人问题的研究进行比较分析与评论，以求获得某些新的启示。

第五章：本章介绍了西方国家有关穷人问题的政策和实践。西方国家为了缓和阶级矛盾，采取了相关政策措施来改善穷人的状况，并取得了一定效果。本章主要介绍了西方国家有代表性的一些政策和实践，如西方国家，尤其是北欧的民主社会主义混合经济模式、西方国家的社会福利制度以及西方国家NGO慈善事业的发展。在具体分析中，也选取具有代表性的一些国家为例而展开。

第六章：本章是本书的结论部分。通过以上对西方经济学各学派有关穷人问题理论的以及西方国家有关穷人问题的政策和实践的分析，本章主要从公平与和谐理念的引导、社会福利制度的构建以及慈善NGO有效作用的发挥等方面总结出了几点启示作为本书的结论，以期能为我国和谐社会中民生问题的政策制定提供一定的参考。

第四节 本书的难点及创新之处

一 本书的难点

每到资本主义发展到阶级矛盾尖锐、社会冲突严重的时候，总有许多经济学家站出来对穷人问题进行探讨，他们或者为资本主义制度的弊端进行辩护，或者为资本主义制度的继续运行出谋划策，或者对资本主义制度造成的恶劣后果进行批判。因此，西方经济学中各学派对穷人问题的研究很多，有的进行了系统分析，有的包括在别的理论中。因此，对西方经济学中有关穷人问题的研究进行概括和总结是一项难度很大的工作，想囊括所有的学派是不可能的。同时，本书对各学派的分类也主要是根据其所处的立场、共同特征而进行；而不少经济学家或许由于某些因素的影响，在其学术活动前后期的观点和价值取向也有变化，因此，本书的归类与划分不一定十分妥当。

二 本书的创新之处

（一）本书以西方经济学中有关穷人问题的研究为研究对象，对西方经济学各流派及代表人物庞杂的理论观点首次进行尽可能系统的梳理和总结，并对其进行分类分析与评论。除了正统学派的研究，还关注到激进政治经济学等非正统学派的理论观点。

（二）本书试图从西方经济学对穷人问题的研究中，概括出从经济思想史角度研究穷人问题的三条理论主线，即：国家干预与自由主义理论主线、公平分配理论主线以及和谐与冲突理论主线。并说明了西方经济学各学派对穷人问题研究的这三条理论主线是既独立存在又交织在一起的。

（三）本书通过西方经济学各流派对穷人问题研究的纷繁复杂的思想理论观点，试图寻找西方经济学研究穷人问题的一般规律，即：西方经济学穷人问题研究的理论与实践成果中哪些是发生了作用的，哪些对我国当前社会矛盾的稀释与缓和有着实际的参考价值，以及怎样借鉴这些成果。

第二章 西方经济学正统学派
对穷人问题的研究

西方经济学就其思潮来看，历来就有激进派、正统派和保守派的区分，形成了左、中、右三种派别。各派之间的相互依存、斗争和转化，推动了西方经济学的演变和发展。西方经济学正统学派（辅之以保守学派）构成了主流（Mainstream）或权势（Establishment）经济学的主体。就西方经济学对穷人问题的研究来看，正统学派的研究虽然各有特点，但总体来看其立场与目的是一致的，那就是，其研究大多是站在资产阶级的立场看问题，虽然发现了资本主义制度所存在的诸多问题与弊端，如贫困、分配不均等，但他们的研究目的都是为了维护资本主义制度的运行与发展，其研究并不触及资本主义制度的本质，而是探讨如何在维护资本主义制度的前提下缓和社会矛盾，并解决穷人问题，以促进资本主义经济更好的发展，其中，就西方经济学正统学派内部来看，其对穷人问题的基本态度也是有差别的，据此，正统学派又可分为干预派和自由派。本章就根据这样的划分线索，对正统学派中干预派和自由派关于穷人问题的研究分别进行探讨。

第一节　正统学派中的干预派对穷人问题的研究

本书将正统学派中主张国家应对穷人问题有所作为的那一部分学派称为干预派，这部分学派及代表人物认为，穷人问题的存在不仅极大地破坏了资本主义社会的和谐，甚至还影响到了资本主义统治的稳定，所以他们主张国家应采取政策措施对资本主义社会一些不和谐的地方进行局部的调整和改革，以改善穷人的状况，缓和阶级矛盾，从而达到稳定资本主义统治的目的。

一　边沁关于财富再分配的社会改革观

杰里米·边沁（1748—1832）一般被认为是功利主义的重要代表人物之一，他在 1780 年出版的一本名为《道德和立法原理导论》的书，包含着对功利主义哲学的重要说明，这本书在 19 世纪最后几十年间成为新古典经济学的哲学基础。在 18 世纪晚期，边沁接受了斯密的观点，成为自由放任政策的热心鼓吹者，认为自由市场能够以最有利于社会的方式配置资源和商品，政府不应过多干预。然而，从 1801 年以后，边沁关于政府干预经济的观点发生了根本转变，他成为了一个社会改革者。

边沁认为，一个人从货币中得到的乐趣将随着其所拥有货币数量的增加而递减。用现代效用论的术语来讲，即边沁相信货币的边际效用是递减的。所以，边沁指出，在其他因素不变的情况下，如果政府采取措施将富人的钱通过再次分配转移到穷人身上，社会总效用将会增加。他说："举个例子，一边是一个劳动者，其一生除了拥有必要的维持生计之物外一无所有，而另一边是这个国家最富有的人……假设这个富人在同一时期内的收入相当于穷人收入的 50000 倍。在这个假设中，富人心中所拥有的幸福程度当然比劳动者的快乐程度要大，也应当是这样的。但是，要大多少倍呢？50000 倍吗？这当然要比任何一个人自己认为的还要多。那么，10000 倍呢？100 倍？10 倍？5 倍于劳动者看上去也是非常大的了。不夸张地说，即使是 2 倍也是一个慷慨的数字。"①

当然，边沁并不是一个纯粹的公平至上理论的拥护者。他认为，当财富和收入重新进行分配时，要能达到某一点，在这一点上，其正效应要能够抵消掉其负效应，甚至更多。他还特别指出，尤其是在这种再分配政策的负效应导致了工人的劳动热情下降的时候。现在看来，边沁所拥护的可能只是一项极小的改革。然而，对于他所处的年代和地域来讲，他的社会改革观实际上已经非常激进了。

在边沁关于社会改革的论述中，如果政府实行改革，通过重新分配，将富人的财产和收入分配给穷人，以增加总福利，那么，政府就不应该为自己谋利，而应当是一个仁慈而公正的组织，平等地致力于每个人的福利。然而，现实中的政府往往并不能做到这一点，其实际上是由一群同样具有一般人类特征的普通人所组成的，同样是自利的。因此，立法者通过促进穷人利益或促进富人利益而为自己牟取物质上的好处这种情况是客观存在的。那么，边沁关于通过公平、公正的政府来推动有利于整个社会改革的信念，其内在困窘之处也就显而易见了。

二　西斯蒙第对破产小生产者和贫苦农民的关注

让·沙尔·列奥纳尔·西蒙·德·西斯蒙第（1773—

---

①　Jeremy Bentham, Jeremy Bentham's Economic Writings, Vol. 3, p. 412, ed. W. Stark (London: Allen and Unwin, 1954).

1842）是法国资产阶级古典政治经济学的完成者，同时又是小资产阶级政治经济学的创始人。19世纪初期，西斯蒙第通过对英国的实地考察发现，随着"商业财富"和产业革命的发展，小生产者大批破产，沦为一无所有的无产者，农业人口减少。因此，西斯蒙第在其后期著作《政治经济学新原理或论财富同人口的关系》（1819年）一书中表示了对小生产者及农民的极大同情，并转而反对英国古典经济学，要求国家全面干预经济，延缓资本主义的发展，停止资本主义的"破坏"，并为此提出一整套经济纲领以及以宗法经济和行会制度的原则为规范的经济模式。

（一）对政治经济学研究对象的批评

西斯蒙第认为，政治经济学是政治学的一个组成部分，政治学的目的是研究使人们达到普遍幸福所使用的方法。他说，人的幸福是由精神条件和物质条件两方面构成的，研究精神条件方面的幸福，是高级政治学的任务，而物质条件方面的幸福则是政治经济学的研究对象。西斯蒙第对于把政治经济学的目的规定为增进国民财富的流行看法，提出了异议。他认为，财富只是人们获得物质幸福的手段；人类进行财富生产只是为了满足自身物质生活的需要，提高自身的物质享受。所以，只有增加了国民享受，国民财富才算增加。因此，政治经济学不应该只考察财富，而应该考察财富和人的关系，特别是人及其需要，它的真正对象是人而不是财富，政府应该通过政治经济学使全体居民都能获得物质上的享受。他指责英国古典经济学派特别是李嘉图重视财富而忽视人的看法。他认为，英国古典政治经济学的根本错误，就在于把手段当作了目的而忘记了人。从反对李嘉图的见解出发，西斯蒙第给政治经济学的研究对象下了一个定义，说"从政府的事业来看，人们的物质福利是政治经济学的对象"①。他还说，人的一切物质需要都要通过财富而得到满足，政府就是要学会管理全国的财富，使全体公民都能享受到财富所代表的物质生活的快乐。

（二）对资本主义分配制度的批判

西斯蒙第在对资本主义经济危机的论述中，否定了萨伊、李嘉图等人的无危机论，认为在资本主义制度下，经济危机是不可避免的，因为生产决定于消费，而收入决定消费，当收入不足时，生产和消费就会发生矛盾，这就必然会导致危机的发生。他说："年收入的总量必须用来交换年生产的总量，……如果年收入不能购买全部年生产，那么一部分产品就要卖不出去，不得不堆在生产者的仓库里，积压生产者的资本，甚至使生产陷于停顿。"② 而至于收入不足的原因，西斯蒙第认为是资本主义不公平的分配制度所造成的，为此，他对资本主义的分配制度作了有力的批判。他大量地揭发了无产阶级贫困化的过程和事实，并指出了资本主义社会中的两极分化情况。他认为随着生产的扩大，社会的收入不但不能相应地增加反而是在缩小。首先是广大一无所有的劳动群众的收入的不断减少，其次是两极分化造成广大的小生产者的破产，以及随之而来的小生产者收入的消灭。

（三）倾向于穷人的改良主义经济模式

西斯蒙第在其有关经济模式的论述中表现出了对贫苦农民和小生产者的极大同情。他推崇宗法式农业和行会手工业。在《政治经济学新原理或论财富同人口的关系》第三篇《论领土财富》中，西斯蒙第考察了各种农业制度，认为只有农夫是

---

① ［瑞士］西斯蒙第：《政治经济学新原理》，商务印书馆 1964 年版，第 22 页。
② 同上书，第 76 页。

私有者和产品完全归生产者所有的"宗法式农业",才是最合理的农业经营方式。西斯蒙第承认资本主义农业能极大地提高农业劳动生产率,但他认为,这并不是利益,而是损失。因为,农业人口减少了,而且非常贫困,这就违背了创造财富的宗旨。西斯蒙第断定,宗法式农业是最简单、最自然,应该是新成立国家的每个民族所应采取的耕作方式。对于手工业和行会原则,西斯蒙第也大为赞赏。他说,手工业者同时是商人、厂主和工人,熟悉市场,按需生产,如农村鞋匠接不到订货是一双鞋也不做的。同时,行会对各行业工人是有限制的,因此,不存在消费和生产的矛盾;由于他们有稳定的收入,也可根据收入来调节人口,因而也不存在收入和人口之间的矛盾,不会出现使穷人感到绝望的人口过剩。西斯蒙第的理想并不是企图完全恢复到中世纪的状态中去,他是把宗法制和行会的原则用到资本主义社会,要求根据这种原则和规范来发展资本主义经济。他希望把城市的作业拿来和田间的作业那样分给为数众多的独立作坊;把工场的财产分给为数众多的中等资本家;或者工人参加企业利润的分配,即工人与他的老板进行联合,在商业中享有一个股份。西斯蒙第反对空想社会主义者主张的在公有制基础上共同劳动、共同分配劳动果实的合作方式。他宣称,必须消灭的不是贫苦阶级,而是短工阶级;应该使他们回到私有者阶级那里去。因此,西斯蒙第的思想并不是要用公有制代替资本主义私有制,而是要在这种私有制的基础上,使一无所有的现代无产者重新回到他们过去的境地,即统统成为小资产者,构成以小企业为主体的经济模式。

　　西斯蒙第把他宣扬的正义和原则的实现,寄托在资产阶级国家身上。他认为,政府所以成立,就是因为它代表所有的人,保证所有的人获得他们所期待的共同利益。西斯蒙第要求国家根据宏观经济的各种比例关系调节经济，要求国家建立以小企业为主体的经济模式，通过立法使工人有分享雇主享有的保障的权利。西斯蒙第批判了斯密为自由竞争提出的理论依据，即个人利益和社会利益的同一性。他说，包括在所有其他人的利益中的个人利益确实是公共的福利；但是，每个人不顾别人的利益而只追求个人的利益，结果，最强有力的人就会得到自己所要得到的利益，而弱者的利益将失去保障。例如，资本家的个人利益就是要工人多劳动，并降低他们的工资。所以，个人利益乃是一种强取的利益，个人利益常常促使它追求违反最大多数人的利益，甚至归根结底可以说是违反全人类的利益。对于斯密关于"看不见的手"调节社会生产的观点，西斯蒙第也提出了异议。他指出，由于生产资料和工人的劳动技能难以自由转移，通过竞争来调节各种经济比例，必然会给社会带来重大损失，给工人带来失业。他依据资本主义在英国的发展所产生的"灾难"，认为，把政治经济学建立在无限制的竞争的原则上，就是为了同时实现一切个人欲望而牺牲人类的利益。

西斯蒙第是理论上最先指出资本主义矛盾的人之一，他站在小资产阶级的立场上对小生产者的破产和无产阶级及农民的贫困表达出了极大的同情与关注，说明了小生产者的破产及无产阶级的形成过程，揭露了财富分配的极不平均和无产阶级的贫困，强调了国家干预的重要性。就西斯蒙第的主观意愿来说，他并不是要维护落后的小资产阶级，而是十分同情一般的劳动阶级。他曾明确地宣称：如果政府有意为了一个阶级的利益而损害国家其他阶级的利益，那就应该首先维护短工的利益。在那些应该分享生产价格的人中，短工的人数最多，保证他们的幸福就是保障全国广大群众的幸福。

为此，他要求通过立法缩短劳动日，禁止雇佣童工和女工，实行劳动保障，增加工人工资，等等。西斯蒙第之所以成为小资产阶级的代表人物，按照马克思的分析方法，根据"下面这样一种情况：他们的思想不能越出小资产阶级的生活所越不出的界限，因此他们在理论上得出的任务和解决办法，也就是小资产阶级的物质利益和社会地位在实际生活上引导他们得出的任务和解决办法"①。西斯蒙第的思想没有越出小资产阶级的生活所越不出的界限，看不到资本主义矛盾的历史必然性和历史进步性，具有小资产阶级思潮的特征，他用宗法式的尺度来衡量现实社会，看不到生产力发展的巨大历史作用，忽视资本积累和技术进步，他在分配上的平均主义思想至今仍存在于以农民为主体的发展中国家中，所以西斯蒙第的思想具有一定的空想性。

三　约翰·穆勒的折中主义理论对穷人问题的研究

（一）约翰·穆勒的以分配问题为中心的经济公平思想

约翰·斯图亚特·穆勒（1806—1873）是 19 世纪中叶英国最著名的经济学家。穆勒把功利主义运用到对政治经济学的研究中，形成了以分配问题为中心的经济公平思想。穆勒抨击了仅仅为了积累而积累财富的思想。穆勒反对以斯密和李嘉图为代表的资产阶级古典学派以极大的理论热情关注和颂扬资本主义财富的生产和增长，认为不能以老派政治经济学家普遍表现出来的那种朴素的厌恶心情来看待资本和财富的问题，在已经实现富裕的国家里，应关心财富和机会平

---

① 中共中央马恩列斯著作编译局编：《马克思恩格斯选集（第 1 卷）》，人民出版社 1995 年版，第 614 页。

等问题。

　　穆勒否认生产资料私有制是神圣不可侵犯的。他广泛阅读史书，所以他不像西尼尔和巴斯夏那样凭想象编出一段私有财产和财富的历史——即勤劳节俭、善良正直的人积累了大量的资本，而放荡挥霍的无赖因为浪费而使自己和家人一无所有。关于这一点，穆勒这样写道："现代欧洲社会制度的开始，并非由于作为公平分配或勤劳所得的结果的财产分配，而是由于作为征服和暴力行为的结果的财产分配。尽管……一直在以勤劳缓和暴力的作用，这种制度仍然保留着那种滥觞的不少痕迹。有关财产的法规从来都是和用来为私有财产辩护的原则不一致的。"①

　　此外，在资本主义社会中，几乎所有的生产资料都集中在少数的资本家手中，对于这种现象所导致的结果，穆勒也进行了谴责。他认识到这样会产生一个寄生阶级，这个阶级生活奢侈，但他们的收入却与生产活动没有必然的联系。他坚信，现存的阶级结构绝非必不可少的或永久的社会关系状态："我认为，如果社会中有不劳动的'阶级'，这种社会状态是不公正的，也是有害的，除了那些不能劳动的人或退休人员外，人人都应该承担人类生活中的一份必要劳动。然而，只要依然存在着不劳动阶级这一大社会弊害，劳动者也就构成了一个阶级。"② 穆勒不仅从道德上反对当时存在极度贫富差距的资本主义阶级结构，同时他还认为这种阶级结构最终将被取消。他在书中写道："因而可以预言，人类是不会永远分为两个世袭

---

　　① 　John Stuart Mill, *Principles of Political Economy* . New York：Augustus M. Kelley, 1965, p. 208.

　　② 　Ibid. , pp. 752--753.

阶级即雇主阶级和雇工阶级的。"①

穆勒力图调和资产阶级政治经济学的原则和无产阶级的要求。他认为，生产规律是自然的、永恒的，不依社会制度而改变；而分配规律则是人为的、临时的，取决于社会和法律的习惯。穆勒认为生产规律和分配规律具有不同性质，生产规律具有自然真理的性质。关于财富生产的经济法则，约翰·穆勒指出："生产的规律和条件具有自然科学所说的真理性质。在这方面，既不能任意选择，也不能随意改变。人们所生产的一切，都是根据外部自然环境和人们自己物质和精神情况的内在性质所规定的方法和条件生产的。"② 关于分配，他认为这纯粹是人类制度问题，取决于社会的法律和习惯，决定分配的法则是统治着社会的那部分人的意见和情感所制造出来的，并且在各个不同时代和不同国家大不相同。

同时，他也认为共产主义社会毫无疑问要比当时的资本主义社会优越："因此，如果要在具有一切可能性的共产主义和具有各种苦难和不公的现今的社会状态之间作出选择；如果私有制必定会带来我们现在所看到的后果，即劳动产品的分配几乎同劳动成反比——根本不干的人拿得最多，只在名义上干点工作的人居其次，工作越艰苦和越令人厌烦报酬就越低；而最劳累、消耗体力最多的劳动甚至无法肯定能否挣到足以糊口的收入；如果要在这种状态和共产主义之间作出抉择，则共产主义的一切大大小小困难在天平上都将轻如鸿毛。"③

---

① John Stuart Mill, *Principles of Political Economy*. New York: Augustus M. Kelley, 1965, p. 761.

② 转引自季陶达《资产阶级庸俗政治经济选辑》，商务印书馆1963年版，第261页。

③ 同上书，第208页。

然而，尽管穆勒持有一些进步观点，比如：无论是社会主义还是共产主义都比当时的资本主义优越，以及"分为两个世袭阶级"的社会是不可能"永远存在的"，等等，但是，能否把他称为一个社会主义者还不能肯定。在这一点上，穆勒关于不同性质——或者说不同种类的满足和快乐的判断，变得非常重要。他认为只有当人们的品德修养水平普遍提高时，社会主义才有可能实现。而"目前只有人类的杰出人物才认为社会主义社会是切实可行的"[①]。此时，对于社会上大部分人来说，"发财致富"才是合理的目标："毫无疑问，在头脑清醒的人能说服人们关注更美好的事物以前，与其让人的精力无处发挥而生锈，还不如让人们为发财致富而忙碌……如果人是粗野的，则他们需要的刺激也将是粗野的，那就让他们接受这种刺激好了。但与此同时，如果有人并不认为当前人类改良的最初阶段是最后阶段，对普通政客感到欢欣鼓舞的那种经济进步、即人口和资本的单纯增长不那么感兴趣，则这些人也是有道理的。"[②]

穆勒鼓励发展欧文和傅立叶提出的小型合作社。他说："不论这些不同方案可能具有什么样的优缺点，它们确实不能说是不能实行的。"[③] 如果长期的实践可以证明这种合作社有利于社会和经济发展，那么"毫无疑问……雇主与工人的关系将逐渐为合伙关系所取代。这种合伙关系将采取以下两种形式中的一种：在某种情况下，是劳动者与资本家合伙经营；在

---

① John Stuart Mill, "Socialism", in*Socialism and Utilitarianism*. Chicago：Belfords, Clarke and Co. , 1879, pp. 123—124.

② John Stuart Mill, *Principles of Political Economy*. New York：Augustus M. Kelley, 1965, p. 749.

③ Ibid. , p. 204.

另外一些情况下，而且也许最终将是劳动者之间的合伙经营"①。但是，这个自发、自愿的过程无疑要经历很长一段时间，所以穆勒提倡："同时，我们可以确信，在一个相当长的时间内，尽管无须试行限制人性的最终发展，政治经济学家所主要关心的还将是基于私有制和个人竞争原则的社会的存在和发展条件问题；在人类进步目前阶段所具有的主要目标不是取消私有制，而是加以改良，使社会每个成员都能得到好处。"②

（二）约翰·穆勒的折中的国家干预思想

在对国家干预的态度上，穆勒具有两面性。一方面他对于政府的作用抱着一种"怀疑主义和缺少热心"，强调经济生产中人的自由，认为自由竞争是符合人的这种秉性的，因此主张经济自由主义，反对国家干预。他希望保证个人具有良心上的自由，具有思想、讨论、结社的自由，以及按照自己的偏好塑造自己人生的自由。"这一真理的依据被大致可接受的准确性表述在流行的格言中，即人们对自己事务和利益的理解和关心要超过政府做到或被期望做到的。"③ 因此，政府权势的实施对于个人的最佳利益是危险的和有害的。另一方面，穆勒并不绝对排斥国家干预的作用。"关于自由放任原理的有限的哲学命题的关键在于其这样的认识，即在资本主义下面的政府干预，可能成为某种巨大的好处之所必须。"④ 穆勒把政府的职能分为"必要职能"和"最优职能"。"必要职能"是与政府

---

① John Stuart Mill, *Principles of Political Economy*. New York：Augustus M. Kelley, 1965, pp. 763—764.

② Ibid. , p. 217.

③ ［美］斯坦利·L. 布鲁：《经济思想史》，机械工业出版社 2003 年版，第108 页。

④ ［美］小罗伯特·B. 埃克伦德、罗伯特·F. 赫伯特：《经济理论和方法史（第四版）》，中国人民大学出版社 2001 年版，第 156—157 页。

这一概念不可分的职能，或所有政府习惯地行使而未遭到反对的职能，包括征税的权力、铸币、建立统一的度量制度、实行反对强力和诈骗的保护措施、建立保护财产权、公平的管理，等等。但如果不必要地增加政府的权力，则会导致极大的祸害。

穆勒坚持最小政府的概念，指出在所有较为发达的社会中，如果政府加以干预，绝大部分事情将会比听任这些事情自由发展，让对这件事情最感兴趣的个人来做更差。同时，他又指出市场经济中的个人可能不一定能够最好地判断社会应该提供多少教育此类事情，因而当个人不能够对他们自己的利益作出很好的判断时，政府应该对那些判断施加影响。政府还应该做那些能够促进所有人的整体利益而对私人却无利可图的事情。

穆勒指出，政府干预经济应主要是非命令式的。政府不发布命令，而是给予劝告和传播信息，或者是"政府允许个人自由地以自己的方式追求具有普遍利益的目标，不干预他们，但并不把事情完全交给个人去做，而是也设立自己的机构来做同样的事情"。

穆勒认为："不能认为保护人身和保护财产是政府的唯一目的。政府的目的同社会联合的目的一样，是极为广泛的。凡扬善避恶的事，都是政府应该做的，既可以直接去做，也可以间接去做。"① 他认为，政府应该做的事情大体可分为两个方面：一方面是有益于社会利益的事情，由于个人没有这方面的能力而不愿去做，如道路、码头、港口、运

---

① ［美］小罗伯特·B.埃克伦德、罗伯特·F.赫伯特：《经济理论和方法史（第四版）》，中国人民大学出版社 2001 年版，第 804—805 页。

河、灌溉措施、医院、大中小学、印刷厂等，如果政府不出面建设，也就没有人去建设，因为人民太穷了，拿不出所需要的钱，或知识水平太低，看不出这样做的好处，或联合行动的经验不足，无法共同办这样的事情；另一方面，有利于社会的事情，由于个人得不到相应的报酬而不愿去做，如地理考察、科学航行和建立海上灯塔等具有很大的社会价值，有些还具有重大的人类价值，但这些工作要付出巨大的艰苦劳动和大量时间和资金。

穆勒主张政府应该在三个主要的领域进行干涉以减轻自由市场经济对社会所产生的不利影响。首先，由于自由市场资本主义，"绝大多数人从一出生开始，一生都要做永不中断的苦工，但是却只能得到基本的生活费，并且这种生活费往往也是不稳定的"①。其次，与这种极端贫穷状态形成对照的就是"一部分人生来就可以享受一种优越的物质生活，但是这并不是由于他们具有某种优点或者经过他们的努力而获取的"②。最后，有许多职业"须以巨额资本经营才能有利，那么，在大多数国家，能够参加这一职业的阶层被限于很狭窄的范围。因此，这些人能使他们的利润率保持在高于一般的水平上。又如某种行业，由于其本身的性质，被限于非常少数的人，因此，可以靠同业的组织提高其利润……③垄断者可以在消费者能够支付或愿意支付的限度内随意决定价值；但是，他只能通

----

① John Stuart Mill, *Dissertations and Discussions*, New York：Henry Holt, 1874, Vol. 3, p. 59. 转引自亨特（E. K. Hunt）《经济思想史：一种批判性的视角（第二版）》，颜鹏飞总译校，上海财经大学出版社 2007 年版，第 164 页。

② 同上。

③ John Stuart Mill, *Principles of Political Economy* . New York：Augustus M. Kelley, 1965, p. 410.

过限制供给来这样做①"。因此，尽管穆勒坚持"一般应实行自由放任原则，除非某种巨大利益要求违背这一原则，否则，违背这一原则必然会带来弊害"②，但是他仍然支持政府在这三个领域进行积极的干预。

穆勒认为，穷人往往不能对怎样改善自身利益作出正确的判断。他说："虽然个人可以对自身利益作出最好的判断……在这种情形下，不干预原则的基础便完全崩溃了。具有最大利害关系的人不仅不能对事情作出最好的判断，而且根本不能作出判断。"③ 为了改变穷人的品质、习惯和判断力，穆勒主张："对于他们的智力和贫困，需要同时采取双重行动。首先，对于劳动阶级的子女，要进行有效的国民教育。与此同时，要采取一系列措施……消除整个一代人的极端贫困状态。"④ 为了消除整个一代人的极端贫困状态，穆勒提出的主要措施就是，首先"由国库补助足够的费用，一举移植极大部分的青年农业人口，使他们在殖民地定居"；其次，是提供"所有今后可以开垦的公有地……把它当作为穷人谋福利的财产"⑤。有些人认为采取这些措施所花费的大笔资金会使资本积累急剧减少，但穆勒不认同这种观点，他断言"所需的资金……绝非筹自用以维持劳动的资本，而是筹自过剩的资本……（这种资本）如果不投资海外，就会浪费于国内不顾一切后果的投机之中"⑥。

---

① John Stuart Mill, *Principles of Political Economy* . New York：Augustus M. Kelley，1965，p. 449.

② Ibid.，p. 950.

③ Ibid.，p. 957.

④ Ibid.，p. 380.

⑤ Ibid.，pp. 381—382.

⑥ Ibid.，p. 382.

穆勒是一位折中的人道主义者，虽然他强烈地反对不公正和极端的贫富差距，但是这都不足以使他在思想上完全放弃资本家应该获取利润的观点。

此外，穆勒提倡法律应该保护劳动人民成立工会的权力，应该禁止虐待儿童，禁止雇佣儿童做过于繁重的工作①，同时，法律还应该限制工人的劳动时间②。由于和资本家交涉时，单个工人的力量是远远不够的，所以必须通过法律来限制一个工作日的劳动时间。只要资本家可以随便地雇佣任何一个工人，并且又能及时地找到替补人员的话，那么尽管缩减工作日的劳动时间对整个社会是有利的，但是单个工人或者是一小部分工人都没有能力达到这个目的。在讨论关于强制所有工厂实行最低安全保障标准的法律时，也可以得出相似的结论。最后，穆勒提出政府应该为那些没有工作能力或不愿工作的人提供最低生活费。穆勒认为"如果人人都可以得到帮助，但人人都尽力摆脱帮助"，那么这种给予穷人的帮助就是有益的，"这一原则应用于官方救济计划，就是1834年颁布的济贫法所依据的原则"。③ 穆勒还试图通过一项改革——即征收遗产税，来防止巨大财富聚积在少数人的手中："遗赠权是基于普遍便利的理由应加以限制的一种财产权……应限制任何人通过馈赠、遗赠或继承获得的财产数量，以此防止大宗财产不劳而获地聚积在少数人手里。"④

穆勒提倡政府进行干预的最后一个重要领域就是：自然垄

---

① John Stuart Mill, *Principles of Political Economy*. New York: Augustus M. Kelley, 1965, p.958.
② Ibid., pp.963—964.
③ Ibid., p.968.
④ Ibid., p.809.

断和一些经营者串通起来形成的有损社会利益的垄断控制。他这样写道："在许多情况下，是无法阻止实际的垄断的，是无法阻止垄断者向社会课税的。"① 在这种情况下，"仅有经营者的利益尚不足以确保社会得到适当的服务，还需要有另外的保障；政府应从一般利益着想使这些领域中的经营活动遵守合理的规定，或保留控制这类经营活动的权力，以使公众能享有垄断利润带来的好处"②。

总之，穆勒在经济自由主义和国家干预主义问题上，表现出一种具有人性色彩的折中性。

（三）约翰·穆勒的改良主义经济政策思想

尽管穆勒赞同社会主义思想，但是他真正的目标是推行资本主义改良。穆勒虽然看到了资本主义制度的弊端，但由于思想上的矛盾和阶级局限，只是提出了一些改良主义的经济政策和主张。

第一，改变工资制度，建立生产者协会。他认为，当时的工资制度使雇佣劳动不关心自己的劳动成果，束缚了个性的发挥，具有自治能力的人更有生产效率。因此，他提出废除工资制度，根据平等的原则建立生产者协会。在这个协会中，劳动者有充分发言权，有权选举和监督经理人员，与雇主共同管理。

第二，分析了技术进步和机器的采用对工人阶级的影响。指出短期内这种是有害的，而长期来看是有利的，解决问题的办法是放慢对固定资产投资速度。

---

① John Stuart Mill, *Principles of Political Economy.* New York：Augustus M. Kelley，1965，p. 962.

② Ibid. .

第三，削减土地贵族的权利，征收土地税，使地租社会化。因为地租不是土地所有者自己劳动的成果，因此不应该归个人所有，而应该交还社会。

第四，限制遗产权，减少财富分配的不均，使财富得以分散。他承认个人具有自由支配财产的权利，但又认为遗产继承有失社会公平，为了避免财富分配的不公平，促进财富的分散化，他建议要用限制遗产的数量来限制继承权。遗产超过限定数量的部分，最好用于社会公共福利事业。另外，还可通过征收遗产税纠正财富不平等和促进社会公平。他认为，通过这种变革，个人的自由和独立将与共同生产的道德的、知识的及经济的优点结合起来。这种变革不用暴力，不用掠夺，甚至不用突然扰乱现存的习惯和期待，就可以在产业方面使社会不再分为勤劳阶级和懒惰阶级，从而实现民主精神的最高愿望。

第五，政府应从事满足人类共同福利，而对个人无利可图的事业。穆勒对马尔萨斯人口论进行改进，主张通过舆论宣传、教育的方法减少人口。

第六，穆勒承认资本主义分配制度的不公正，并进一步揭示了资本主义的阶级矛盾和劳动与资本之间的对立。穆勒激烈抨击土地贵族，认识到产业资本家与产业工人的冲突，肯定工会的地位。

穆勒是个折中主义者，在坚持资本主义的根本要求的同时，对当时正在兴起的空想社会主义的某些要求也表现出了相当的容忍、同情和理解，穆勒站在维护古典政治经济学和改良资本主义制度的立场上，真诚地同情无产阶级的命运，力图把资产阶级政治经济学和当时已不容忽视的无产阶级的要求调和起来，既能够正视资本主义的现实，又能够同情工人阶级的处境，也看到了资本主义分配和财富占有的不公平，并提出了改良的建议。

穆勒是一位改革者，同时他自称是一位功利主义者。根据功利主义的人性观点，只有当改革对其本身更有利时，政治家才会支持损害富人利益而提高穷人福利的改革。然而，在资本主义社会中，政治家是和那些靠资本主义立法获取了巨额财富和收入的人进行某种交易的人，私有财产法和契约法以及无数有关垄断、补贴和免税等的法律特权都加剧了现存的极度贫富差距，并且会使其长久存在。因此，穆勒的想法并不是不可能的问题，而是不可能实现的问题。穆勒的问题在于他本身也是资本主义社会的一分子。在这种体制中，金钱就是权力，而权力又可以产生更多的金钱。用穆勒自己的话来说，就是在资本主义社会中，"人的精力"是"用于发财致富的"，"如果人是粗野的，则他们需要的刺激也将是粗野的"。① 实际上，穆勒并不是完全没有认识到这个问题。他认识到只要资本家和工人阶级彼此对立，政治就是阶级斗争的舞台，而一般情况下，资本家都是这个舞台的统治者。然而，他还是希望富人发财致富的欲望最终会减弱，他们会满足于他们所拥有的财富。如果情况果真如此，那么改革的实现就真的有希望了。就这一点，穆勒写道："如果富人们满足于他们的富有，并且不再要求更多的政治特权，那么他们和穷人的利益就大体相同了。"② 然而，令穷人们感到不幸的是，在穆勒的《政治经济学原理》出版后的 143 年里，富人从不"满足于他们的富有"，也从来没有

---

① John Stuart Mill, *Principles of Political Economy*. New York：Augustus M. Kelley, 1965, p. 749.

② John Stuart Mill, *Dissertations and Discussions*. New York：Henry Holt, 1874, Vol. 2, p. 114. 转引自亨特（E. K. Hunt）《经济思想史：一种批判性的视角（第二版）》，颜鹏飞总译校，上海财经大学出版社 2007 年版，第 168 页。

放弃他们对"政治特权"的要求。

四　凡勃伦的"有闲阶级论"对穷人问题的研究

美国制度学派创始人托尔斯坦·凡勃伦（1857—1929）在对 19 世纪晚期至 20 世纪早期的美国资本主义进行分析时，表现出的姿态与立场是公正、中立和无私的，但是事实上，他本人非常同情和支持工人阶级（他以各种方式提道，像"工人"、"普通人"），反对资本家（他以各种方式提道，像"既得利益者"、"不在所有者"、"有闲阶级"，或者"工业巨头"）；支持理性的、和平的人类关系而反对"掠夺剥削"。凡勃伦在其《有闲阶级论》一书中用大部分篇幅描述了富人（有闲阶级）的炫耀性消费和闲暇，揭示了资本主义制度中崇拜金钱或商业的金钱文化的社会道德观念，从而说明了资本主义给穷人（工人阶级）的物质、精神、感情和艺术生活带来的破坏性影响。

凡勃伦的本能理论是其理论的基础。凡勃伦认为，潜藏于人类行为背后所有的基本特质，在一种基本的、对抗性的二分法中是相关的，这种二分法以某种形式几乎存在于所有社会中。所有这些特质可以被分为两组，在它们之间存在着永恒的冲突。一组的中心是凡勃伦的"作业（Workmanship）的本能"观念。另一组的中心是他的"剥削"的本能，或者"掠夺的本能"观念。与作业相联系的特质被凡勃伦称为"父母的天性"和"随便的好奇心"，这些特质对于在生产力和人类对自然的控制中已经取得的进步负有责任。它们对于人类对爱、合作和创造性需求得到满足的程度也负有责任。与剥削或者掠夺性的本能相联系的，是人类的冲突、征服和性、种族以及阶级剥削。社会制度和习俗行为常常会将人类的剥削和掠夺的真实本性掩藏于被凡勃伦称为"公道作风"（Sportsmanship）和"恪守礼仪"（Ceremonialism）的外表之后。作业的本能发挥重要影响的地方，社会就会向着知识进步、合作、平等和互相帮助的方向发展。当掠夺性的本能支配社会的时候，流行的习俗就是有闲阶级（Leisure Class）的观念，它们构成了社会的占主导地位的因素。

凡勃伦认为："有闲阶级的涌现和所有权的开始是同时发生的……他们不过是社会结构同样的一般事态的两个不同方面。"① 在所有的阶级分化社会中，有闲阶级和平民的职业之间总是存在着一种基本的明显的区别。"在这种古老的区别下"，他写道，"凡是值得尊敬的业务，可以归入属于侵占的那一类，不值得尊敬的业务，是那些必要的日常工作，在这类工作中，并不含有值得重视的侵占成分"。②

在所有的阶级分化的社会中，一个人或者一个集团的掠夺性力量得到了可能的最高的尊重。如果一个人具有很强的掠夺能力，那么他在社会中就会被赋予尊贵的地位。这样，在资本主义社会中，"现代经济制度大体上可以分为两个范畴——金钱的和工业的。工作方面也是这样。前一类工作同所有权或营利有关；后一类工作同作业或生产有关……有闲阶级的经济利益在于金钱的工作；而工人阶级的经济利益则……主要在于工业一类。要跻身有闲阶级，其经由的途径是金钱的工作。……这两类工作对性格倾向的要求，彼此是在实质上有差别的……金钱工作的锻炼所发生的作用是保持并培养某些掠夺倾向和掠夺

---

① Thorstein Veblen, *the Theory of the Leisure Class*. New York：Augustus M. Kelley, 1965, p. 22.

② Ibid., p. 8.

意志……只要人们的思想习惯是在营利与财产占有的竞争过程
中形成的，只要其经济职能不出于以交换价值表现的财富的占
有，不出于通过交换价值来进行对财富的管理和融通这个范围，
在其经济生活中的经验，就必然有助于掠夺气质与掠夺思想习
惯的存在和加强。在现代的、和平的经济体系下……通过金钱
工作使工作者日益精通、谙练的是属于机巧诈伪的一般实
践"①。

在资本主义制度下，就存在一个职业的等级划分：从最尊
贵的—不在所有者—到最为粗俗和令人厌恶的—创造性劳动。
"于是不同的工作在荣誉性上有了高低不同的等级。在各项经济
工作中最富有荣誉性的是那些大规模地直接同所有权有关的工
作。其次是直接有助于所有权与金融活动的那类工作——例如
银行业务和律师职务。银行工作本身也含有巨大所有权的意味；
这一行业之所以体面，无疑部分是由于这一事实。法律专业本
身并不含有巨大所有权的意味；但是由于律师这个行业，除了
用之于竞争的目的以外，没有沾染上有实际生产用途这样的污
点，因此它在传统结构中列入的等级是高的。作为一个律师，
他所全力应付的是有关掠夺性诈伪的一些具体活动，有时欲成
其事，有时加以挞伐，因此把这种职业上的成功看做是在未开
化的狡诈气质方面禀赋的标志，而这类气质却总是能博得人们
的敬畏的……至于体力劳动，甚至管理机械操作的工作，其间
是否含有些微的荣誉意味，当然是大可怀疑的。"②

在《有闲阶级论》一书中，凡勃伦用了大量的篇幅，详

---

① Thorstein Veblen, *the Theory of the Leisure Class*. New York：Augustus M. Kelley, 1965, pp. 229—230.

② Ibid. , pp. 231—232.

细论述了有闲阶级是如何通过炫耀性的消费和炫耀性的闲暇使用方式来显示他们的掠夺性才能的。对于凡勃伦来说，炫耀性消费常常是与挥霍浪费相一致的。比如说，富人的住房"比一般教徒所住的房子在华丽程度上，在建筑和装饰的明显浪费程度上，总要高出一筹"①。对于富人来说，拥有昂贵、华丽并且基本上无用的——但是昂贵是首要的——主要用于炫耀的行头是必需的。对于有钱人来说，一个物品越是没用和昂贵，就越会被当作炫耀性的消费品而得到珍视。而那些普通人能支付得起的有用物品却会被当作是庸俗的。有钱人通过使"掠夺或寄生原则"②永恒化，用以维持他们的社会地位，而社会上最贫困的人对于这种掠夺性的金钱秩序几乎不能构成任何威胁："赤贫阶级，以及所有那些把全部精力消耗在日常生活斗争中的人们是保守的，因为他们再也没有余力去想到明天以后的日子。"一般来说，正是那些经济上比较有保障的工人阶级对社会现状构成了潜在的威胁。他们一般都掌握了非常有用的生产技能，这就意味着他们通常都以掌握这些技艺为荣。如果绝大多数工人最终意识到资本家对于生产过程没有作出任何贡献，资本家的商业和金钱活动是工业体系走向萧条和发生故障的原因，资本家得到的不成比例的大量财富和收入使得社会上大部分人处于贫困状态，生产过程的退化正是资本家掠夺性风气盛行的结果的这些事实——如果能最终认识到了这些事实，那么他们一定会将工业体系从金钱商业文化的法律、政府、制度压迫和束缚

---

① Thorstein Veblen, *the Theory of the Leisure Class.* New York: Augustus M. Kelley, 1965, p. 120.

② Ibid. , p. 209.

中释放出来，他们一定会以革命推翻资本主义。

凡勃伦认为，工人们的痛苦主要起因于赤贫的工人阶级的物质匮乏。而对于物质上较优越的工人来说，其痛苦主要是精神方面的。但是，凡勃伦强调这种痛苦是精神上的，所以更真实、更强烈。因为工人们对它的反应加深和延长了这种痛苦，他们的反应就是认为如果获取更多、消费更多的话，就会快乐。所以工人们开始负债，越来越依赖于晋升和获取更多的收入，并且最终相信他们解决长期得不到满足的唯一可能的方法就是取悦他们的雇主，永远避免分裂性或激进的言行。但是这样单调的工作是无止境的。一个人越是努力克服其长期得不到满足而导致的痛苦，就越变得不满和更加痛苦。在一个存在歧视性社会等级和炫耀性消费的制度中，工人很少会将自己的困境怪罪于"制度"、"既得利益者"或者"不在所有者"。他们一般会怪罪自己，这样就导致了自尊和自信的进一步下降。"与竞争的目的不是绝对的舒适或杰出一样，社会平均富裕的提高也不能终止或减少这种压力。普遍的改善不能平息邻里之间攀比所产生的纷乱。人类彼此斗争以使自己比别人拥有更多的这种本性，与私有产权有着密不可分的关系……自满的标准主要是拥有或享受。相对于合法占有或享受'更多'的可能，人们的不断增强的伤感——那些拥有较少的——茫然地赞成对拥有较多的人进行不利的重新分配。即这种伤感的发展赞成社会主义运动……使得人们必须从私有产权中寻找社会主义产生的纷乱的理由。现代私有产权下……嫉妒和纷乱是不可避免的。现代工业体制的基石是私有产权制度……进一步说，这也是现代体制下的必然结果——纷乱和不满的最终原因是为争取经济地位。结论似乎是人类的本质本来就是这样，必须承认，不可能有从这种不名誉的竞争，或随之而来的不满中平息的时候，除非废除私有产权。"① 在这个写于 1892 年的引文中，凡勃伦认为，潮流趋向于支持社会主义的力量或者说作业的价值观，同时反对商业的力量或者说金钱价值或掠夺本能。1904年，他仍然比较乐观，他写道工业职业"特别适宜于打破旧风气旧习惯的养成，这一点与社会主义的倾向是一拍即合的"②。然而，掠夺性价值观、金钱商业文化仍然非常强大："这两个相反的动力最后是哪一个占优势，只有天知道；但就可以想的到的将来的局面而言，似乎总不出于这二者之一。似乎企业的全盛统治是昙花一现的统治。"③ 在以后的 20 年里，凡勃伦目击了第一次世界大战中爱国主义和帝国主义的泛滥，盲目的、狂热的民族沙文主义，以及歇斯底里的压制性后果——伟大的红色恐怖，朝圣者袭击，以及绝大多数人盲目地默许政府对所有进步运动和社会主义运动所进行的有计划的镇压。凡勃伦的心情从谨慎的乐观转变成失望和悲观。他对于资本主义被转变成一个体面的、人性化的社会似乎不抱什么希望；也就是说，他似乎对社会主义也不抱什么希望。但是，他仍然坚信，私有产权及其金钱与掠夺性文化是过时的制度，并且是注定要瓦解的带有时代性错误的制度。

托尔斯坦·凡勃伦的研究，揭示了资本主义社会只是历史上独一无二的短暂的社会，这个社会是建立在为数不多的寄生性所有者组成的统治阶级剥削直接生产者的基础之上的，并把资本主义法律和私有产权看作资本家权利和工人地位下降的基

---

① Thorstein Veblen, "The Theory of Socialism," in*Place of Science in Modern Civilization*, pp. 396—398.

② Thorstein Veblen, the Theory of Business Enterprise. New York: Augustus M. Kelley, 1965, p. 351.

③ Ibid. , p. 400.

础，同时，凡勃伦看到了资本主义给工人的物质、精神、感情和艺术生活带来的破坏性影响。凡勃伦关于竞赛性消费力量的分析是非常敏锐和极具洞察力的，正是这些理论使得工人们接受了自我击败的态度。直到今天它都是工人们之所以不仅忍受剥削和异化，而且对于引起和维持剥削和退化的这些制度、法律、政府和一般的社会习俗还总是持支持态度这些问题的最有力、最精确的解释之一。然而，由于其阶级立场所限，凡勃伦对资本主义社会的分析与"批判"并不涉及资本主义制度的基础。

五　瑞典学派的福利国家政策主张对穷人问题的研究

瑞典学派（The Swedish School）是以瑞典经济学家为主体，在 20 世纪 20—30 年代形成的西方资产阶级经济学的重要流派。历史上，瑞典具有很深的社会民主主义传统。第二次世界大战以后，随着社会主义阵营的形成和壮大，资本主义体系受到沉重的打击和削弱。为了维护资本主义制度，瑞典学派经济学家越来越重视经济学所具有的政治和福利含义，其中，瑞典学派的创始人之一——威克赛尔认为，资本主义经济中各阶层的利益并不总是和谐一致的，是会发生抵触的，财产分配的不公平就很能说明这一点。他说："我们一旦认真开始把经济现象看成一个整体，并为这个整体寻求增进福利的条件，就必然为无产阶级的利益进行考虑。"① 威克赛尔主张改革当时瑞典的经济制度，改善无产阶级的状况，增进全社会的福利。例如，他提出要扩大公共经济成分，由国家执行收入再分配政

---

① ［瑞典］威克赛尔：《国民经济学讲义》，上海译文出版社 1983 年版，第 10 页。

策，以弥补由于根据生产要素边际生产力进行初次分配时造成的收入不平等。林达尔也认为，国家或政府应该是为公民和社会服务的组织，它通过税收形式将一部分私有财产转变为共有财产，有助于实现社会的公平。

瑞典学派的福利国家政策主要有：20 世纪 30 年代经济萧条时期实行的以公共事业投资为中心的衰退对策，60 年代的保障就业政策、通货膨胀对策、社会福利政策和产业民主化政策，等等。

1. 20 世纪 20—30 年代大量失业的存在引起了瑞典政府和社会民主党的不安。1927 年，瑞典成立了"失业原因和防止失业措施研究委员会"，1931 年该委员会聘请了哈马舍尔德、缪尔达尔、俄林等著名经济学家从事研究工作。1933 年，瑞典社会民主党政府的财政预算采用了以扩大公共事业为中心的扩大总需求政策。这一政策后来被称为"凯恩斯之前的凯恩斯政策"。1935 年，哈马舍尔德执笔撰写了"失业委员会的最后报告书"，概括了委员会几年中的研究成果，对瑞典的经济发展和经济政策作了学习的论述和总结，提出了以宏观经济政策为主，商业政策、工业政策为辅的消除失业问题的政策建议。在这个时期，瑞典学派的经济学家还陆续提出了为应付各种经济周期变动所要采取的经济政策和制度，创立了适应经济景气好转或恶化的、使政府预算平衡的长期预算制度，以及适应于经济萧条时期公共事业预备费使用的公积金制度，还制定了经济繁荣时期控制民间投资支出、萧条时期促进民间投资的投资税收制度和投资基金或投资预备金制度。林德贝克教授把这种投资平衡化的两种制度称为瑞典在经济政策方面的"两个发明"。所谓投资基金制度，是在繁荣时期企业将其部分利润，以基金的形式冻结在中央银行的特别账户中，萧条时期在政府要求时，用这种基金来投资可以减税。这种制度在瑞典的经济发展中发挥了极其重要的作用。

2. 根据伦德堡的看法，20 世纪 60 年代以来，瑞典的失业和通货膨胀主要是由于结构性原因造成的。例如，部门、行业和地区间发展的不平衡，大量移民的入境以及开放部门和非开放部门的工资、成本、价格的相互关系和变化。瑞典经济学家认识到，在这种条件下，仅仅依靠凯恩斯和缪尔达尔的宏观总需求管理的政策，还不足以实现充分就业和有效工作，而且充分就业和物价稳定难以同时兼顾。所以，除宏观总需求管理政策之外，还必须调整每个劳动市场供求关系，实行促进行业间工作变动的职业训练和实行促进地区间劳动力转移的各种政策。

瑞典工会的经济学家果·廉，为上述这种劳动市场政策提供了理论依据。他认为，如果为了使萧条行业和萧条地区实现充分就业而扩大总需求，就会因需求过多而产生通货膨胀。防止办法之一是，扩大总需求要适度，对失业率高的劳动市场，应该通过个别的政策去调节，从而，将宏观总需求政策和微观劳动市场政策配合起来，同时实现稳定物价和稳定就业。其他一些经济学家则认为，20 世纪 60 年代瑞典和挪威的就业政策的成功，是由于宏观总需求管理政策和果·廉的劳动市场政策相互配合成功的结果。这一时期，瑞典和挪威的失业率和物价上涨率都较低，经济增长稳定。

3. 20 世纪 70 年代以后，瑞典的经济状况也开始恶化。于是人们对于注重效率的经济政策开始产生怀疑。工会要求实行稳定、公正和保障劳动者生活质量的政策，而不是把劳动力转移到效率较高的部门的政策。在这种情况下，瑞典产生了1974 年的保障就业和促进残疾者就业的政策、新的劳动安全法以及 1973 年工人代表参加董事会等一系列工人参加经营管理和改善劳动环境的政策。在制定执行法律时，全国工会组织掌握主动权（保障就业的法律条文就以参与制定该条文的全国工会组织的律师的名字命名，叫做"欧门法"）。"欧门法"提高了劳动者社会的稳定性，并有助于弱者在劳动市场获得同等的就业机会。

瑞典学派经济学家们普遍认为，一个理想的社会应该给予社会全体成员以普遍的福利。因此，他们反对那种大大削减国家干预和否定国有化的理论和政策建议，认为自由放任的市场经济会使福利国家的活动大大削弱，从而造成收入分配不平等，个人缺乏社会保障。所以，许多瑞典经济学家都纷纷提出自己的社会模型。林德贝克提出了"自由社会民主主义"（主要部门国有化、福利国家和市场经济三者的结合）；阿德拉等人提出了"职能社会主义"（即对生产资料所有权本身并不实行社会化，只对构成其所有权的职能或权限实行社会化，也可以达到社会化的目的）。

瑞典是有代表性的福利国家。"在第二次世界大战以后，瑞典的社会保障发展是惊人的，其公共开支占国民收入的比例，1950 年为 25%，1970 年达 45%，1981 年达 60%。因此，瑞典在实行福利国家政策后也取得了明显的效果。根据林德贝克的归纳，瑞典取得的政策效果主要有：首先，实现了充分就业。战后瑞典平均失业率不高于 1.5%—2%，按照西方经济学界的标准，这是超充分就业。其次，实现了经济稳步增长。1950—1970 年间，国民生产总值年增长率为 3.7%；按人口平均计算的国民生产总值增长率为 3.3%；按人口计算的国民收入水平在当时世界上居于最前列。再次，实现了国际收支均衡。最后，在收入分配均等化方面取得了重大成就。实现了全民族养老金制度、中小学义务教育制和多种形式社会福利、社会保险制度，从而使瑞典成了西方世界‘福利国家’的典范。"①

但是，瑞典学派经济学家所倡导的福利国家政策主张并不是完美的理想社会和人间天堂。总的来说，瑞典学派的理论政策主张都是资产阶级改良主义的表现。瑞典学派强调收入均等化，大力加强社会福利措施，虽然在某种程度上改善了穷人的福利状况，但其根本目的，是更有效地维护资产阶级的利益，特别是国家垄断资本主义的统治。而且，在战后的经济实践中，也逐渐暴露出许多尖锐的矛盾和带有根本性质的问题。例如，政府开支的增加和对于国际市场的依赖在瑞典国内引发了严重的通货膨胀；而通货膨胀又反过来会影响出口，不利于出口部门经济的发展，给充分就业造成困难。政府为补贴出口，强化劳动市场政策，又势必增加财政支出，使通货膨胀进一步恶化，形成了一个恶性循环。更为尖锐的矛盾是收入均等化同其他经济目标之间的矛盾。由于实行高额累进税制，一方面，由于税后利润不高，资本家不愿投资，甚至加剧资本外流，直接影响了国内就业和经济发展。另一方面，高额累进税制和高额社会保险制度使工人不愿意提高技术，不愿意多工作，甚至不急于就业；在业的则怠工、缺勤。20世纪70年代后期，尤其是80年代以后，福利国家产生的这些"瑞典病"严重地折磨着瑞典社会。事实证明，在以私有制为基础的资本主义社会，通过社会改良来维护资本主义的种

---

① 丁冰、张连城主编：《现代西方经济学说》，中国经济出版社2002年版，第400页。

种努力已接近它的极限，瑞典学派的福利国家政策主张并不能扭转资本主义必然灭亡的历史趋势。

六　新制度经济学派对穷人问题的研究

（一）加尔布雷思对"丰裕社会"中贫穷现象的研究

约翰·肯尼斯·加尔布雷思（1908—2006）是美国著名的制度经济学家。他的《丰裕社会》、《新工业国》、《经济学和公共目标》等著作在经济学界具有广泛的影响，他对"丰裕社会"中贫穷现象的研究具有代表性。

加尔布雷思认为，当前的资本主义社会虽然是一个经济高度发达的社会，但却是一个病态的社会。例如，通货膨胀、失业、能源缺乏、环境破坏、城市人口拥挤、道德败坏、区域发展不平衡、经济结构畸形化、收入分配不均等，就是当前资本主义社会病症的表现。与 100 年前甚至 50 年前相比，虽然人们富裕多了，物质生活条件大大改进了，但不平等仍然存在，少数民族生活、贫民区等各种重大问题不可能简单地通过经济增长而消灭。经济增长后，人们精神上受压抑的态度不仅没有消除，甚至还加剧了。为什么普遍富裕中仍有贫困呢？为什么会出现上述这些问题呢？加尔布雷思认为，这一方面是由于资本主义社会的现存制度本身有不完善之处，如权力分配不均、收入分配不合理等；另一方面则是由于长期以来宣扬各种传统经济理论的价值判断标准所形成的产品越多越好的观念。这种错误的价值判断和信念，使人们不去认真思考造成当前社会病态的真正原因所在。

加尔布雷思在分析了企业权力结构的变化以后，进一步分析了整个社会的经济结构。他指出，就整个资本主义社会的经济来看，它存在着二元体系（系统）即计划体系（系统）和市场体系（系统）。二元体系理论是加尔布雷思对现代资本主义进行分析的主要理论。他认为二元体系的存在，是现代资本主义的"丰裕社会"仍然存在贫穷、罪恶等各种矛盾和冲突的根源。

加尔布雷思分析，所谓计划体系，就是指有组织的、由若干家大公司组成的经济体系，这些大公司实行的是计划经济。大公司有权控制价格，支配消费者，从而生产者主权代替了消费者主权，并且和政府密切相关。但资本主义经济并不是单一的模式，在大公司存在的同时，还存在着大量的、分散的小企业和个体生产者，即受市场力量支配的市场体系，他们无法操纵价格和支配消费者。

计划体系力量强，而市场体系力量弱小。因此，在整个社会经济中，前者处于有利地位，后者处于不利的地位。现代资本主义经济正是由计划体系和市场体系构成的。二者相互配合，产生了在经济发展上一种非偏颇的形态。一方面，市场体系所使用的动力、燃料、机器等是计划体系供给的，计划体系是市场体系产品的重要买主，所以二者是相互依赖的；另一方面，这两个体系存在着冲突和矛盾，它们的权力是不平等的。

首先，这两个体系之间的交换是不平等的。"市场系统出售其产品和劳务时，其中的一个很大部分，其价格不是由它自己控制的，实际上不得不屈服于计划系统的市场力量之下。在权力的这样分配下，显而易见的是，在一切方面，计划系统会比市场系统进行得更加顺利。"① 也就是说，当计划体系向市场体系购买产品和劳务时，可以以压低的价格向其购买，相

---

① ［美］加尔布雷思：《经济学和公共目标》，商务印书馆1980年版，第56页。

反，当计划体系出售自己的产品时，便以抬高的价格出售。"在多数情况下，计划系统向市场系统出卖时的价格和它向后者买进时的价格，它都有控制权，因此双方交易的条件总是倾向于对它有利的一面。"① 而大企业对小企业通过不等价交换进行的剥削正如发达国家对第三世界发展中国家的剥削，甚至是一种更厉害的剥削。

其次，这两个体系的得利是不均等的。大公司富裕，小公司贫困。而资本主义政治只关系大公司的利益，采取的一系列政策都有利于计划体系，这就给市场体系及资本主义经济带来了严重危害。

市场体系受市场力量的支配，完全按供求状况变化，具有自我限制、自我纠正的能力。而且市场体系规模小，数量分布广泛，且其收入少并具有强烈的消费倾向，即使用于储蓄，也是为了出借，故不会发生有效需求不足的现象，因此它不会造成经济衰退，同样对于通货膨胀，它也容易消化。同时由于政府的财政政策和货币政策，它也不可能抬高价格。所以市场大体上是稳定的。而计划体系则不然。计划体系的储蓄由少数大公司决定，数额庞大，储蓄意向往往超过投资意向，这样就会产生需求不足，导致经济衰退。而且由于计划体系下的大公司控制价格，价格不会下降；工资由工会主持，不会削减。有时为了实现稳定与增长，往往同意增加工人工资，以避免工人罢工，然后把工资的增加转嫁给市场体系和消费者，而那些稳定市场体系的方法在计划系统中起不了作用。所以计划体系生来就不稳定，并且有累积性。一旦它受到通货膨胀的影响，不但

---

① ［美］加尔布雷思：《经济学和公共目标》，商务印书馆1980年版，第248页。

不会自然纠正，还会具有持久性。"计划系统中衰退和通货膨胀的后果，会带着破坏性作用，流向市场系统。"① 虽然不稳定因素来源于前者，后者受到的损害却大于前者。

因为两个体系是有联系的，计划体系是市场体系的重要买主，所以，"当计划系统中的需求下降，对市场系统的产品和劳务的需求也会减退。由于在那里不存在保护性控制，价格、企业主收入和某些部分的工资将下降。小工商业者或农场主的困难是很大的。市场系统对于从它自身产生的需求动向还能控制，却极容易受到发源于计划系统的风暴的打击"②。市场体系在受到计划体系打击的同时，还受到政府的危害。国家始终偏袒大企业，纵容或默许大企业把损失转嫁给小企业和小生产者。政府采取的一系列政策考虑的都是大公司的利益，反映的是计划体系的需要。

加尔布雷思认为，当今资本主义社会经济畸形发展及比例失调都是由于经济中两大系统的权力不平衡所造成的，权力的不平衡导致了大企业对小企业的剥削。因此，有必要对现代资本主义社会的这种二元体系结构进行改革。一方面要加强市场体系的权力。运用政府的立法和经济措施，提高市场体系中企业的组织化程度，改善其保护能力。例如，使市场体系中的小企业主联合起来，加强同计划体系的议价能力，稳定自己产品的价格。另一方面要减少计划体系的权力。政府要采取措施限制计划体系中的大公司的过度发展，管制计划体系的价格，防止计划体系的目标损害市场体系，通过提高市场系统的地位和增加其权力，抑制计划体系的权力和消除其对市场体系的剥

① ［美］加尔布雷思：《经济学和公共目标》，商务印书馆 1980 年版，第 177 页。
② 同上书，第 181 页。

削，从而使两个体系的权力和收入均等化。从这些改革主张来看，加尔布雷思只是一个"改革者"，而不是"革命者"。

（二）缪尔达尔的"循环累积因果联系"理论对不平等问题的研究

20世纪20—30年代，缪尔达尔因袭新古典主义传统，主要从事纯经济理论研究。1929—1933年的世界经济危机严重地影响了瑞典的经济，使得瑞典社会生产下降，物价下跌，失业增加，人民生活贫困。然而，与此情形形成鲜明对比的是：社会上另一部分人的收入和财富却在不断增加。面对这种社会不平等状况，缪尔达尔开始研究社会平等问题，社会平等问题的研究涉及社会制度和社会结构，以及对人的态度问题。因此，缪尔达尔实际上开始转向了制度经济学的研究。1934年，缪尔达尔与妻子合作，出版了《人口问题的危机》一书，提出了实行均衡化社会改革的一些主张。1938年缪尔达尔接受纽约卡内基公司的委托，指导一项关于美国黑人问题的研究。1944年，缪尔达尔出版了《美国的困境：黑人问题和现代民主》一书，这本书是从生活条件最差者的角度入手，研究美国社会的平等问题。第二次世界大战以后，缪尔达尔开始研究世界范围内的平等问题，特别注重研究不发达国家的绝大多数陷于贫困的大众，并进而研究发达国家和不发达国家之间的平等问题。缪尔达尔在制度经济学方面的主要著作，除了上述《美国的困境：黑人问题和现代民主》外，还有《国际经济学》（1956年）、《富裕国家和贫困国家》（1957年）、《超越福利国家》（1960年）、《亚洲的戏剧：一些国家贫穷的研究》（1973年）等。

1."循环累积因果联系"理论

"循环累积因果联系"理论是缪尔达尔运用"整体性"方

法，在对经济、社会和制度现象进行综合分析及批判传统经济学的均衡论与和谐论时提出来的。缪尔达尔认为，传统经济学家因袭了约翰·穆勒的观点，把生产领域与分配领域截然分开，因此他们往往忽视社会平等问题，更不关心不发达国家的贫困问题，他们避开了价值判断问题，只重视静态均衡分析。缪尔达尔认为，经济学应该是规范的，而不是实证的，价值判断的标准应该是社会的平等和经济的进步。而在一个动态的社会过程中，社会各种因素之间存在着因果关系，某一种社会经济因素的变化，会引起另一种社会因素的变化，后者反过来又加强了第一个因素的变化，导致社会经济过程沿着最初的那个变化的方向发展，所以社会经济诸因素之间的关系不是守衡或趋于均衡的，而是以循环的方式运动，但也不是简单的循环流转，而是具有累积效果的运动，是"循环累积因果联系"。缪尔达尔认为这是一条具有普遍意义的原理。

　　缪尔达尔的"循环累积因果联系"理论，最初是在《美国的困境：黑人问题和现代民主》一书中提出的。他指出，白人对黑人的歧视和黑人的物质文化水平低下，就是两个互为因果的因素。白人的偏见和歧视，使黑人的物质文化水平低下；而黑人的贫困和缺乏教育，又反过来增加了白人对他的歧视。在20世纪50年代以后的著作中，缪尔达尔对这个理论，在具体应用过程中，又作了进一步的发挥。他指出，事物之间的"循环累积因果联系"，不仅存在着上升的循环累积运动，也存在着下降的循环累积运动。前者指"扩展效应"，即某一地区兴办了若干工业以后，逐渐形成了一个经济中心，它的发展，促进了周围地区的发展，使它附近地区的消费品生产不断发展。后者指"回荡效应"，即某一地区的发展，由于种种原因会造成别的地区衰落。例如，低收入阶层的劳动者的健康状况恶化，会降低劳动生产率，减少工资收入，降低其生产水平，这种状况反过来又进一步使他们的健康状况恶化。

2. 对发展中国家社会改革的主张

根据"循环累积因果联系"理论，缪尔达尔认为影响发展中国家发展的因素是多方面的，它主要有产量和收入、生产条件、生活水平、对工作和生活的态度、制度、政策等方面。对于发展中国家的社会改革问题，缪尔达尔的基本主张是实现"社会平等"，他指出，首先要进行权力关系的改革。缪尔达尔认为，在许多发展中国家，权力掌握在地主、实业家、银行家、大商人和高级官员组成的特权集团手中，这些人大多只顾自己发财致富，不关心国家的发展。因此，要改革各种权力关系，将权力从特权集团手中转移到下层大众手里。其次，许多发展中国家现有的土地所有制关系，严重影响了耕种者的积极性和生产效率。应通过把土地平等地分配给耕种者，组织合作农场等手段进行土地制度的改革。其次，在缪尔达尔看来，许多发展中国家的教育制度不但不能促进其发展，反而会起反作用，因此有必要对教育制度进行改革。他提出要在发展中国家广泛开展成人教育，优先发展初等教育、技术教育和职业教育，采取措施鼓励高等学府的毕业生到贫困落后的地区去。最后，缪尔达尔认为，国家应该用计划来干预市场活动，他反对传统经济学家把为发达国家制定的模式搬到发展中国家来，也反对在不平等的条件下，在国际贸易中实行自由贸易。他认为，国际贸易会加剧发达国家和不发达国家发展的不平衡，而并不像传统经济学家所认为的那样国际贸易的扩大，必然给贸易双方带来的利益是和谐的。因为发达国家采用新技术，产品成本低，比较廉价，所以在自由贸易的情况下，廉价的外来商品会充斥发展中国家的市场，会使发展中国家的经济遭受严重

的打击。因此，他主张发展中国家的对外贸易要置于国家计划
的管制下，实行贸易保护政策。

（三）格鲁奇的新二元经济理论对平等与效率问题的新
探讨

阿兰·G. 格鲁奇（1906—　）是美国马里兰大学的经济
学教授、美国新制度经济学派的主要代表人物之一。格鲁奇提
出了一个新的关于先进工业化国家中二元经济的理论，对平等
与效率问题进行了研究。

格鲁奇指出，一些先进工业国家国民经济的成就较差的主
要原因在于，私人企业与有组织的劳动者之间存在对立，政府
却不能进行积极的指导，从而造成经济的不稳定，严重的通货
膨胀压力以及在国际竞争中的损失。相对于加尔布雷思的二元
经济体系理论，格鲁奇认为，20 世纪 70 年代以后，在科技进
步的条件下，第三世界国家的工业化对先进的工业化国家的国
际霸权形成了挑战，因此，旧的二元经济被新的二元经济所取
代了。在新的二元经济中，传统的以自动生产线、大量蓝领工
人为特征的工业与以高技术产业、大量白领工人为特征的新兴
产业与服务业并存。传统产业中的工人及消费者感到，相对于
快速增长的产业中的工人和企业而言，他们受剥削了。格鲁奇
认为，新的二元经济体系中的一个主要问题就是平等问题。他
进一步分析道，从微观经济的角度来看，平等问题与利润、工
资、价格和工作条件等有关。由于企业管理者、工人和消费者
之间很难实行合作，所以，不平等问题比较难解决。从宏观经
济的角度来看，平等问题不仅由经济中的结构差别引起，而且
涉及国家的税收制度。如果经济利益集团之间不能相互协调，
税收制度不能适当调整到使各个利益集团都比较满意的程度，
不平等状况也难以改善。此外，平等问题还包括为所有阶层提

供平等机会、在私人和公共用途之间分配国民总产出、减少贫困和消除劳动市场上的歧视、对不发达国家提供经济和资金援助等。总的来说，平等问题就是在保存资本主义制度的条件下平等地对待所有个人和阶级。要做到这些，政府必须采取适当的措施，对国民经济进行指导，如果政府不能很好地做到这些，不平等问题也无法很好地得到解决。格鲁奇主张经济制度改革应该由两个基本原则来指导。其一是不能依靠私人市场体制提供私人利润和社会需要，因为私人市场体制只关心高效率和高利润，而不会注意平等问题和社会优先权问题。其二是社会福利原则，也就是既兼顾社会公平，也注意经济效率。对于经济改革的目标，格鲁奇认为是"缩小混合经济中传统的工业部门与新兴工业部门之间的差距"。

新制度学派的学者们从制度和结构的角度对穷人问题进行了分析，考察了权力和收入的均等问题，他们的研究虽然没有触及资本主义的本质——资本主义私有制，没有揭示资本主义基本矛盾和主要阶级对抗关系，但是与其他一味颂扬资本主义制度优越性的资产阶级经济学流派不同，他们比较能正视现实，暴露了垄断资本主义的某些内情。新制度学派暴露了垄断组织（"计划系统"）与资产阶级国家机构相勾结的一些内幕，分析了这种勾结对社会经济发展的不利影响。加尔布雷思指出，计划系统（大公司）与政府之间存在着极其密切的协作关系，即政府为计划系统的产品提供大量支出，并且主要是用来偿付大公司（特别是与军事有关的企业）的贷款。这实际上暴露出，在现代资本主义条件下，国家是从属于垄断组织的。同时，加尔布雷思等人在对资本主义社会一些具体问题的论述中，也觉察到少数垄断者与绝大多数居民之间的矛盾，指出，大公司不仅通过采用先进的科学技术，而且通过规定垄断价格，获取高额利润，而那些中小企业却蒙受损失。大公司不只剥削本国的中小企业和其他社会阶层，还通过资本输出和商品输出，从外国攫取高额利润。因此，当前新制度学派经济理论的影响有了一定程度的发展，特别在第三世界国家得到了较多的支持。然而，新制度学派的理论有其固有的缺陷，新制度学派的理论不具有严密而完整的理论体系，它们更多地注重了对于资本主义市场经济运行中的一些问题的揭露和批判，而不是全面说明和阐释资本主义市场经济活动中的所有问题，除了理论上的缺陷外，最主要的原因在于它那套改革方案是很难实现的。如果真的要按加尔布雷思等人的主张来实现两个"体系"的权力均等化，那实际上等于要取消垄断资本主义的政治与经济权益，这在资本主义制度下是不可能的事。

七　凯恩斯主义学派对穷人问题的研究

凯恩斯主义学派是西方经济学的一个主要流派。该学派的主要代表人物有凯恩斯以及追随者萨缪尔森和琼·罗宾逊等。凯恩斯学派对穷人问题的研究主要体现在其收入均等、效率优先的分配观上。凯恩斯学派的理论和政策主张针对的尽管是历史上最深刻、最长久、最广泛的周期性危机，但其内容却反映出比较丰富的公平效率思想。该学派的学者们坚持收入均等化意义上的公平观，认为资本主义经济危机的一个重要原因就是收入分配不均。

凯恩斯认为，边际消费倾向递减是人类社会的一大基本心理规律，随着收入水平的不断提高，增加的收入用于消费的比例是递减的。但是，由于人们的收入水平有高有低，因此，高收入者增加的收入中用于消费的比例要比低收入者增加的收入中用于消费的比例小。也就是说，高收入者收入高但缺乏需求欲望；低收入者有需求欲望却缺乏购买力。所以，收入分配不均是降低消费倾向的一个重要原因。

凯恩斯主张用累进所得税、遗产税转让支付的方式缩小收入分配不均的幅度，这样就能够增加消费支出的总体水平，从而发展生产，提高就业率。消费需求是一种最终需求，不仅能够带动最终产品的生产，而且能够通过最终产品生产的扩大来拉动对中间产品的需求，带动中间产品的生产。而且，最终需求的提高在改善消费品市场供求关系的同时，还改善了生产资料市场的供求关系。在市场供求关系改善的条件下，企业的生产收益增加，投资需求扩大。凯恩斯的收入均等化的分配思想的目的在于提高经济效率，拯救资本主义经济。

琼·罗宾逊把改进资本主义社会的收入分配制度放在"医治"资本主义经济"病症"的首要地位上。并企图通过征收累进所得税和实行类似于没收性的遗产税，消灭阶级和私人所有的财产占有制度。在她看来，如果能够通过上述途径把私人财产转变为公共所有，阶级也就不存在了，资本主义经济的"病症"——收入分配不均的现象也就能够得以根除，困扰经济效率提高的问题才能得以根本解决。琼·罗宾逊是新剑桥学派的重要代表人物，她从收入分配制度的高度，认识收入均等化对资本主义经济效率的影响，这种认识既继承又发展了凯恩斯的收入均等、效率优先的公平效率思想。以萨缪尔森为代表的新古典综合派不是从收入均等化的角度继承和发展凯恩斯的理论和政策主张，而是把传统的相对价格和微观经济学的经典理论同凯恩斯的需求分析相结合，把自由放任政策与国家干预政策相综合，把财政政策和货币政策相结合，以此促进经济繁荣，消除失业和提高经济效率。

八 福利经济学派对穷人问题的研究

（一）旧福利经济学对穷人问题的研究

1. 霍布森在帝国主义理论中对穷人问题的探讨

约翰·阿·霍布森是福利经济学的先驱者，其主要著作有《贫困问题》（1891）、《现代资本主义的演进》（1894）和《帝国主义》（1902）。霍布森反对古典学派和新古典学派提出的所谓典型的市场状态是纯粹竞争的以及最好的经济政策是自由放任的论述，主张通过政府干预经济进行社会改良。他认为，国民收入偏低或下降是因消费不足和储蓄过度进而导致投资过度造成的，而这一切的罪魁祸首就是帝国主义。在霍布森看来，资本家的积累资本以及利润的再投资是支撑帝国主义的永动力。资本家因每年持有的巨额财富而增加的收入如此庞大，以至于甚至是最浪费、最奢侈的消费支出都不会影响其巨大的额外收入——或储蓄——对此，他们别无他用，只能用于投资，以期积累更多的资本。"经过一个时期残酷的竞争之后，继之以迅速的合并过程，遂使大量财富落入少数工业巨头的手中。这个阶级收入的增长远远超过其奢侈生活的需要，于是自发的储蓄过程以空前的规模向前发展。此等储蓄之投资于其他工业，又会使这些工业受同样的集中力量的支配。"① 这种经济形势必然导致失衡。霍布森指出，收入分配是如此不公平，甚至当工人将所有收入、资本家将实际可能的一切收入都用于消费之后，资本家仍然有如此多的强迫储蓄，以至于如果

----

① J. A. Hobson, *Imperialism*: *A Study*. Ann Arbor: University of Michigan Press, 1965, pp. 74—75.

所有这些储蓄都被用来增加生产设备，那么生产消费品的生产能力增长将必然超过对它们需求的增长。当生产能力增长快于消费需求增长，很快就会出现生产能力过剩（相对于消费需求），此时，可盈利的国内投资途径几乎不存在。唯一的解决方法就是对外国投资。"到处都出现生产能力的过剩，出现寻求投资的过剩资本。所有实业家都承认他们国家生产能力的增长超过消费的增长，生产的商品越多，就越不能销售获利而且现有的资本越多，也越不能找到有利的投资。就是这种条件构成帝国主义的根源。"[1]

霍布森认为，资本主义制造了工人阶级普遍贫穷和受剥削的境况，与之共存的是尚未利用的更多产品生产能力。对霍布森而言，帝国主义不能使资本主义国家作为整体都受益是显而易见的。它让普遍工人以重负和血的高昂代价使富人受益。现存的富裕资本家对工人意识形态的控制和操纵体系使得英国的民主是虚伪的民主。在抑制帝国主义的斗争中，工人唯一的希望就是要自己手中掌握更多的权力，去创建真正的民主。在真正民主的体制下财富和收入将永远不会如此集中。霍布森坚持主张："所以工会主义和社会主义都是帝国主义的天敌，因为他们剥夺了'帝国主义者'阶级的剩余收入，而这些收入形成了对帝国主义经济刺激的物质基础。"[2] 他确信："一个账册完备，并且拿得出整齐的支出和资产的资产负债表来的纯粹社会主义国家，将会很快摒弃帝国主义。"[3] 霍布森认为，要解决消费不足和储蓄过度，进而消除经济危机、失业和帝国主

---

[1]　J. A. Hobson, *Imperialism*: *A Study*. Ann Arbor: University of Michigan Press, 1965, p. 81.

[2]　Ibid., p. 90.

[3]　Ibid., p. 47.

义，只有使收入相对均等化，这一切又只有通过政府干预才能实现。他提出的实现收入再分配均等化的政策有两个方面：一方面是通过"老联"提高工资、养老金和其他福利，并同时把地租、超额利润及其他不劳而获的收入转化为工资。另一方面是通过政府管理产业、经营产业和提高课税，以实现更有效的财富分配。

作为福利经济学的先驱者，霍布森虽然分析了帝国主义的某些政治经济特点和矛盾，但他并没有揭示帝国主义的本质，也没得出帝国主义必然灭亡的结论。他只是一位主张社会改良主义的经济学家。

2. 庇古的收入均等论

作为"福利经济学之父"的庇古（1877—1959）在其经典著作《福利经济学》（1920）中从福利的角度分析了穷人问题，即穷人的福利问题。庇古主张国家应当关心贫困问题，采取适当措施致力于福利的增加。庇古认为，增大社会福利的途径之一是收入的均等化，即政府通过一些措施把富人的部分收入转移给穷人。按照边际效用递减规律，货币也和其他商品一样，其边际效用是随数量的增加而递减的。同一英镑，在穷人手里会比在富人手里具有更大的效用。将货币收入从富人那里转移一些给穷人，就可以增加货币的边际效用，从而使社会满足的总量增加。

庇古的收入均等理论，并不否定资本主义的分配制度，也不意味着要消灭贫富的差别。他所说的富人转移出去的收入是指资本家用于消费的收入，而不包括用于积累的收入。因此，这里的收入转移只能在不影响资本积累和资产阶级享受的前提下进行。庇古提出了"自愿转移"和"强制转移"两种方式。前者是指资产阶级以其剥削所得的一部分用来举办娱乐、教育、保健等福利事业，或创建一些科学和文化机构。后者是指政府通过征收累进的所得税和遗产税来实现收入的转移。此外，庇古还把向穷人转移收入的办法分为两类：一类是直接的转移，例如举办一些社会保险或社会服务设施；另一类是间接的转移，例如，政府采取对穷人必需品的生产部门进行补贴的办法，来降低这些商品的售价，使穷人受益；或者，对工人住宅的建筑进行补贴，以便降低房屋造价，降低房租，使穷人受益；或者，补贴垄断性的公用事业，以降低服务价格，如公共交通的票价等。庇古反对实行无条件的普遍的补贴制度，认为救济有工作能力而不工作的人会减少国民财富的生产。他极力主张训练身强力壮的低收入工人，让失业的技术工人学习新技术，给工人的优秀子弟提供上学的机会并补贴他们的膳食。他说："有充分理由可以相信，如果把适当的数量的资源从较富的人那里转移给较穷的人，并把这些资源投资于穷人，以便使他们更有效率，那么这些资源由于增强能力而在额外生产上所得到的报酬率，是会大大超过投资于机器厂房的通常的利息率的"[①]。可见，庇古的福利政策固然是为了缓和国内的阶级矛盾，但同时也有利于扩大资本的积累。

（二）新福利经济学对经济效率与公平分配问题的研究

1. 新福利经济学只注重效率，忽视分配

尽管旧福利经济学在处理公平和效率的关系时为促进福利总量的效率因素留下了足够的空间，但是随后兴起的新福利经济学还是对庇古的理论进行了批判。罗宾斯（Lionel Robbins，1898—1984）1935年提出人际间效用不可比的观点，质疑旧福利经济学的收入均等化理论，主张经济学家要保持价值中

---

① ［英］庇古：《福利经济学》，商务印书馆1932年版，第747页。

立，不应该作出任何政策建议和伦理评价。罗宾斯认为，由于
没有有效方法比较不同人之间的满足程度，边际效用递减法则
不能证明将富人的收入转移给穷人会增加社会总的满足程度。
而财政转移手段也只是"对道德原则的有趣发展，而并非产
生于纯理论的实证假设"①。在罗宾斯看来，"有助于增加平等
而又不损害生产的活动……是任何科学经济理论所不能证实
的"②。在经济分析中作出"经济的"或"不经济的"的判断
是不允许的，减少不平等的目的也是一种"虚妄的目的"，因
为"经济学在各种目的之间是中立的。经济学不能断定最终
价值判断的正确性"③。

罗宾斯的此种观点，得到其他新福利经济学代表人物希克
斯（John Hicks，1904—1989）、卡尔多（Nicholas Kaldor，
1908—1986）和西托夫斯基（Tibor Scitovsky，1910—）等人
的积极响应。他们进一步明确提出福利经济学应当研究的是效
率，而不是公平；只有经济效率才是最大福利的影响因素。新
福利经济学家们运用意大利经济学家帕累托（Vilfredo Pareto，
1848—1923）早在 1896 年就提出的"最大偏好状态"理论，
对经济效率问题作了完整的数学化的论证，先后提出了以帕累
托最优（Pareto Optimality）为基础的多种判断经济效率的福
利标准。

帕累托提出的最大偏好状态是指："当某种分配标准为既
定时，我们可以遵照这种标准，研究何种状态是集体中各个人
达到最大可能的福利。……我们规定最大偏好状态是：在那种

---

① ［英］罗宾斯：《经济科学的性质和意义》，商务印书馆 2000 年版，第
114—115 页。

② 同上书，第 111—112 页。

③ 同上书，第 119 页。

状态，任何微小的改变，除了某些人的偏好依然不变而外，不可能使所有人的偏好全增加或全减少。"① 新福利经济学就依据帕累托的"最大偏好状态"提出了"帕累托最优"理论。新福利经济学家论证，如果一个社会的经济体系满足了这个状态所具备的条件，即交换的最优条件、生产的最优条件以及生产和交换的最优条件，那么，该社会的资源配置就达到了最优化的状态。这就是帕累托最优状态。此时，任何改变都不可能使至少一个人的福利状况变好而不使任何人的福利状况变坏，整个社会的生产和交换都是最有效率的，社会经济福利的总和达到了最大量。但由于个人间效用是不可比较的，因此，再分配是没有意义的，因为它不能增加效用和。

不过，由于满足帕累托最优的条件太过苛刻，于是，卡尔多按照帕累托最优的论证方式，即任何变动使一些人好起来而没有人坏下去的思路，提出了卡尔多标准。卡尔多认为，"经济学家没有必要去证明——事实上他们永远也不能证明……由于采取一定措施的结果，社会上没有人将受到损失。为了使他们的论点能够成立，他们只要证明，那些受害的人所遭受的损失能得到充分补偿，而社会上其余的人仍较以前为好就够了"②。卡尔多的意思是说，如果在 A 状况下，受益者在补偿了受损者后，仍然比在状况 B 要好，那么 A 的资源配置效率就高于 B。或者说，对社会来讲，A 状况的福利比 B 的要好。这个原则立即得到希克斯的回应。希克斯认为，社会的经济活动在按增进生产效率的原则来变革时，使得 A 的境况变好而

---

① ［意］帕累托：《政治经济学教本》，厉以宁、吴易风、李懿：《西方福利经济学述评》，商务印书馆 1984 年版，第 85 页。

② N. Kaldor, *Welfare Propositions of Economics and Interpersonal Comparision of Utility*, *Economics Journal*, Vol. 49, Sep. 1939, p. 550.

使 B 的境况变糟，但"如果说 A 的境况由于这种变革而变得好些，以至于他的境况的改善能在补偿 B 的损失之后还有剩余，那么，这种改组就是效率的明确的增加"①。由于卡尔多和希克斯的观点非常相似，所以，他们提出的标准被合称为"卡尔多—希克斯标准"。

然而，卡尔多和希克斯所说的补偿只是理论上的，在实际经济活动中并不支付。西托夫斯基认为，"如果推行一种符合卡尔多—希克斯标准的变革，而补偿没有切实支付的话，那末变革前后的实际收入分配将不相同，因此，卡尔多—希克斯标准可能还允许相反的变动"②。所以，西托夫斯基又补充了新的经济效率检验标准，这个标准是说，"反对变革的人们不可能贿使那些赞成的人投票反对这种变革，除非贿赂的损失大于变革要是推行时他们将会遭受的损失"③。即受益者能使受损者接受由 B 到 A 的变革，而受损者却不能使受益者不将 B 变到 A，那么说明对社会而言，A 的资源配置状况优于 B，A 的福利总量大于 B。西托夫斯基的检验标准被称为西托夫斯基标准。与卡尔多—希克斯标准一样，西托夫斯基标准仍然是一个补偿的原则。卡尔多、希克斯和西托夫斯基等人被称作"补偿原则派"，他们提出的标准都是效率至上的标准。在新福利经济学中，从帕累托最优到补偿论，分配问题被远远地搁置一边。

2. 社会福利函数派重拾收入分配的经济福利命题

补偿论完全放弃对收入分配的做法遭到了以伯格森

---

① ［英］希克斯：《消费者剩余的复兴》，《经济研究评论》1941 年第 2 期，第 108 页。

② ［英］李特尔：《福利经济学评述》，商务印书馆 1980 年版，第 109—110 页。

③ 同上书，第 111 页。

（Abram Bergson，1914—）和萨缪尔森（Paul Samuelson，1915—）等为首的社会福利函数派的反对。伯格森在其1938年发表的《再从若干方面阐述福利经济学》中首先提出研究社会福利函数的"新方向"问题。他认为，卡尔多和希克斯等将价值判断和收入分配排除在福利经济学之外，从而将实证与规范、效率与公平完全对立起来是错误的。继伯格森之后，萨缪尔森和阿罗等又作了进一步的阐述。他们认为帕累托最优条件是有用的，但帕累托最优状态不是一个，而是无穷多个，因为契约线上的任何一点都符合帕累托最优条件，所以都是帕累托最优状态。也就是说，帕累托最优条件没有指明哪一个最优状态可以使社会福利达到最优的极大值。为解决使社会福利达到最优极大值的唯一最优条件，伯格森和萨缪尔森等人将社会福利函数引入福利经济学，形成新福利经济学中的社会福利函数论派。

　　社会福利函数派认为，"面对收入极不平等这一不容否认的事实"，把仅依据边际生产力理论所确定的分配原则说成是"道德上无可厚非的""自然法则"，同人们广泛持有的伦理观念是"不相容"的。[①] 社会福利函数派明确指出，卡尔多、希克斯等人在研究社会福利问题时把公平和效率问题分开的企图是完全失败的，研究社会福利的目的，就"为了把获取极大福利的条件所需要的价值判断，用确切的形式表达出来"[②]，"检查各种价值判断的结果，是经济分析正统的传统做法"[③]。不仅如此，由于"并不存在一只看不见的手来保证自由主义

---

①　［美］萨缪尔森：《经济分析基础》，商务印书馆1992年版，第232—233页。

②　A. Bergson，*A Reformulation of Certain Aspects of Welfare Economics*，*Quarterly Journal of Ecnomics*，Vol. 52，Feb. 1938，p. 310.

③　［美］萨缪尔森：《经济分析基础》，商务印书馆1992年版，第242页。

经济能够公平地分配收入和财产"①，而"收入再分配会影响经济效率"②。所以，对再分配进行研究是十分必要的。

社会福利函数有两个层次，首先是个人福利函数，其次是社会福利函数，且社会福利函数必须是个人福利函数的增函数。就个人福利（效用）函数来说，个人福利（效用）的大小取决于个人的商品消费量、生产要素占有量及个人偏好等各种变量。由于各种变量在个人福利中所起的作用不同，故这些变量的改变就导致个人福利的改变。就社会福利函数来说，由于它是个人福利函数的增函数，所以它是决定个人福利的商品消费量、要素占有量及个人偏好等各种变量的函数的函数，而且它与个人福利函数同方向运动，即个人福利都增加，它也增加，个人福利都减少，它也减少。那么，社会福利如何达到唯一的最优极大值呢？他们认为，由于国民收入如何在社会各成员之间进行分配直接决定社会各成员的商品消费量和要素占有量等，从而间接决定社会福利的高低。所以最优的（公平的）国民收入分配是使社会福利达到唯一最优的重要前提条件。他们认为，帕累托最适度条件只是经济效率条件，而经济效率是社会福利达到唯一极大值的必要条件，公平（而不是平等）分配才是充分条件。只有必要条件和充分条件同时实现时，社会福利才能达到唯一的最优均衡状态。社会福利函数论者又根据假设的社会福利函数论炮制出一组表示社会偏好的社会无差异曲线。这样，社会效用可能性曲线与社会无差异曲线的切点就是能导致最大社会福利的生产、交换和分配的唯一之点——

---

① ［美］萨缪尔森、诺德豪斯：《经济学（第17版）》，人民邮电出版社2004年版，第194页。

② 同上书，第320页。

限制条件下的最大满足点。该点是整个社会的效率与公平的统一之点，或最优组合。从限制条件下的最大满足点反推回去，根据该点所处的效用可能性曲线，可以找到与其对应的最优产量组合；根据该产量组合，就可以找到与其对应的最优产品分配；根据该产品的分配，就可以找到与其对应的最优要素配置。也就是说，只要找到限制条件下的最大满足点，就可能找到决定社会福利唯一最优极大值（均衡状态）的产品分配、要素配置和个人分配。

从表面来看，社会福利函数论者似乎找到能解社会福利唯一最优极大值的必要条件——经济效率和充分条件——分配公平，并且找到能同时满足这两个条件的有约束的社会最大满足点——社会效用可能性曲线和社会无差异曲线的切点。但是，在社会福利函数中如何从不同的个人偏好次序推导出单一的社会偏好次序，或者说如何从个人无差异曲线推导出社会无差异曲线却没有证明。阿罗在其1951年出版的《社会选择与个人价值》一书中试图证明这个问题。对如何解决从"个人选择"产生"社会决策"问题，阿罗认为，在某些社会，有两种可选择的方法，独裁或惯例。独裁的方法是把独裁者的偏好看作是社会全体成员的偏好或社会福利函数，而惯例的方法是把传统惯例看作是社会全体成员的偏好或社会福利函数。但是，在现代"民主社会"有另外两种可选择的不同方法，投票和市场机制的作用。投票的方法一般用在社会进行政治决策时，而依靠市场机制的作用一般用在社会进行经济决策时，这两种方法都是从不同的个人偏好归纳出社会偏好的民主方法。阿罗认为，把不同的"个人偏好"构成一个"社会福利子函数"必须同时满足完全序列化、对个人偏好的敏感性、非强加性、非独裁性和不相关选择的独立性等5条公理，但这是不可能的。美国经济学家亨德森（James M. Genderson）和匡特

（Richard E. Quandt）在其合著的《中级微观经济理论——数学方法》中论及"阿罗不可能定理"时说："阿罗的公理反映价值判断，但它们显得很合理，并使许多经济学家为之动心。遗憾的是，他的不可能定理表明，一般来讲，建立满足所有 5 个公理的社会偏好是不可能的。某些个人偏好系列会产生满足公理的社会偏好，但是，有些合理的个人偏好系列却不能。如果放弃除完全系列化以外的一个阿罗公理，满足余下的 4 个社会偏好，也许可从合理的任何个人偏好系列中建立起来。如果放弃非强加性公理，对每种选择总是给以相同等级的社会偏好，很可能就是强加的。如果放弃非独裁性公理，社会偏好也许等同于某几个人偏好。如果放弃不相关选择的独立性这个公理，社会偏好或许被规定成个人偏好的加权平均。"①　总之，阿罗认为必须已知社会全体成员的各种个人偏好次序，才能建立社会福利函数并解出社会福利的唯一最优极大值，而企图无条件地从个人偏好次序推导出社会偏好次序是不可能的。阿罗在主观上本想为社会福利函数修残补缺，但在客观上却证明无条件地从个人偏好次序导出社会偏好次序是不可能的，所以，建立包括社会经济各方面的社会福利函数也是不可能的，解出其唯一最优极大值就更是不可能的。

　　社会福利函数论派虽主张既要经济效率又要公平分配，但他们只是借助纯形式主义的分析来为垄断资本主义国家的经济现状辩护，并企图利用国家制定有利于垄断资产阶级的"社会福利"政策。如果说补偿原则论派强调经济效率，那么社会福利函数论派就在强调经济效率与分配公平的统一。社会福利函数论派认为确定社会福利唯一最优极大值的关键前提是确

　　①　［美］詹姆斯·M. 亨德森、理查德·E. 匡特：《中级微观经济理论——数学方法》，北京大学出版社 1988 年版，第 393 页。

定国民收入的最优（公平）分配。但是，公平分配是一种价值判断，不同的社会成员有不同的标准，而现实社会的收入分配方式最终是由该社会的生产资料所有制决定的。所以，要想使社会福利最优，就要使收入分配最优，就要使生产资料所有制最优，就要解决生产的社会化和生产资料的私人占有之间的矛盾。这不但是福利经济学家，而且是任何一位资产阶级经济学家都不愿看到的。这样，社会福利函数也就没有任何现实意义。总之，如果说补偿原则论是一种改良设计，那么，社会福利函数论就是一种空想设计。

（三）后福利经济学——阿玛蒂亚·森的福利经济学理论对穷人问题的研究

阿玛蒂亚·森（Amartya Sen）是著名经济学家和哲学家，他采用经济学与哲学相结合的方法，分析了公共选择、不平等、贫困与饥荒、自由与发展等问题，因此享有"经济学界的良心"之称。虽然西方有一种观点认为，森的学术观点接近中立，不属于任何一个特定的流派，但他依然被公认为在福利经济学领域建立了自己的特殊范式，并因其在福利经济学方面的杰出贡献而获得了 1998 年诺贝尔经济学奖。森在福利经济学方面的许多基本主张都与穷人的利益相关。

1. 阿玛蒂亚·森的能力—福利理论

有关福利的测量以及"能力方法"的研究主要反映在森的《商品和能力》（1985）一书中。传统方法评价个人福利一是用收入或资源占有量来衡量，二是用效用来衡量。

由森发展而来的用能力（Capability）来测度生活质量的福利经济学理论对非收入因素予以关注，突破了传统福利经济学的框架，开辟了更为广阔的能力—福利空间。森的能力方法是指，福利水平的高低不是取决于"某个人是不是满意"，也不是取决于"某个人能够支配多少资源",而是取决于"某个人实际能够做什么或处于什么状态"(Nussbaum,2000)。因此,该理论的核心是用"个人在生活中实现各种有价值的功能(Functionings)的实际能力"来评价生活质量。

　　传统福利经济学用收入或效用来衡量福利,并且忽视了人的差异问题以及选择的自由度问题。森超越了这些局限,提出了用能力来衡量福利,森认为:首先,人不是个个都追求物质拥有量的最大化,不同的人有不同的需求;人也不是只追求效用或偏好的极大化,某些偏好可能被忽略了,或者某个决定是在缺乏信息和缺乏选择机会的情况下作出的;其次,由于人的差异从而产生福利差异。人与人之间的差异可以通过个人的特征(如智力、年龄、性别、身体条件等)及具体的社会环境条件(如经济福利、社会准则、公共服务等)来影响个人的功能;最后,选择的自由度对福利产生重大影响。一个人能够自由行动并且能够作出可以直接影响其福利的行动。① 森认为从能力角度研究福利"不仅具有理论意义,而且具有实践的重要性"②。个人的福利并不一定由他所拥有的物质产品量以及它所产生的效用所决定,而是取决于他所能够实现的功能。功能的实现要受个人能力的制约。政策制定者要改善个人福利,如果仅仅按照传统西方经济学理论中对福利的定义,则只需增加个人收入就行了。但是,在能力—福利理论中,增加收入却不一定能有效地改变个人的福利状况,重要的是提高一个人的能力。例如,按照能力—福利理论,对失业者发放失业救济金并不一定能够提高失业者的福利。失业者固然因没有收入而生活困难,但是提供少量的收入并不能改变其失业状况。因为造成失业者福利

---

　　① A. Sen (1992a). *Inequality Reexamined*, Oxford University Press, p. 51.
　　② Ibid., p. 11.

低下的原因是不能参加工作（工作功能的缺失）而不仅是没有收入，所以，失业救济并不能使其获得更多的就业机会（能力没有得到提高），失业者仍处于失业状态（救济收入无法转化成功能，功能没有得到实现），福利并没有得到改善。因此，解决失业问题不能只考虑失业救济，要设法提高个人的能力（如提供适当的培训，提供就业信息），使失业者有更多的机会（能力）重返就业岗位（实现就业的功能）。森的能力方法得到了广泛的应用和发展，《联合国人类发展报告》在此基础上提出了"能力发展"（Capability Development，UNDP，2001）概念。

2. 阿玛蒂亚·森的能力平等观

阿玛蒂亚·森（以下简称"森"）有大量的论文以及著作是论述不平等问题的，如著作《经济不平等》（1973）、《不平等的再考察》（1992）、《论经济不平等：不平等之再考察》（2006）；论文《贫困、不平等和失业》（1973）、《不平等的伦理标准：一些困难》（1978）、《什么样的平等？》（1980）、《不平等的性质》（1989），以及反映性别不平等的论文《失踪的妇女》（1992），等等。森在其专著《不平等的再考察》（*Inequality Reexamined*，1995）中提出了一种衡量平等和不平等的具体方法——"能力平等观"，即平等的衡量是基于一个人赖以进行基本活动的能力。

森是在对已有的三种衡量平等的方法进行批判分析的基础上建立其"能力平等观"的。首先，对于边际效用相等的功利主义平等衡量方法。森认为，"这种方法的缺陷在于关心个人效用的最大化，极端地忽视了总量在个体之间的分配"①。例如，残疾人 A 从每一单位额外收入中所获得的效用只是正常人 B 所获得的效用的一半，因为前者即使有了钱也不可能

---

① A. Sen (1997). *On Economics Inequality*, Clarendon Press, Oxford, p. 16.

尽情享受。根据功利主义原则，正常人 B 应该得到比残疾人 A 多得多的收入，那么 A 的处境就会更糟，这显然是不公平的。① 其次，对基于序数效用论基础上的平等衡量方法，森认为，该方法按照顺序排列一个人消费不同商品的效用大小，以此作为行为选择的根据，无法进行个人之间的效用比较。森指出，基于评判的社会选择，可以不考虑个人间的效用比较，但基于利益的社会选择，不可能避免个人间效用比较。要区分穷人和富人，就必须进行个人之间的效用比较，只有允许这种比较，才能进行社会判断，从而福利经济学的目标才有可能实现。最后，罗尔斯在《正义论》（中国社会科学出版社，1988）一书中提出的基本善（Primary Goods）（权利、自由、机会、收入、财富、自尊的社会基础）的平等衡量方法，主张经济的、社会的分配应该在基本权利和机会上完全平等，如果的确由于客观的情况不平等，那么面对差异，应该优先考虑社会最差成员的基本权利和物品的拥有量。森对这一方法作了高度评价，但同时森也认为，罗尔斯的平等主义是十分极端的强平等观，是十分理想化、庞大的社会制度建构，在将不同权利和物品加总、取权时，会遇到实际操作的巨大困难。

森认为，用能力方法进行评价不平等至少有如下优点：

首先，"能力平等观"拓宽了对个人福利概念的理解。"能力平等观"超越了收入、效用、福利、基本物品的狭隘性，给出了一个较为宽泛的福利概念，把人的自由和能力也看成福利的代表，从而囊括了生活中的各种有价值的活动。正如森在其所编《生活质量》的序言中说的，我们应该知道的不仅是人们有多少钱，还应该包括，他们怎样生活、他们的寿命、受到的

---

① ［印］阿玛蒂亚·森：《伦理学与经济学》，商务印书馆 2000 年版，第 203 页。

教育、得到的医疗服务、拥有的政治权利和经济权利等。

其次，"能力平等观"将信息基础扩展到能力，丰富了人们对不平等的理解。即便一个人的收入与他人相同或比他人更高，假如他没有机会参加正常的社会活动，或者没有职业，只是通过政府救济获得收入的，或者需要花费很多收入来治病，那么他仍然处在不平等之中；另外，饥饿是指一些人没有足够的能力得到食物所造成的，而不是不存在足够的粮食；失业、通货膨胀等造成人们丧失了支配足够食物的能力。

总之，森认为其"能力平等观"考虑了除收入不平等之外的其他类型的剥夺，如失业、疾病、营养不良、未接受基本教育，等等，表现为一种自由，即政治参与自由和社会机会均等。森认为，由于公民的政治自由和新闻自由，在政治上激励政府采取防止饥荒和贫困的政策，而这些是收入平等无法实现的。

森还从能力角度比较了不同地区和国家之间的平等状况。比较美国和欧洲，从就业能力来看，美国要强于欧洲，美国的失业率要低于欧洲，但是从生存能力（卫生保健、医疗保障等）来看，欧洲要好于美国。比较发展中国家和发达国家，从收入来看，非洲裔美国人的收入可能要高于第三世界国家的人们，但是从死亡率和预期寿命来看，非洲裔美国人比许多穷国的人民还要差，这是由于一个富裕国家中的人要实现与穷国中的人的同样功能，需要更高的收入和更多的特定商品。为了说明能力（潜能）得以实现和发挥的条件，森把经济视野扩展到了广阔的社会文化角度，指出平等的状况需要有平等的社会保障，只有从社会平等、正义、人道和自由方面，才能认识经济上的平等与不平等现象。

3. 阿玛蒂亚·森对贫困和饥荒的研究

森对贫困和饥荒问题研究的主要著述有：《贫困：顺序测定方法》（1976）、《饥荒与交换权利：一种通用的研究方法及其在孟加拉饥荒研究中的运用》（1977）、《贫困的测量问题》（1979）、《贫困与饥荒：论权利与剥夺》（1981）、《饥饿与公共行为》（与让·德雷兹合作，1989），以及论文《当代世界的饥饿》（1997），等等。森认为，贫困不仅仅是指收入低下，而且是由于能力缺乏以及社会排斥所造成的；第三世界国家中的饥荒也不仅仅是由于干旱和洪水的原因等引起，而是穷人不具有进入食品市场的购买力所导致的"权利失败"而致。

（1）能力贫困与社会排斥

西方经济学家曾经为准确定义贫困做过很多努力，但一直存在很多难以解决的问题，这主要是因为贫困在本质上是多方位的，即贫困问题起源于不同的状况，并且，贫困的概念会随实践变化而发生变化。传统的贫困概念指的是收入贫困，即家庭收入低于通常根据基本需要而确定的贫困线就是贫困。这种定义的缺陷表现在仅仅以收入为标准来衡量贫困。由于这种观点认为人处于贫困状态的一个主要原因是收入低下，从而消除贫困的政策也主要是利用各种形式的现金收入再分配，因此，"贫困线"的划定对判断和评价贫困将会产生误导。森突破了传统的收入贫困概念，提出了能力剥夺的贫困，并在此基础上用"社会排斥"丰富了他对贫困的研究。森认为，贫困不仅仅是指收入贫困，也包括能力贫困和社会排斥。换句话说，贫困既包括物质方面，也包括非物质方面。森对贫困的理解影响了整个国际社会，许多国际组织相继重新定义贫困。

森认为，贫困是对基本的可行能力的剥夺，而不仅仅是收入低下。以收入指标衡量的贫困是工具性的贫困，对贫困的实质性衡量必须使用有关反映能力的指标。森认为，更好的基础教育和卫生保健可以直接提高生活质量，进而提高了一个人获得收入的能力，使其免于收入贫困。也就是说，越好的基础教育和卫生保健，潜在的穷人就越可能有较好的机会脱离贫困。比如，许多亚洲国家和地区（日本、韩国、中国台湾地区、中国香港地区、新加坡、中国大陆地区、泰国以及其他一些东亚和东南亚国家）经济改革的显著特点就是扩大机会，包括提高识字率、加强基础教育、普遍的卫生保健以及彻底的土地改革，等等。森强调，尽管能力提高可以提高收入进而减少收入贫困，但是，收入贫困的降低本身可能并不是反贫困政策的最终目标。森从能力角度分析贫困，将基本的注意力从改变贫困的手段（通常指收入）转移到人们希望实现的最终目标，相应地转移到实现这些最终目标的自由，加深了对贫困和剥夺的特征和原因的理解。

社会排斥问题既是一个社会问题又是一个经济问题和政治问题。社会排斥的研究并非始于森。① 但是，森通过把社会排

① "社会排斥"的概念较早使用于 20 世纪 70 年代法国政府的若干政策建议（Micklewright，2002；Sen，2000）并在 20 世纪 80 年代流行起来（Silver，1994）。至今理论界对于社会排斥并没有给出非常明确的定义。各国官方的定义也不尽相同：法国官方的定义强调社会排斥是社会纽带的断裂（rupture of social bonds，de Haan，2001）。英国政府的定义是："当一些人或地区受到一系列相互关联的问题的困扰时，可能发生的情况的简称。这些问题包括，如失业、技术缺乏、收入低下、居住条件恶劣、高犯罪环境、健康状况不佳及家庭破裂等（Social Exclusion Unit，2001，p. 10）。"欧盟统计署的定义是："（社会排斥）……是一个动态过程……：某些劣势导致某些排斥，这些排斥又导致更多的劣势和更大的社会排斥，并最终形成持久的多重（剥夺）劣势。个人、家庭和空间单位可能从对资源的享有权如就业、医疗、教育、社会或政治生活中被排斥（Eurostat Task Force，1998，p. 25）。"上述几种定义都没有明确社会排斥到底是什么，而是列举了社会排斥出现的条件（Micklewright，2002）。随着研究社会排斥的文献的增加，出现了大量的滥用和误用（Sen，2000）。出现这种现象一方面说明解决由社会排斥所造成的诸多社会问题已经迫在眉睫。另一方面也要求学术界加紧形成对社会排斥现象的规范化研究。实际上，社会排斥与贫困有一定的区别，又有一定的联系。按照传统的对贫困的理解，即把贫困视为物质资源和收入的匮乏，则处于贫困中的人不一定被社会所排斥。因此，收入贫困只是社会排斥的一个"元素"，而消除贫困只是实现社会整合的一个部分（Haan，2000）。由于社会排斥的存在，可能会导致贫困。但这只是一种可能性。这一点在英国对社会排斥的定义中已经得到体现了。

斥的研究纳入到经济学的框架中，使社会排斥成为贫困分析的一个重要组成部分。森强调，如果在一个更广泛的背景下，在以往作为能力剥夺的贫困思想中引入社会排斥概念会让我们对贫困理论作出更多的贡献。[①] 森提出了一个从能力剥夺角度研究社会排斥的两个要点：第一，社会排斥是能力贫困的一部分；第二，受社会排斥的人可能在其他方面受到剥夺，进而更加限制了他们的生活机会。从这两点来看，反映能力剥夺的贫困包括了社会排斥的内容。[②]

社会排斥能够从很多方面导致剥夺和贫困。这些方面包括不平等带来的贫困、劳动市场的排斥、信用市场的排斥、性别排斥以及性别不平等、缺乏健康保护导致的剥夺（比如高昂的医疗费用导致的排斥或者缺乏政府提供的公共健康保护导致的排斥）以及在食物供给没有减少的情况下由于缺乏购买力而导致的食物市场上的排斥。森认为，排斥有两种分类。第一种分类把社会排斥分为本质相关性（Constitutive Relevance）的社会排斥和工具重要性（Instrumental Importance）的社会排斥。[③] 本质相关性的社会排斥是指一个人本身给自己造成的一种剥夺，如一个人不能够与其他人来往以及不参加社区活动，这种自我排斥直接导致一个人的生活贫困。工具重要性的社会排斥与本质相关性的社会排斥相反，这种排斥不是由于人自身原因造成的，而是由于外界的一种拒绝造成的，这是一种社会和经济机会的排斥，如信贷市场上不给穷人以贷款这种做法就

---

① A. Sen (2000). *Social Exclusion: Concept, Application and Scrutiny*, *Social Development Papers*, No. 1, Office of Environment and Social Development, Asian Development Bank, June 2000. p. 3.

② Ibid., pp. 3—6.

③ Ibid., p. 13.

是对穷人的一种排斥。这种排斥不会直接使这些穷人发生贫困，但这种排斥的后果会带来整个人类生活的贫困。很明显，与剥夺相联系的既有本质相关性的社会排斥又有工具重要性的社会排斥。例如，一个人不能够与其他人融合可以直接使这个人生活贫困，同时，来自于外部社会的经济机会的减少也可以使一个人陷入贫困。第二种分类把社会排斥分为主动排斥（Active Exclusion）和被动排斥（Passive ExcluSion）。① 例如，当移民或难民得不到一个可利用的政治地位时，他们面临的就是一种主动排斥。当剥夺来自于这样一个社会过程，在这个社会过程中并不存在排斥的意图却发生了排斥，这是一种被动排斥，如经济萧条时所带来的贫困和孤立。被动排斥的典型例子是失业。失业是一种典型的发生在劳动市场上的社会排斥。失业不仅带来了收入损失，也带来了其他方面的影响。例如，失业者可能面临许多其他社会问题：② 一定程度上失去了决策自由（Sen，1997，2000；Schokkaert and Van Ootegem，1990）、丧失了其他人可以享有的一些机会（包括经济和参与社会活动的机会）、长期脱离工作岗位造成技术生疏和丧失积极性、体弱多病甚至死亡、人际关系及家庭生活紧张、社会价值与责任感下降，等等。很明显，由失业造成的诸多问题可以使人处于贫困状态，其中，长期失业所导致的对社会参与能力的下降构成了社会排斥，并有可能陷入长久失业的恶性循环。

森总结道：贫困不仅包括收入剥夺和能力剥夺，也包括社会排斥。强调社会排斥这一概念可以强化对作为能力剥夺的贫

---

① A. Sen（2000）. *Social Exclusion：Concept，Application and Scrutiny，Social Development Papers*，No. 1，Office of Environment and Social Development，Asian Development Bank，June 2000. p. 14.

② Ibid. ，pp. 19—22.

困的理解。对于社会排斥，森所提出的相关政策建议是：共享
社会机会、实现公平的经济增长以及民主和政治参与。

（2）权利失败与饥荒

关于饥荒的原因与控制方法存在很多观点。[①] 森认为，饥
荒可能不完全是由于食品短缺造成的，而是权利失败以及不民
主的恶果。森研究饥荒的代表作是 1981 年出版的《贫困与饥
荒——论权利与剥夺》一书。该书的主要内容涉及贫困的概
念与贫困的识别与加总、贫困与权利、饥饿与饥荒、权利方
法，以及 20 世纪三次著名的大饥荒——孟加拉大饥荒、埃塞
俄比亚饥荒、撒哈拉地区的干旱与饥荒。在这本著作里，森重
点剖析了饥饿的一般原因和饥荒的具体原因，而有关拥有食物
的"权利方法"则是这部著作的核心。

森认为，"饥饿是交换权利的函数，而不是食品供给的函
数"，换句话说，饥荒不单纯是一种供给不足，而更多的是一
种权利失败。当一个人的权利组不能含有足够的食物使得他在
没有非权利转换（如慈善）时避免挨饿时，这个人就被认为
遭受食物权利的失败。这种情况意味着：一个人无论怎样重新
分配资源去获得他想要的食物，他都不能够得到所需要的最小
数量食物去逃避饥饿。人们可以把权利失败划分成四个不同的
来源：禀赋损失、生产失败、交换失败以及转移失败。对那些
不能主要地依靠交换去获得他们的食物的人们，权利失败将通
过以上四种渠道的前两种渠道发生。这种情况被森描述为直接
的权利失败。当交换被包括进去时，那么，前三种渠道的任何

---

① 关于饥荒的主要观点有：马尔萨斯的"人口过剩论"，即人口增长大于
物质资料的增长引起饥荒；"粮食供给缺乏论"（或者叫"粮食中心论"），即物
质的匮乏满足不了人的基本需要导致饥荒；"收入中心论"，即认为购买力的不足
产生了饥荒。

一种渠道可能扮演权利失败的导管作用。森进一步认为，世界上成功避免饥荒发生的国家，靠的并不是提高人均收入，也不是所谓普遍富裕，而是由其社会保障系统所提供保证的最低限度的"交换权利"（简单说，就是商品——当然包括劳动力——自由交换的权利）。他特别指出，社会主义中国就是在人均食物数量没有明显增加的条件下消灭了饥饿的。

九 发展经济学对发展中国家穷人问题的研究

（一）发展经济学家的贫困理论

1. 纳克斯的"贫困恶性循环"理论

拉格纳·纳克斯（Ragnar. Narkse）在其1953年出版的《不发达国家的资本形成》一书中提出了"贫困恶性循环"理论，对贫困的根源以及反贫困的方法进行了分析。纳克斯指出，并不是由于国内资源不足，而是因为经济中存在的相互联系、互相作用的"贫困恶性循环"，才使得发展中国家长期处于贫困中，无法实现经济发展。

"贫困恶性循环"产生的原因主要是资本缺乏。由于发展中国家人均实际收入水平低，导致储蓄能力低，低储蓄能力又造成资本形成不足，从而使劳动生产率难以提高，这样又造成新一轮的低收入，周而复始，形成一个"低收入——低储蓄能力——低资本形成——低生产率——低产出——低收入"的恶性循环；另一方面，发展中国家人均低收入水平导致低购买力，又造成投资引诱不足，使劳动生产率难以提高，又带来新一轮的低收入，从而形成一个"低收入——低购买力——投资引诱不足低资本形成低生产率低产出低收入"的恶性循环。这两个循环的相互作用，使发展中国家长期处于经济停滞和贫穷的困境之中。由此，纳克斯得出一国穷是因为它穷的结论。纳克斯的"贫困恶性循环"理论反映了发展中国家贫困的重要特征，并初步探讨了贫困产生的根源，但是，他过分强调储蓄以及资本积累的重要性，受到一些学者的批评。

2. 纳尔逊的"低水平均衡陷阱"理论

纳尔逊（R. R. Nelson）在其1956年发表的《不发达国家的一种低水平均衡陷阱理论》一文中提出了"低水平均衡陷阱"理论。他认为，发展中国家的经济表现为人均收入处于维持生命或接近于维持生命的低水平均衡状态，即所谓的"低水平均衡陷阱"。当实际人均收入低于人均收入的理论值时，国民收入的增长会被更快增长的人口所抵消，使得人均收入重新回到维持生存的水平上；当实际人均收入高于人均收入的理论值时，国民收入的增长会超过人口的增长，人均收入也会相应增加，直到国民收入增长下降到人口增长为止，在这一点上，人口增长和国民收入的增长达到新的均衡。因此，在一个最低人均收入水平增长到与人口增长率相等的人均收入水平之间，存在一个"低水平均衡陷阱"。由此，纳尔逊认为，发展中国家只有进行大规模的资本投资，使投资和产出的增长超过人口的增长，才有可能冲出"低水平均衡陷阱"，实现经济发展。

纳尔逊的"低水平均衡陷阱"理论分析了发展中国家的资本稀缺和人口过快增长对其经济增长造成的影响，强调了资本形成对发展中国家摆脱"低水平均衡陷阱"的决定性作用，这一理论对于研究发展中国家的贫困问题，寻找实现经济发展的途径具有很大的启发意义。

3. 莱宾斯坦的"临界最小努力"理论

美国经济学家哈维·莱宾斯坦（Harvey Leibenstein）于1957年提出了经济发展的"临界最小努力"理论。莱宾斯坦认为，发展中国家要打破低收入与贫困之间的恶性循环，必须首先保证足够高的投资率，只有高投资率才能使国民收入的增长超过人口的增长，从而使人均收入水平得到明显提高，这个投资率水平即"临界最小努力"。"临界最小努力"理论强调了资本形成对促进经济发展的重要作用。这对于认识发展中国家的经济现状以及摆脱贫困具有十分重要的启发意义。经济发展的实践也证明，在经济极度落后、科技不发达、人力资本匮乏的发展中国家，资本形成对于推动这些国家的经济增长的确非常重要。但是，该理论的不足或局限性在于把资本形成看作是经济发展的决定性因素，具有一定的片面性和绝对性。

（二）发展经济学家的反贫困战略模型

1. 罗森斯坦—罗丹的"大推进理论"

英国经济学家保罗·N. 罗森斯坦—罗丹（Paul N. Rosensten—Rodan）于1943年在《东欧和东南欧国家的工业化问题》一文中，系统阐述了平衡增长理论模型，提出了著名的"大推进理论"。

罗森斯坦—罗丹提出发展中国家的发展战略在于，从贫困恶性循环的链条上打开一个缺口，将此突破口作为经济发展的起点，再全面推进促进经济增长的投资计划，同时对几个相互补充的产业部门进行投资，通过扩大市场容量和完成投资诱导机制获得外部经济效应，这样就可以克服需求不足对经济发展的阻碍作用。同时，这种"大推进"式的投资还可以通过各个部门之间的分工协作，减少单个企业不必要的开支，降低生产成本，增加利润，从而为进一步增加储蓄，提供再投资的资本创造条件，这样就有助于克服资本供给不足对经济发展的阻碍作用，从而促进发展中国家经济的全面增长。罗森斯坦—罗丹的"大推进"理论是平衡增长理论的代表，该理论认为必须全面地、大规模地在各工业部门投入资本，共同发展，最终达到增加投资引诱才能打破贫困的恶性循环。然而，就通常的实践经验来看，资本形成是一个逐步积累的过程，我们很难找到哪个国家是通过全面、大规模的投资推进工业化进程的。而且，大规模投资所需的大量资金和资源往往正是贫困地区所缺乏的，如果强行推行平衡增长战略，对于发展中国家来说往往会事倍功半，甚至产生灾难性的后果。

2. 刘易斯的二元经济模型

美国经济学家阿瑟·刘易斯（Arthur Lewis）于 1954 年在《劳动无限供给下的经济发展》一文中，提出了二元经济模型。刘易斯认为，不发达国家的经济由两个异质的部门所构成，一个是传统的人数众多的、仅仅能够维持基本生存的农业生产部门，其显著特点是劳动的边际生产率等于零；另一个是城市中的劳动生产率较高的现代工业部门。该理论实际上所描述的是一个以传统农业为主的经济向以现代工业部门为主的经济过渡的整个过程。

二元经济理论是有关经济发展理论的基础和精华，在发展中国家影响很大，该理论经刘易斯本人的补充、完善以及费景汉（J. Fei）和古斯塔夫·拉尼斯（G. Ranis）加以扩充，已成为分析发展中国家结构变迁、城乡关系、劳动力转移、人口增长、收入分配等一系列问题的理论框架。然而，许多发展中国家根据刘易斯理论所提供的思路，通过扩大现代工业部门的规模来解决农村剩余劳动力的出路和就业问题，却并未取得预期效果。这是因为，刘易斯在该理论中的描述与西方发达国家经济增长的历史过程大体上是一致的，而发达国家与发展中国家的具体情况在很多方面并不一样，如果不对该理论作一些修正，机械地将其套用在发展中国家的经济发展实践中，那就可能出现一些意想不到的问题。实际上，如果考虑到现代工业部门在技术传输过程中所存在的资本密集倾向，考虑到一些发展中国家所存在的资本外逃现象，考虑到城市中存在的大量失业现象，刘易斯的二元经济理论的适用性就会大打折扣。事实上，试图通过工业化和城市化解决发展中国家的失业问题以及由此而产生的贫困问题也许是发展经济学中所出现的重大误区。

3. 钱纳里的发展模型

美国经济学家霍利斯·钱纳里等人的发展模型，研究了1950—1970 年的 20 年间，100 多个发展中国家的经济发展与经济结构变动的关系，观察积累、资源配置和人口分配过程这三个方面的指标如何随人均收入变化而变化，最后得出了一个经济结构随经济发展的"正常"变动模型。该模型包括农业生产向工业生产的转变；消费者需求从重视食品和生活必需品的消费向需求多样化的制造业产品和劳务消费的方向的转变等。

发展模型既要求发展中国家增加储蓄以促进增长，也要求发展中国家积累物质资本和人力资本以适应经济结构的变动。发展模型不仅强调资源状况、物质资本、人口规模以及政府政策和发展目标等国内制约因素对经济发展的影响，还强调外来资本、外来技术等国际因素对经济发展的影响。虽然目前发展中国家的自然资源禀赋、政府政策、接受的外国投资和技术、国际贸易环境等具体情况都存在差异，但是钱纳里的经验分析方法仍然认为，可以找到经济发展的"平均"模型供发展中国家在经济发展过程中参考。

4. 佩鲁的"发展极"理论

法国经济学家弗朗索瓦·佩鲁（Francois Perroux）于

1955 年在《略论"发展极"的概念》一文中，首先提出了"发展极"（Development Poles）的概念和理论，说明在地理集中的企业之间和产业之间的有机联合对工业化进程的重要意义。佩鲁认为，某些具有创新能力的主导部门（企业或行业）在一些地区或大城市的聚集，会形成一种资本与技术高度集中、具有规模经济效益的"发展极"，通过对"发展极"的重点投资使主导产业或城市先发展起来，并通过与周围地区的专业化协作、技术信息交流、生产要素流动等方式，对周围地区产生扩散效应，带动周围地区的发展。"发展极"理论的政策含义在于，发展中国家要实现工业化和经济发展，必须建立"发展极"。通过"发展极"自身的发展或对其他地区和部门的影响，带动整个经济的发展。对于"发展极"的形成，佩鲁指出，市场机制的自发调节可以引导企业或行业在某些大城市与发达地区聚集发展而自动产生"发展极"，政府也可以通过计划和投资主动建立"发展极"。这些政策主张对于第二次世界大战后发展中国家的经济发展产生了很大影响。

5. 舒尔茨的促进人力资本形成的反贫困战略模型

舒尔茨于 1960 年提出人力资本的概念，他说："经济发展主要取决于人的质量，而不是自然资源的丰瘠或资本存量的多寡。"[①]"虽然包括马歇尔在内的许多经济学家，在他们的著作中的此处或彼处也看到人力投资的现实意义，但人力投资却很少被纳入经济学家的正规核心内容之中。"[②] 舒尔茨

① ［美］舒尔茨：《人力资本投资》，《现代国外经济学论文集》（第八辑），商务印书馆 1984 年版，第 38 页。

② 同上。

认为不包括人力资本的资本概念是不完整的，人力资本投资能有效地增加劳动者的技能，就像投资于厂房和机器设备一样，可以提高劳动生产率和经济效率。如在职训练、各种教育支出、用于劳动力国内流动的支出、提高企业能力的投资等，都可以看作人力资本的投资。人力资本理论不仅极大丰富了当代西方经济发展理论的内涵，而且对于工业化国家的经济发展尤其是发展中国家反贫困战略的实践产生了广泛而深远的影响。

舒尔茨在分析人力资本在经济发展过程中的作用时指出，贫穷国家的经济之所以落后，其根本原因不在于物质资本的短缺而在于人力资本的匮乏和人们对人力资本投资的过分轻视。"在发展中国家里，低估人力投资的情况更为严重，人力投资更加受到人们的忽视，这是许多此类国家领导人和代表人物所固有的思想倾向。我们的经济增长理论教条的输出已对此起到作用。而这些教条总是把物质资本的形成置于突出的地位，以为人力资源的过剩是理所当然的事。炼钢厂成了工业化的标志。"[1]　因此，舒尔茨提出要发展教育事业，这对发展中国家人力资本的形成、经济结构的转换以及经济持续发展都具有重要意义。

第二节　正统学派中的自由派对穷人问题的研究

在正统学派中有一部分学派及代表人物认为，穷人问题的出现是资本主义经济发展中不可避免的一种现象，从某种意义上讲，牺牲这部分穷人的利益还会促进资本主义经济的发展。

---

[1]　［美］舒尔茨：《论人力资本投资》，北京经济学院出版社 1992 年版。

而政府的干预不仅不会改善穷人的状况，只会使问题变得更糟糕。所以，他们主张应按市场规则自由发展经济，政府不应作干预，即使政府在必要时采取措施，其程度和范围也应是有限的。这部分学派在本书中被划分为正统学派中的自由派。

一　马尔萨斯的人口理论对穷人问题的探讨

（一）马尔萨斯所处时代的社会冲突

圈地运动。15世纪末到16世纪初开始的圈地运动，到18世纪末基本完成。英国工业得到很大发展，但贫困、失业问题却更加严重。18世纪末到19世纪初的英法战争期间，英国粮价飞涨，英国土地贵族将土地上残存的独立小农、茅屋农、小租户从土地上清理出去。

产业革命。托马斯·罗伯特·马尔萨斯（Thomas Robert Malthus，1766—1834）生活和创作的时代，是产业革命迅速崛起的时代。1769年，瓦特发明蒸汽机；1785年，卡特赖特发明自动织布机；19世纪40年代，机器制造业全面发展。产业革命带来了史无前例的人类生产力的发展，使得工厂被普遍建立，机器被广泛使用。为了将生产能力转化成资本品的创造力，生产力相对较小的一部分被用于消费品生产。因此，资本品的获得必然以对民众的剥削为社会成本。产业革命的快速发展使得资本家与工人阶级的矛盾日益尖锐。在整个工业革命时期，穷人的生活水平急剧下降，穷人变得越来越穷，而那些富人还有中产阶级却明显地越来越富了。在穷人们挣扎在贫困边缘的同时，那些富人和中产阶级却携带着超额的资本，或进行大范围的投资，或进行大肆的挥霍。然而，工业革命带给穷人的苦难绝不仅仅在于消费的减少。新的工厂系统完全破坏了工人的传统生活方式，他们失去了作为手工艺者的自豪以及曾经存在于手工场工业时代的亲密的人际关系。在新的系统中，他们同雇主之间唯一的联系是通过无人格的市场或者现金交易关系来维系的。他们失去了与生产资料的直接接触，而降为完全依赖市场条件维持其生活的仅仅出卖劳动力的人。比这更糟糕的是，工厂系统施加于工人的单调而机械的规则，在以前，机器是工人的附属品，而现在成了生产过程的焦点，工人却成了冰冷的没有人情味的机器的附属品。此外，这个时期发生的急剧的城市化也使工人的生活条件变得更加悲惨。这一时期的城市的情况是可怕的："这是什么样的城市啊！不只是烟雾笼罩与污秽充斥，基本的公共服务——水的供应、卫生设施、街道清洁、露天场所等——都无法与人们大量涌入城市的速度保持协调。由此产生了，尤其是 1830 年后，霍乱和盲肠炎的流行以及 19 世纪两大城市杀手——空气污染和水污染，或者说呼吸道与肠道疾病令人惊恐地敲响了警钟……这些新城市人口……被挤入过度拥挤且寒冷的贫民窟，目睹者不寒而栗。'文明创造了奇迹'，法国著名文学家曼彻斯特的德·托克维尔（deTocqueville）写道'文明人几乎退化成了野蛮的原始人'。"①

　　法国大革命。1789 年，法国资产阶级大革命爆发，英国的进步人士也开始积极要求社会革命。法国大革命是 18 世纪法国启蒙运动的精神产物，法国也是欧洲启蒙运动的中心，法国启蒙运动形成了系统、成熟的民主革命理论，重农学派就是古典政治经济学的创始者，亚当·斯密、李嘉图、马尔萨斯的古典政治经济学理论，就是在批判和吸收重农学派的基本理论

---

①　E. J. Hobsbawn, *Industry and Empire*: *An Economic History of Britain since*1750. London: Weidenfeld and Nicolson, 1968, pp. 67—68.

基础上建立起来的。法国大革命的领袖人物马里·孔多塞（Marquis de Condorcet，1743—1794）发表了《人类理性发展的历史考察概论》，主张精神的进化促成了人类的进化，认为人类的贫困是由资本主义制度的缺陷造成的，是违背人类理性发展的，他要求改革这种制度。威廉·葛德文（William Godwin，1756—1836）非常同情法国革命，认为私有制是人类贫困的根源。当时对于英国的统治阶级而言，进步思想（认为社会制度是贫困、失业和苦难根源的观点）是最危险的威胁，对孔多塞和葛德文的批判，成为英国社会保守力量的紧迫任务。

人口激增。欧洲人口占世界人口的比重分别为：1650 年为 18.90%；1750 年为 19.58%；1800 年为 21.19%。英国的人口数量分别为：1600 年为 550 万人；1700 年为 600 万人；1750 年为 725 万人；1801 年为 1094 万人；1821 年为 1439 万人。

圈地运动和产业革命产生了大批失业人口，而英国的人口又在急速增长。从人口问题的角度出发，系统揭示英国贫困问题的根源，探索英国社会失业问题和人口问题的解决方法，是当时的一个大课题。亚当·斯密的《国富论》（1776 年）是对这一问题的一个解答，主要探讨致富的途径——脱贫的道路。马尔萨斯的《人口原理》（1798 年）也是对这一问题的一个解答，主要探讨贫困的成因——为什么没能致富。从这个意义上讲，马尔萨斯的《人口原理》是《国富论》的反题。

工人传统生活方式的彻底毁灭和严苛的新工厂系统的规则，伴随着悲惨的城市生活条件，产生了社会经济和政治动荡不安的局面。社会剧变、暴动和反抗的链式反应爆发在这些年间。劳工组织在 18 世纪 90 年代迅速发展起来。

上层阶级由于害怕工人联合起来的力量，结果就有了1799 年的联合法案。该法案的支持者们依据自由竞争的必要性和垄断的罪恶来支持他们的论点——这是古典自由主义最重要的原则——但却绝口不提雇主的联合和资本主义垄断的现实。这项法案的作用被归纳如下："联合法案对于阻止工人们的破坏性勒索是绝对必要的，如果不加限制的话，他们就会毁坏国家整个的贸易、生产、商业和农业……这种错误的观念是如此之彻底，以至于无论何时那些工人因联合起来要求调整工资和工作时间的任何要求而被起诉定罪，不管对他们的判刑有多重，也不管有多严酷，任何人都不会对这些不幸的受难者表示哪怕最轻微的同情。公正是完全不可能的。他们几乎不可能在那些地方官员面前得到任何申辩的机会，且从来没有免于不耐烦的对待或侮辱……如果可以精确地记录那些在地方官员、庭审和最高法院的长椅面前的诉讼和申辩的话，那么几年过后，总体的不公待遇、恶劣的谩骂以及可怕的惩罚会作为最佳证据而不会烟消云散。"[①] 另一个自由放任资本主义支持者为之激烈斗争的原因是 1795 年救济穷人的斯宾汉姆兰德（Speenhamland）体系的废除。这个体系源于基督教家长主义的道德标准，认为那些不幸的人无论有无工作都有权享有某种最低生活标准。确实，这个体系有严重的弊端：很多情况下它实际上将工资压低到救济线以下，并且在需要更多的劳动力时却严格限制劳动力流动。但是，此时大多数的争论并不仅仅限于斯宾汉姆兰德体系的这些问题，他们反对政府对穷人的任何

---

① Paul Mantoux, *the Industrial Revolution in the Eighteenth Century* (New York: Harcourt Brace Jovanovich, 1927), p. 449. 转引自［美］亨特（E. K. Hunt）《经济思想史：一种批判性的视角（第二版）》，颜鹏飞总译校，上海财经大学出版社 2007 年版，第 56 页。

救助，其中许多论调是以马尔萨斯的观点为基础的。

（二）马尔萨斯的人口理论对贫穷根源的探讨

1. 马尔萨斯的人口理论关于贫困问题的基本观点

《人口原理》第一版中反复出现了两个重要主题。第一个主题是，不管改革家改变资本主义的尝试有多么成功，现有的财富所有者和穷苦工人这两大阶级结构将不可避免地重现。马尔萨斯相信此种阶级划分是自然法则的必然结果。贯穿于他的人口理论的第二个主题是，可怜的贫苦大众是每个社会不可避免的主要组成部分。而且，任何减轻贫穷与受难程度的尝试，不管出于多么好的目的，最终都会使情况变得更糟而不是好转："从我们本性的必然法则来看，必须有一些人承受贫困的痛苦。这些不幸的人们在他们的人生蓝图上留下一片空白"，"无论是谁，没有任何富人的牺牲，特别是在金钱上的牺牲，可以在某一时候阻止社会底层成员贫穷的出现"。①

马尔萨斯认为，再生产率将导致人口按几何级数增长，人口在每一代都会加倍，而食物生产充其量是以算术级数增加的，也就是说，每一代人只能增加和上一代人增加差不多的数目的食物。因此，如果没有其他的限制，最终饥饿会将人口增长抑制在食物生产增长所能维持的最高水平上。但是，除了饥饿外，还有其他一些限制因素。马尔萨斯将其分为两类：预防的抑制和积极的抑制。预防的抑制降低了出生率，包括绝育、节育和生育控制。积极的抑制提高死亡率，包括饥荒、病痛、灾难、战争和最终不可避免的饥饿的抑制。人口总是被上述因

---

① Paul Mantoux, *the Industrial Revolution in the Eighteenth Century* (New York: Harcourt Brace Jovanovich, 1927), p. 449. 转引自［美］亨特（E. K. Hunt）《经济思想史：一种批判性的视角（第二版）》，颜鹏飞总译校，上海财经大学出版社2007年版，第56页。

素的某种组合所抑制，从而被控制在可获得的食物供给的范围之内。如果预防的抑制不充分的话，那么积极的抑制不可避免；如果没有足够多的疾病、战争和自然灾害，那么，饥饿将总会抑制人口的增长。

马尔萨斯指出，如果增加社会中每个人的财富和收入，大多数人就会因此养育更多的孩子以至于不久就回复到原来维持生计的状态，只有品德高尚者可以逃脱这个命运。很明显，马尔萨斯认为，只有那些具有他所认可的美德的人才有道德抑制力。因此，在马尔萨斯的理论中，富人和穷人最终的不同就在于富人的道德品质是高尚的，而穷人则道德沦丧。马尔萨斯认为，那些穷人"当他们有储蓄的机会的时候，他们也很少会去做，但是一般说来所有超出他们目前生活必需的一切都会贡献给啤酒屋"[1]。因此，马尔萨斯拒绝所有的财富和收入重新分配的计划。他认为，这种重新分配仅增加贫困工人的数量并把他们推回到仅能维持生存的状态，马尔萨斯甚至指出，这种重新分配在工人能够生育子女之前甚至是不会增加他们的短期福利的："假设靠富人捐助，每天挣得 18 便士的人现在可得到 5 先令；人们也许认为，这样穷人的日子便会过得称心如意，每顿饭都有肉吃。但这是一个非常错误的结论……每天得到 5 先令而不是 18 便士，会使每个人产生幻觉，以为自己已较富有，可以有许多时间不用去干活。这会立即对生产活动产生严重的消极影响，要不了多久，不仅整个国家会比以前穷，而且下层阶级的处境也会比每天仅仅得到 18 便士时更为

---

　① Malthus, *First Essay*, Vol. 1, p. 98. 转引自［美］亨特（E. K. Hunt）《经济思想史：一种批判性的视角（第二版）（序）》，颜鹏飞总译校，上海财经大学出版社 2007 年版，第 61 页。

悲惨。"①

2. 马尔萨斯对《济贫法》的批判

马尔萨斯反对用立法的形式去减轻穷人痛苦的各种努力。1601年，英国颁布《济贫法》。把在圈地运动中破产的农民束缚在一定地区，不致到处流浪，以便给资本家提供廉价劳动力。具体做法是征收济贫税，责成教区对贫苦工人进行救济，按法律规定创办慈善事业。在《济贫法》实施的200多年里，英国政府投入了大量财力，但穷人并没有摆脱贫困。18世纪，英国失业人口剧增，资本家在市场上可以轻易获得足够的劳动力，不再需要被救济的穷人。有人提出废除《济贫法》。马尔萨斯运用人口理论，对《济贫法》展开攻击。

马尔萨斯认为，《济贫法》的实施，虽然改变了一些极为贫困的人的生活状况，但总体而言，靠救济为生的贫民并未摆脱贫困。使被救济的非常贫穷的人所消费的食物有所增加，却相应地减少了更为勤劳、更有价值的社会成员本应享有的食物份额。"最近英国的济贫法倾向于降低穷人的一般境况。首先他们一个很明显的倾向就是增加人口的数量而不增加为他们提供的食物……其次，通常未被看作最有价值的社会中部分家庭消费储备量的份额减少了，否则这一份额将属于更勤勉的和更有价值的成员。"② 马尔萨斯认为，社会中最有价值的成员是指那些富有的所有者阶级，他们的价值不仅仅体现在经济方面，而且体现在文化方面。为了说明富有阶级的经济价值，他指出，任何社会摆脱混乱和危险的唯一途径就是建立财产权和婚姻制度，一旦这些制度建立，那些品德高尚的人将越来

---

① Malthus, *First Essay*, Vol. 1, pp. 94—95.

② Ibid., p. 97.

多，而大多数社会成员也会在丰富多彩的生活中消耗其财产。这时，底层阶级无法维持生存，除非那些有道德的富有人士与他们分享其积累的资金，但是穷人太多，富人就只能对其加以选择。"看起来名正言顺……他们只会选择那些有能力也忠于其意愿努力创造更多剩余的人；从而使得这个团体马上受益，使这些所有者能够帮助更多的人……目前所知的所有国家里底层阶级普遍认为的幸福，或痛苦的程度都依赖于这种财产的状态。"① 马尔萨斯相信私人财产所有制和由此产生的阶级不平等对于人类巨大的文化成就负有责任。

马尔萨斯认为，《济贫法》在赈济穷人的同时，造成了社会的无序，必将导致更多穷人的出现。如果没有《济贫法》，虽然贫穷的人会多一些，但从总体上看，普通人却要幸福得多。为了真正使社会走上富裕之路，摆脱失业和贫穷，就必须废除《济贫法》，坚持执行自然的法则。《济贫法》的实施，只能让人更加懒惰，更加浪费，使穷人更穷。《济贫法》使穷人明知无力养家糊口，也要结婚，也要生孩子，导致"越穷越生"。《济贫法》使人口趋于增长，而食物并不增加。使众多的人丧失自立能力而陷于贫困，而且使人对此不再感到羞耻。因此，他认为《济贫法》有助于增加人口，不利于增加生活资料，只能造成更多的穷人。

马尔萨斯建议完全废除所有当时实行的教区法。允许农民行动自由（类似于中国的户籍制度），鼓励人们开垦土地，尽最大可能鼓励农业而不是制造业，鼓励耕种而不是畜牧。各郡可以为极端贫困的人设立济贫院，由全国统一征收的济贫税提供经费，收容各郡乃至全国的贫民。济贫院中的生活应该是艰

---

① Malthus, *First Essay*, Vol. 1, pp. 143—144.

苦的，凡能够工作的人，都应强迫他们工作。

有时候，马尔萨斯不仅仅反对财富与收入再分配以及缓和贫困的各项立法，而且提出了更为残酷的政治建议："事实证明，无论生活资料以怎样的速度增长，至少是在食物被分成最小份额来维持生命之后，人口的增加都受其约束。那些超出此种水平所需人口而出生的孩子都必然死去，除非那些成年人的死亡给他们让出空间。……因此，为保持行动上的一致，我们将使得引起死亡的自然的作用更加容易，而不是愚蠢徒劳地费力阻止这种作用。如果我们担心可怕的饥荒频繁出现，我们可以刻意孤立其他形式的毁灭，这些形式我们刻意迫使自然来使用。我们可以鼓励相反的行为习惯而不是向穷人推荐清洁卫生的习惯。在城镇里，我们可以使得街道变窄令更多的人们涌入屋内以求得灾祸。在乡村里，我们在停滞的池塘附近建造村庄，特别鼓励在湿地或不卫生的环境下定居。但是，总而言之，我们应斥责对毁灭性疾病的特别治疗；斥责那些善意但屡次犯错还以为自己在为消除总体的混乱和无序而服务于人类的人。如果通过这些和类似途径每年的死亡率将上升……那么我们每个人都可以在年轻时结婚而绝对不会死于饥饿。"[①]

也许马尔萨斯也意识到自己的建议有些过于残忍，所以他在《人口原理》第一版的末尾表达了他假装圣洁地对于宗教和神的意愿的呼吁。在最后一章的结论处，他向读者再保证说："一般说来，生命是一种恩赐……造物主在创造出无数个人，使其能享受无限的幸福时，虽然也给人带来了一些痛苦，但同赐予人类的幸福相比，痛苦只不过是天平上的一粒灰尘。

---

① Malthus, *second Essay*, Vol. 2, pp. 179—180。

我们有一切理由认为，世间的罪恶只不过是那个伟大过程的一个要素，并未超过绝对必需的限度。"① 总之，马尔萨斯人口理论的规范性定位，就是使我们相信，贫困是不可避免的，人们对此仍然束手无策，一般来说，贫困源于穷人自身的缺陷和道德低下。

3. 马尔萨斯对贫困原因的研究

马尔萨斯一生中写过很多书、小册子和文章。他的作品可以分为两个时期，每个时期都表现了其主要的社会观和理论方法的特色。18 世纪 90 年代和 19 世纪初期，他主要关注的是劳动力动荡不安的状态和激进知识分子所提倡的关于重整社会结构以增进工人福利和幸福的计划。马尔萨斯准确地察觉到，这些计划只有通过销蚀掉两个所有者阶级即资本家和地主阶级的财富和权力才能促进劳动者的事业。

马尔萨斯是富人的代言人，他的人口理论为其提供了保护富人利益的框架。1798 年他出版了《论影响于社会将来进步的人口原理，反对葛德文、康多塞和其他作家思想的评论》，通常称为《人口原理》第一版。1803 年，他出版了修订版本，其中修改非常广泛，以至于它实际上是一本新书。这本书一般被看作是《人口原理》第二版。后来他出版了《人口原理总论》。②

18 世纪末工人阶级可怜的条件和劳动力动荡不安的局面使得工人阶级获得了许多知识分子的支持。其中较有影响的是法国的马里·吉恩·安托万·尼古拉斯·德·卡里塔特德·康

---

① Malthus, *second Essay*, Vol. 1, pp. 215—216。

② 第一版《人口原理》和《总论》是在同一卷中出版的，T. R. Malthus, *An Essay on the Principle of Population and a Summary View of the Principles of Population*, ed. A. Flew（Baltimore：Penguin，1970）. 第二版有两卷。T. R. Malthus, *An Essay on the Principle of Population*（New York：Dutton，1960）.

多塞侯爵（Marie Jean Antoine Nicholas de Caritat, Marquis de Condorcet, 1743—1794）和英国人威廉·葛德文（William Godwin, 1756—1836）。

马尔萨斯撰写《人口原理》（第一版）的本意不是为了建立人口学说，而主要是为了驳斥葛德文和康多塞的激进理论的。康多塞是对法国革命的最初阶段产生重要影响的人物。康多塞写了他最著名的著作《论人类精神进化的过程》。在该书中，他认为，政府为老年人、那些失去丈夫的妇女和没有父亲的儿童建立福利基金，以消除贫穷的工人阶级收入的不稳定性，并且他相信，政府可以利用信贷调节机制来减弱资本家的权力和财富。通过对有权势的资本家可获得的信贷数额的限制，以及对普通工人的信贷扩张，劳动者可以慢慢地变得更独立于资本家，由此使得社会经济更加平等。威廉·葛德文认为，由于私有财产法产生了巨大的社会不公，人们往往不能得到生活必需品，应该公正，要求取消资本主义财产关系，财产应该属于那些对他最有用的人。

马尔萨斯不同意葛德文关于人口增长的困难只有在遥远的未来才会出现的论述，不同意葛德文关于私有制是人类贫困和失业根源的观点，也不同意康多塞关于社会状况的好坏取决于社会制度的论述。

马尔萨斯认为，下层阶级和劳动群众的贫困和失业是由于人口增长快于生活资料的增长速度所造成的，为了摆脱贫困和罪恶，没有必要进行社会制度的变革，而主要是控制人口的增长。马尔萨斯批评了要求变革社会制度的思辨哲学家，马尔萨斯认为，这些人"等于是在跟事实作对。他们只把眼光放在更美好的社会状态，用最迷人的色彩勾画美好愿望，他们自我沉溺于对所有现有国家机构的猛烈抨击中，而没有把聪明才智用于思考消除弊端最好和最安全的方法上，甚至在理论上也没有意识到威胁人类走向完美进程的巨大障碍"①。

马尔萨斯批评主张保留现存制度的辩护者不分青红皂白地谴责一切政治思辨，甚至不肯屈尊思考一下社会可完善的理论基础，更不愿费力公平而不抱偏见地揭露其荒谬之处。在马尔萨斯看来，思辨哲学家和现存制度的辩护者各执一词、相互谩骂，无助于真理的探索，而只能有害于人类思想的进步。

马尔萨斯认为，社会上的两个基本规则——财产的安全和婚姻制度，一经确立，不平等状况必然随之发生。葛德文将最坏的人的原始罪恶归咎于人类制度的腐败是没有根据的。在财产分割后出生的那些人，面临的是已被人占有的世界。如果他们的双亲由于子女过多而不能很好地抚养他们，他们在万物均被占有的世界上就没有自己的位置。劳动者如果不能获得足够的食物作为报酬，他们和他们抚养的子女就只能忍饥挨饿，社会不平等状况就必将长期延续下去。所以，从根本上说，不是社会制度导致贫穷，而是人口的增长导致人类的贫穷。

在一个已被占满的世界上出生的人，如果不能从他的双亲那里取得生活资料，又如果生活并不需要他的劳动，那么他就没有取得最小食物量的权利，事实上他在地球上是多余的。大自然的盛宴上并没有为他设下空的席位，大自然将命令他离开，并且如果不能取得大自然的某位客人的怜悯的话，他会迅速地执行自己的命令的。如果这些客人让位给他，那么其他闯入者会立刻出现，要求同样的恩赐，客人们在违反对所有闯入

---

① Malthus, *First Essay*, Vol. 1, pp. 68—69. 转引自［美］亨特（K. Hunt）《经济思想史：一种批判性的视角（第二版）（序）》，颜鹏飞总译校，上海财经大学出版社 2007 年版，第 59 页。

者制定的严格的命令中，知道他们犯下了错误。这个命令是宴会的伟大的女主人制定的，她希望全体客人都能享有丰盛的佳肴，并且指导她不能供给无限的数目。所以，当宴会已经满席时，女主人就只能仁慈地拒绝接纳新的来客。①

马尔萨斯认为，人口超过生活资料的时期早就到了。影响人类生存的周期性贫困（即马尔萨斯窘境）是经常存在的，从人类有史以来就一直存在；除非人类的本性发生明显的变化，否则人口增长超过生活资料的增长的这种周期性贫困必将永远地存在。

马歇尔（Alfred Marshall，1842—1924）批评了马尔萨斯的人口理论。在马歇尔生活的时代，英国人口增长速度已经减缓，人民生活水平有所提高，没有出现马尔萨斯所设想的情况。因此，马歇尔认为，不是人口增长导致了人类的贫困和苦难，相反，人口的缩减倒会产生停滞的经济后果。凯恩斯也不认为人口的增加造成了经济发展的停滞，而是认为人口增长率的衰退导致了经济发展的停滞。经济危机和失业的原因乃是由于有效需求不足，而人口增长趋势下降，是有效需求不足的主要原因。所以，只有促进人口的增长，才能刺激对资本和服务的需要，才能最终使失业率有所下降。

二　纳骚·西尼尔对穷人问题的研究

（一）纳骚·西尼尔对穷人境况的基本看法与政策建议

纳骚·西尼尔（1790—1864）是现代新古典经济学的开创者之一，西尼尔一直在关注着社会问题和经济问题，尤其是工人阶级的状况、贫困的起源和后果等。在1830年以前，西尼尔在政

---

① 晓岚：《马尔萨斯与人口原理》，中国少年儿童出版社2001年版，第79页。

治上相对保守，他一直同情并关心工人阶级的贫困状况。在他发表于1826年的《政治经济学绪论》和他出版于1828年年末的《人口论二讲》等早期著作中，西尼尔都对工人阶级的未来表示了乐观的看法。他不认为马尔萨斯的人口论将导致一个必然的结果，即工人阶级将永远停留在维持自身生存的水平上。相反，他相信，随着工人阶级道德素质的进步，生产率将会提高，工人阶级的生活水平也将随之提高。他积极地支持那些他所认为能够提升穷人知识和道德水平的举措，并把道德教育视为消除贫困的唯一希望。但在1830年，西尼尔的思想发生了转变。

1829—1842年期间，英国长时间爆发了一系列的劳工问题。工业化使得英国劳工的生活水平下降到了仅维持必要的生存和繁衍水平之下。在19世纪20年代和30年代，工人阶级奋起反抗，许多劳工组织在1829年后成立，但随后就遭到了残酷的镇压。而后，大规模的罢工、骚乱和生产破坏性行动爆发，并迅速蔓延。所有这一切都深深地震撼了西尼尔，并使他感到十分恐惧，进而改变了他的看法，使他转而认为济贫法和政府对穷人和失业者的救济，是造成贫困的主要原因，也对英国资本主义存在构成极大威胁。

1830年早期，西尼尔出版了《工资率三讲》，在该书的序言上，他加了一个标题："当前骚乱的成因和解救措施。"在这篇序言中，他认为存在着一个资本家用于"维持劳动者生存的基金"（这一概念在经济学课程中被称为"工资基金学说"）。[①] 他宣称这个基金的规模是由劳动生产力决定的。因此，提高工人的生活水平或者需要劳动生产力的增长，或者需

---

① Nassau Senior, *Three Lectures on the Rate of Wages.* New York：Augustus M. Kelley，1966，p. IV.

要参与基金分配的工人数量的下降。他声明有两种方法可以提高劳动生产率。第一，取消对资本积累和自由贸易的所有限制；第二，废除济贫法，因为它"阻碍了工资成为雇主和工人间的契约，而是成为一方的权利，而另外一方类似于税收一样的义务"。① 在这篇序言中，西尼尔显然已不再关心贫困所造成的不幸，转而关注"傲慢的劳动阶级所产生的威胁。他们凭借着暴力、罢工和联合，不仅是在威胁着财富的基础，更是在威胁着自身的生存"。② 而在西尼尔眼中，最大的威胁来自于工人阶级组织力图实现——工资应该反映每个工人家庭的需要，而不是供给和需求力量下的自由浮动要素——这一目标。济贫法是建立在对失业和极端贫困人口进行系统的家庭补贴基础上的。西尼尔认为，济贫法降低了工人参与劳动的动力，并使得工人因此产生了即使他们没有找到工作或不去工作，他们的家庭也应当继续生存下去的傲慢态度。这使得工人和资本家之间的关系变得不自然。西尼尔认为，穷人毫无节制的愤怒、傲慢以及狂热，将最终导致这样一种结果："地租、什一税和资本都被吞噬掉，如果不加以制止的话，贫困将发挥其自然效应——饥荒、瘟疫和内战。"③

此时，西尼尔同马尔萨斯一样，他相信，除非穷人的道德品质提高了，否则贫困将是他们不可避免的命运。尽管以前西尼尔宣称工人们的品质已经提高很多了，但现在他还是认为英国的

---

① Nassau Senior, *Three Lectures on the Rate of Wages*. New York: Augustus M. Kelley, 1966, p. IV.

② Leo Rogin, *the Meaning and Validity of Economic Theory*. New York: Harper and Row, 1957, p. 251.

③ Nassau Senior, *Three Lectures on the Rate of Wages*. New York: Augustus M. Kelley, 1966, p. xiii.

工人们目前还完全缺乏这些节俭、自尊和自我约束的品质。

　　西尼尔相信，让工人阶级长期生活在对贫困的极端恐惧中绝对是有必要的。他认为旧的济贫法通过赋予工人最低生活保障而减轻了这种恐惧。因此，他对旧济贫法持反对态度，并相信保持对贫困的恐惧和不安全感是必要的。这些观点构成了1834 年新济贫法的基础。凭借同辉格党最有权势的大人物的交情，西尼尔把自己关于济贫法的一些思想转变成了现实。1832 年，西尼尔被任命为济贫法调查委员会的成员，去研究现存的济贫法，以及如何解决贫困问题，并提出能够系统有效地减少贫困且十分经济的改革建议。据可靠的说法，公布于1834 年的委员会报告大部分出自西尼尔之手，它成为了在1834 年通过的新济贫法的基础。新济贫法体现了委员会报告的如下观点：（1）不论工作环境和工资状况如何，工人都接受市场提供的任何工作；（2）任何不去工作，或找不到工作的人，只给他不必忍受饥饿的救济；（3）救济不应当高于市场中的最低工资，应使他的境况变得十分痛苦，从而促使他有动力去寻找工作而不计较工作环境和工资。一位当代的经济学和社会学历史学家在评价西尼尔影响甚大的济贫法时，这样写道："与其说这是一个物质解决方案，还不如说它是一个压迫的和退化的机制。这比 1834 年前的济贫法有更多的非人待遇，并比最低外部工资制度更加不合理。作为对贫困的惩罚，它强制劳动者进入像监狱一样的工厂，强行分开丈夫、妻子和孩子，甚至打消他们生育出更多贫民这一危险的诱惑。"① 总之，西尼尔同马尔萨斯一样，相信要达到社会进步的最终状态，经

---

　　① E. J. Hobsbawn, *Industry and Empire*: *An Economic History of Britain since 1750*, London: Weidenfield and Nicolson, 1968, pp. 69—70.

常需要承受（他们认为应当由穷人来承受是不可避免的）一定的代价。他写道，"这就是所谓的欲成就好事，就必须先承受坏事——如果没有部分人去承受代价，那么就不会有普遍的进步产生。"①

（二）纳骚·西尼尔的"穷人政治经济学"与社会和谐观

在西尼尔所处的时代，激进主义和社会主义的思想传播得很快。罗伯特·欧文的社会主义学说已经成为颇具影响力的观点。西尼尔十分痛恨社会主义观点，认为不平等的状况可以消除是完全错误的。他将阶级之间天然对立的说法和工人阶级将从损害地主及资本家利益的行动中获益的观点称之为"穷人政治经济学"（the Political Economy of the Poor）。他认为，"公平只会带来极度的痛苦，因为它赋予了社会机构有权力去让每个人变得一样穷的权利，却无法让每个人都变得一样富裕……他们只会传播痛苦，而不能带来欢乐"②。西尼尔相信，每个受过教育的、有知识的人都将明白社会主义思想是根本无用且十分危险的，他写道："在理解无效用时，哲学家们都确信，这只是中产阶级或是更高阶层建立在自身眼前利益基础上的一种偏见。但是，低阶层的眼前利益则是另外一回事。他们十分错误地计算了生活中奖券获得的奖品数量和质量。他们认为多少得到一点总比什么都没有强。他们相信有些人告诉他们的话，一旦高奖额的奖券消失的话，那么每个人都可能获得一百英镑的奖

①　Nassau Senior, Three Lectures on the Rate of Wages. New York：Augustus M. Kelley, 1966, pp. xiv—xv.

②　Nassau Senior, *Journals Kept in France and Italy*, London：Henry S. King, 1871, Vol. 1, p. 150. 转引自［美］亨特（E. K. Hunt）《经济思想史：一种批判性的视角（第二版）（序）》，颜鹏飞总译校，上海财经大学出版社2007年版，第115页。

品。……这就是穷人政治经济学。看上去似乎只有三种方法去管理这构成一个国家人口绝大部分的组成。一是把这些穷人排除在政治生活之外，这正是我英国的政策……另一个是在他们中间对国家和法律事务进行不计名的投票……第三是依靠军事力量——去组织和训练中产阶级和更高阶层，并用暗中听从于他们训练有素的常规部队作为支撑。"①

西尼尔否定了阶级之间收入的差别，也坚决反对将富人的财富分给穷人以增加社会总福利的观点，他宣称，不管财富的分配是多么不平等，"没有人会认为他的需求是已经完全被满足的。每个人都有一些不被满足的欲望，以至于他相信，财富的增加将会有所帮助"②。更进一步而言，"每个人需求的属性和紧急程度同个人的性格一样是因人而异的"③。因此，他认为，不能在个人之间对他们从财富中获得的或是失去的效用大小进行比较。他认为，阶级差别是一种错觉，所有阶级的利益都是和谐的，并能够在自由市场和私有产权的保护下得到最好的促进。西尼尔进一步指出，只有当劳动者意识到了建立在当前利益基础上的偏见，并看到他所证明的穷人同富人的利益是一致的事实，他们才会抛弃阶级对立的错误观点，并开始支持"富人经济学"（Economics of the Rich），这最终将促进全社会福利的提高。

三　米尔顿·弗里德曼对穷人问题的研究

作为现代货币主义（Monetarism）的奠基者和领袖，米尔

---

①　Nassau Senior, *Journals Kept in France and Italy*, London：Henry S. King, 1871, Vol. 1, p. 150. 转引自［美］亨特（E. K. Hunt）《经济思想史：一种批判性的视角（第二版）（序）》，颜鹏飞总译校，上海财经大学出版社 2007 年版，第 115 页。

②　Nassau Senior, *an Outline of the Science of Political Economy*, London：Allen and Unwin, 1938, p. 27.

③　Ibid. .

顿·弗里德曼（Milton Friedman，1912—2006）同所有自由至上主义者一样，支持无限制的资本主义，否定政府的再分配行为，不相信政府对市场的调控能力，坚持个人经济自由权利至上，给予市场机制协调经济活动的有效性以充分的信任。弗里德曼在《资本主义与自由》一书中，就宣称要废除累进所得税、免费的公共教育、社会保障、邮政行业的寡头垄断、最低工资法，以及除了实施产权法、契约法和提供国防之外的所有其他形式的政府干预。他相信，"看不见的手"可以理性且有效地完成任何事，并且最大地保证自由。不过，与其他自由至上主义者不同的是，弗里德曼提出了一个收入分配的道德标准，认为可以对收入分配进行伦理价值判断，同时明确了政府可以作为的范围领域。

（一）弗里德曼的自由至上主义的收入分配观

弗里德曼是自由经济最热情的鼓吹者和倡导者，他坚信市场的神奇之处在于，市场能够高效地组织人类经济活动，并且是最有效率地增加社会财富的生产方式。他比其他自由至上主义者高明之处在于，为了不在自由市场失灵时才转而去支持政府对自由财产权进行约束和干预，他直接从收入分配入手来说明市场决定收入的正当性。在这里，弗里德曼提出了一个市场决定收入分配的道德标准。"在一个自由市场的社会里，收入分配的直接的道德原则是，'按照个人和他拥有的工具所生产的东西'进行分配。"[1] 即依据每个人向社会提供的产品或作出的贡献进行分配，简称为"根据产品计酬"。弗里德曼相信，这种"根据产品计酬曾经是，而在

---

[1]　［美］米尔顿·弗里德曼：《资本主义与自由》，商务印书馆2004年版，第173页。

很大程度上仍然是……大家都接受的价值判断标准之一或制度之一"①。

对于这种提法的原因，弗里德曼指出：第一，这种"根据产品计酬"的道德标准能够使资源在不受强制的情况下有效地加以配置。在弗里德曼看来，协调众多人的经济活动是社会组织的基本问题，而协调的方式基本上仅有两种："一个方法是包括使用强制手段的中央指挥——军队和现代极权主义国家的方法。另一个是个人自愿的结合——市场的方法。通过资源的结合进行协调的可能性来自一个基本的……命题，即：进行经济交易的双方都可以从中获利，只要交易双方是自愿的而且是不带欺骗性的。"② 显然，自愿结合的市场制度将会给个体带来更大的经济效率和更多的经济自由。所以，"根据产品计酬是必要的，以便最有效地使用资源。至少在依靠自愿合作的制度下是如此"③。同时，根据产品计酬在道德上也是公道的，因为作为社会价值判断的基本标准，它被社会成员一般地接受，甚至是自由市场制度的反对者。"在一个市场经济中，根据产品计酬的有效作用主要不在于收入分配而在于资源分配。"④ 达到没有强迫命令而能对资源加以有效的分配是根据产品进行分配的市场经济的主要的有效作用。第二，"根据产品计酬"之所以可以作为收入分配的道德标准，是因为它不是造成不均等结果的唯一的有效作用。资本主义常常被指责为造成贫富差距的根源，但在弗里德曼看来，虽然"根据产品

---

① ［美］米尔顿·弗里德曼：《资本主义与自由》，商务印书馆 2004 年版，第 179 页。

② 同上书，第 17 页。

③ 同上书，第 179 页。

④ 同上书，第 178—179 页。

计酬的资本主义制度能够而且在实际上也是具有相当程度的收入和财富的不均等的特征"①，但是"一个通过市场获得收入的人，他的收入取决于他出售货物和劳务的所得同他在生产这些货物和劳务时所花费的成本之差额。所得主要是直接付给我们拥有的生产资源的款项——如付给劳动的工资或付给土地建筑物或其他资本的使用费。企业家……的情况形式上可能有所不同，但本质上是一样的。他的收入也取决于他拥有的每一种生产资源的多寡，取决于市场为使用这些资源确定的价格。不过企业家拥有的生产资源是组织企业，协调企业资源以及承担风险等方面的能力"②。因此，在市场很好发挥作用的地方，而不是它失灵的地方，这种"根据产品计酬"收入分配方式是最基本的也是最正当的方式。那么，这个原则和追求均等待遇原则之间的关系怎样呢？弗里德曼认为，"在一定限度内，这两个原则并不是相互矛盾的。按照产品计酬是必要的，以便得到真正的均等待遇。……有必要通过市场所决定的报酬的不平等来得到全部报酬平等或待遇的平等。一个人可能宁肯要一个一般的工作从而有许多时间可以晒太阳，而不愿有较高工资又要求严格的工作；另一个人可能宁肯跟他相反。……货币收入的差异抵消了在职业和行当的其他方面的差异。用经济学者的术语来说，为了使它们'差异均等化'，就必须使它们整个金钱上和非金钱上的'净利益'相同"③。如果历史地来看待

---

① ［美］米尔顿·弗里德曼：《资本主义与自由》，商务印书馆 2004 年版，第 181 页。

② ［美］米尔顿·弗里德曼、罗斯·弗里德曼：《自由选择：个人声明》，商务印书馆 1982 年版，第 26 页。

③ ［美］米尔顿·弗里德曼：《资本主义与自由》，商务印书馆 2004 年版，第 174 页。

均等问题，人们会发现非资本主义社会趋于比资本主义社会具有更大程度的不均等。① 而"资本主义的巨大成就并不是财产的积累成就，是它为男人和妇女扩大、发展和改进其能力所提供的机会"②。资本主义比其他的制度造成更少程度的不均等，而资本主义的发展还大大地减少不均等的范围。在空间和时间上加以对比都证实了这个观点。③ 第三，根据产品计酬意味着由市场决定的各种收入之间并没有任何道德差异，独立于市场过程之外的分配的正义原则是不存在的。在自由经济中，人们收入之间可能会存在差异，但是，评判各种市场收入的是否正当的标准和道德基础却应是相同的——即根据产品计酬。在弗里德曼眼里，在自由经济下，一个人的收益可能有三个途径：（1）收入来自个人的能力；（2）收入来自企业利润；（3）收入来自继承的财富。④ 那么，对于这三种收入而言，是否有任何道德的基础来在各个收入的范畴之间加以区别呢？弗里德曼回答说："如果我们说：一个人有权得到个人能力所产生的东西，或得到他积累的财富所产生的东西，但却无权把任何财富传给他的孩子们，那似乎是不合逻辑的；如果我们说：一个人可以使用他的收入于放荡的生活，但却不可以把它传给他的继承人，那似乎也是不合逻辑的。"⑤ 但是，还有一个需要回答的问题是："收入不均等的相当大的部分系来自根据产品而支付的代价，……而收入不均等的很大部分来自先天的赋予，先

---

① ［美］米尔顿·弗里德曼：《资本主义与自由》，商务印书馆2004年版，第184页。

② 同上书，第182页。

③ 同上。

④ 同上书，第176页。

⑤ 同上书，第176—177页。

天赋予的能力和财产。这是在伦理上真正引起困难的部分。"①
对这个问题的一般回答是，个人能力差异的不均等，或个人自
己所积累的财富的不均等是合适的，而继承的财富的不均等是
不太合适的。而弗里德曼却认为，区分"这种差别是站不住脚
的"②。比如说，"从双亲那里继承到一个为众所喜爱的歌喉而
得到高额收益在道德上是否比由于从双亲那里继承到财产而得
到高额收益具有任何更大的正当理由呢?"③ 实际上，弗里德曼
并没有把依据产品计酬本身当作一个独立的道德原则，而是把
它当作是一种原则的后果，即自由原则的必然结果。第四，根
据产品计酬的自由市场制度能直接提供经济自由，也促进了政
治自由。弗里德曼不同意很多社会主义者和社会民主党人所主
张的"政治自由"不可侵犯而"经济自由"只处于从属地位的
观点，认为"经济自由本身是一个目的。其次，经济自由也是
达到政治自由的一个不可或缺的手段"④。而直接提供经济自由
的经济体系就是根据产品计酬的自由市场制度。"直接提供经
济自由的那种经济组织，即竞争性资本主义，也促进了政治自
由，因为它能把经济权力和政治权力分开，因之而使一种权力
抵消另一种。"⑤ 就是说，"只要能维持有效的交换自由，经济
活动的市场组织的主要特征是:在大多数的活动中，它能避免
一个人对另一个人的干扰。……同时，市场按照与具体的个人
无关的方式来这样做，并不存在着一个集中的权力机构"⑥。

---

① ［美］米尔顿·弗里德曼:《资本主义与自由》，商务印书馆 2004 年版，
第 176 页。

② 同上。

③ 同上。

④ 同上书，第 11 页。

⑤ 同上书，第 13 页。

⑥ 同上书，第 18—19 页。

弗里德曼认为，美国的历史发展说明了根据产品计酬的自由市场制度的正当性。由"人民自己作出抉择并承担这些决定的大部分后果，这是贯穿着我国（指美国——作者注）大部分历史的制度。……这个制度所产生的财富主要来自发展新的产品和服务，来自生产这些产品和服务的新方法，也来自广泛分配这些产品和服务的新方法。由此给整个社会增加的财富，要比这些创业者积累的财富多许多倍"①。不仅仅是美国，主要资本主义国家的发展历史也能说明自由市场的正义性。"从绝对的意义上说，在过去两个世纪里西方国家所经历的非凡的经济增长和自由企业的利益的广泛分配大大减少了西方资本主义国家贫穷的程度。"② 所以，"自由主义哲学的核心是：相信个人的尊严，相信根据他自己的意志来尽量发挥他的能力和机会，只要他不妨碍别人进行同样的活动的话"③。

（二）弗里德曼论有限的政府

弗里德曼主张以负所得税制来解决贫穷问题，进而提高就业率。应以政府补贴而不是法定工资的方式来保障每个人的最低收入，他认为法定最低工资是错误且没有效率的。

在《资本主义与自由》（1962）第十二章《贫穷的减轻》中，弗里德曼具体阐述了这一思想。减轻贫穷的一个途径是私人慈善事业，但政府福利活动扩展会造成私人慈善活动的相应下降。对于政府，弗里德曼建议实施负所得税，认为这一安排向个人提供了最有用形式的帮助，即现金（在教育补贴、住

---

① ［美］米尔顿·弗里德曼、罗斯·弗里德曼：《自由选择：个人声明》，商务印书馆1982年版，第141—142页。

② ［美］米尔顿·弗里德曼：《资本主义与自由》，商务印书馆2004年版，第206页。

③ 同上书，第211页。

房补贴等方面，弗里德曼也是偏爱现金补贴，这也许是他一贯的立场），政府正在实施的各项方案往往显得非常浪费，而负所得税唯一的缺点只是政治上不大受欢迎，政客得不到政治利益。

虽然市场在提供经济自由、促进经济效率方面具有很强的优越性，但是，仍然存在一些市场本身所不能从事的事情，"自由市场的存在当然并不排除对政府的需要。相反的，政府的必要性在于：它是'竞赛规则'的制定者，又是解释和强制执行这些已经被决定的规则的裁判者。市场所做的是大大减少必须通过政治手段来决定的问题的范围，从而缩小政府直接参与竞赛的程度"①。弗里德曼反对无政府主义，肯定政府在维护市场自由方面的作用；但是，他提倡合法的政府是最小的政府，而不是功能更多的再分配政府。在这里，弗里德曼作了两点论证：

第一点，自由市场在某些方面对政府有需要。"因为，绝对自由是不可能的。不论无政府主义作为一种哲学具有多大的吸引力，但不完善的人们的世界里，它是行不通的。各个人的自由可能相互冲突。"② 具体说来，政府所具有的合理的功能是指决定、调解和强制执行游戏的规则，或者由于一些技术或类似的原因市场有困难而难以作到的事情，如垄断和近邻影响等。③ 也就是说，政府为自愿交换而组织的经济活动提供合理的前提条件，"通过政府为我们提供了法律和秩序的维护，以便防止一人受到另一人的强制行为，提供了自愿参与的合同的

---

① ［美］米尔顿·弗里德曼：《资本主义与自由》，商务印书馆 2004 年版，第 19 页。

② 同上书，第 31 页。

③ 同上书，第 33 页。

强制执行，提供了财产意义的定义，提供了对这种权力解释和强制执行的办法以及提供了货币机构"①。相反，如果政府不把自己的角色定位于规则的制定者和裁夺者，而是参加"游戏"，或者预先做手脚，或者修改游戏的结果，将会干预私人财产或价格。比如"支持政府行动的家长主义方面的理由在很多方面对一个自由主义者来说是最有问题的，因为，它涉及承认一个原则——即：某些人可以为别人作出决定"②。如果缺乏一个广泛、透明、精确的普遍行为规则框架，并通过公正的司法体系加以实施，市场经济就不可能运转。在某种合理的普遍行为规则框架下"每个人应该是他自己的统治者，只要不去干涉别人同样的权利。建立政府的目的是为了保护这种权利，使其不受其他公民或外界的威胁，而不是让多数人毫无约束地统治他人"③。而"一个自由社会政府的基本作用：提供我们能够改变规则的手段，调解我们之间对于规则意义上的分歧，和迫使否则就不会参加的游戏的少数几个人遵守这些规则"④。在人类经济活动的实践中，保留有限政府的理由就是协调个人自由之间的冲突，"决定政府采取适当行动的主要问题是如何解决不同个人的自由之间的这些冲突"⑤。维护和调整个人自由权利是有限政府存在的道德正当性。

　　第二点，政府功能的扩张会带来一些危害。在弗里德曼看

---

　　① ［美］米尔顿·弗里德曼：《资本主义与自由》，商务印书馆2004年版，第32页。

　　② 同上书，第39页。

　　③ ［美］米尔顿·弗里德曼、罗斯·弗里德曼：《自由选择：个人声明》，商务印书馆1982年版，第133页。

　　④ ［美］米尔顿·弗里德曼：《资本主义与自由》，商务印书馆2004年版，第30页。

　　⑤ 同上书，第31页。

来，"在某种程度上，政府是自愿合作的一种形式，是人们挑选出来达到某些目标的方法，因为他们相信，政府是实现某些目标的最有效的方法。然而，政府并不仅仅是一种选择。它还是一种机构，广泛地被认为拥有独断的权利，可以合法地使用强力或以强力为威胁，来使我们当中的一些人得以合法地强制另一些人"①。如果这种权力机构试图扩大自身功能而对经济生活进行广泛的干预，将会构成对自由的严重威胁。现代西方各国政府经常进行大规模的再分配，如"促成高度累进的所得税的人道主义和平均主义情绪也促成了大批旨在增加特殊集团的'福利'的其他措施。措施中最重要的一套是一批贴着使人误解的标签的'社会保险'"②。弗里德曼认为，"很难看出任何单纯地为了再分配收入而施加累进赋税的理由。这种赋税似乎是一个显著的事例来使用强制手段从某些人那里拿走一些东西，把它们给予别人，因而，和自由个人发生了正面冲突"③。这是一个方面。

另一方面，政府干预经济生活，不仅缺乏效率，而且也不会取得预期的效果。如凯恩斯主义的平衡器原理"在目前几乎已经被商人、专业经济学者以及一般人认为是理所当然的。然而，它不能被逻辑上的单独考虑证明是正确的，它也未被经验所证实"④。凯恩斯主义的干预经济的政策活动并"不是经济分析或数量研究所论证的结论"⑤。不仅如此，在财政政策

①　［美］米尔顿·弗里德曼、罗斯·弗里德曼：《自由选择：个人声明》，商务印书馆 1982 年版，第 31—32 页。

②　［美］米尔顿·弗里德曼：《资本主义与自由》，商务印书馆 2004 年版，第 191 页。

③　同上书，第 187 页。

④　同上书，第 86 页。

⑤　同上书，第 92 页。

以及在货币政策中，"即使我们抛开一切政治因素，我们的知识还不足以使我们能运用随意变动的税收或开支，把它们当作为灵敏的稳定机制"①。"政府参与经济活动不仅达不到抵消经济衰退等预期目标，而且给市场经济体系带来扰动和不稳定。平衡器原理的主要危害不在于它一向未能做到的抵消衰退，不在于它经常做到的把通货膨胀的倾向带入政府政策，而在于它继续不断地扩大联邦一级政府活动的范围，并且使联邦赋税的负担不能减少。"② 弗里德曼讽刺凯恩斯主义财政政策的实践效果说，"如果我们需要的只是工作，我们可以创造任何数目的工作——例如让人挖坑再填上，或者作其他无用的事。……（但是）我们真正的目的不光是要有工作，而且要有生产性的工作——那些意味着将有更多货物和劳务的供消费的工作"③。在弗里德曼眼里，凯恩斯主义只"是经济神话的一部分"④，而非实证性的科学。

　　弗里德曼在与夫人罗斯·弗里德曼（Rose Friedman）合著的《自由选择：个人声明》中写道："自由，是平等定义的一部分，并不与平等相冲突。"⑤ "同人身平等一样，机会均等与自由并不抵触。相反，它是自由的重要组成部分。"⑥ "结果均等的概念与前两个概念有着天壤之别。促进人身平等或机会

---

　　① ［美］米尔顿·弗里德曼：《资本主义与自由》，商务印书馆2004年版，第85页。

　　② 同上书，第83页。

　　③ ［美］米尔顿·弗里德曼、罗斯·弗里德曼：《自由选择：个人声明》，商务印书馆1982年版，第45页。

　　④ ［美］米尔顿·弗里德曼：《资本主义与自由》，商务印书馆2004年版，第92页。

　　⑤ ［美］米尔顿·弗里德曼、罗斯·弗里德曼：《自由选择：个人声明》，商务印书馆1982年版，第132页。

　　⑥ 同上书，第135页。

均等的政府措施增大自由，致力于'对所有人公平分配'的政府措施减少自由。"① 除此之外，他们还认为："'对所有人公平分配'是取代马克思的'各尽所能，按需分配'的新口号。"② "但更为重要的是'公平分配'或其前身'按需分配'的理想与人身自由的理想之间有着根本的冲突。"③ 他们最后得出结论："一个社会把平等——即所谓结果均等——放在自由之上，其结果是既得不到平等，也得不到自由。使用强力来达到平等将毁掉自由，而这种本来用于良好目的的强力，最终将落到那些用它来增进自身利益的人们的手中。另一方面，一个把自由放在首位的国家，最终作为可喜的副产品，但它并不是偶然得到的。一个自由的社会促使人们更好地发挥他们的精力和才能，以追求自己的目标。它阻止某些人专横地压制他人。它不阻止某些人取得特权地位，但只要有自由，就能阻止特权地位制度化，使之处于其他有才能、有野心的人的不断攻击之中。自由意味着多样化，也意味着流动性。它为今日的落伍者保留明日变成特权者的机会，而且在这一过程中，使从上到下的几乎每个人都享有更为圆满和富裕的生活。"④ 可见，弗里德曼夫妇认为，经济自由和政治自由是推动社会前进的源泉，而经济自由又是政治自由的必要前提。也就是说，有经济自由才能提高经济效率，有经济效率才能创造美国经济奇迹史，才能提高全社会的福利水平。因此，在收入分配方面实行效率第一的原则才是公平的，而政府强制实施的收入公平政策

①　[美]米尔顿·弗里德曼、罗斯·弗里德曼：《自由选择：个人声明》，商务印书馆1982年版，第138页。

②　同上。

③　同上。

④　同上书，第152页。

是不公平的。即使讲平等，也只能讲人身平等和机会均等，而不能讲收入平等。

四 哈耶克的经济自由主义政策主张中对穷人问题的探讨

弗里德里希·冯·哈耶克（F. A. Hayek，1899—1992）是20世纪经济自由主义大师，他的特点是从社会学、政治学、法学、伦理学、道德科学等广阔的领域来研究经济学。他一贯坚持经济自由主义立场，反对国家干预主义的理论和主张，也批评社会主义计划经济。

（一）哈耶克关于社会经济平等与自由的观念

哈耶克首先强调市场效率，反对利用国民收入的再分配来人为制造平等。哈耶克认为，平等虽然是值得争取的目标，但真正的平等是机会平等，而不是收入或财产的平等。在市场经济中，机会均等概念的实质与要义在于，人们在市场上应当能够自由地按照能找到的交易对手的价格进行买卖，任何人都能够自由生产、出售和买进任何可能生产或出售的东西，重要的是从事各种行业的机会应当按平等的条件向一切人开放，任何人或集团企图通过公开或隐蔽的力量对此加以限制，均不为法律所许可。

在哈耶克看来，所谓正义，始终意味着某个人或某些人应当或不应当采取某种行动；而所谓的"应当"反过来又预设了对某些规则的承认，这些规则界定了一系列情势，而在这些情势中，某些特定的行为是被禁止的，或者是被要求采取的。哈耶克的"否定性正义观"有四个要点：第一，正当行为规则要求个人在进行决策时只需要考虑那些他本人能够在理论框架中合理预见到的行动后果。第二，正当行为规则从本质上讲具有禁令的性质，其目的在于防阻不正义的行为。除了个人自愿承担的义务以外，正当行为规则只能够界分的具体所允许的行动的范围，而不得决定一个人在某个特定时刻所必须采取的特定行动。第三，正当行为规则应予防阻或禁止的不正义行动，是指对任何其他人确受保护的领域的任何侵犯。这就要求正当行为规则能够帮助我们确定其他人确受保护的领域。第四，正当行为规则只能通过一贯地把某项同属否定性的普遍适用检测标准适用于一个社会，通过接受任何这类规则而得以发展。

哈耶克的公正思想与他对自由的定义联系在一起。哈耶克还提出自己关于正义的认识，即正义首要的是保护自由，如果以正义的名义限制自由，那就是非正义，必将带来更大的不正义、更大的邪恶。任何一项结果只要是在遵守自由的前提下取得的，也就是说行为主体在追求自己的利益过程中没有采取如盗窃、欺骗等非法强制行为，那么它就是正当的。其造成的具体结果，比如贫者越贫、富者越富，并不违反自由原则。因为收入的高低、财产的分配是由匿名市场来决定，更精确地说，是由消费者的主观价值评判来决定的，它们的共同作用是引导各生产因素得到最优化利用。价格将指明哪些是最佳的运用方式。哈耶克的公平分配观以自由为基础，以效率为价值取向，从而认为市场结果最为公平，机会平等尤为重要。他认为，虽然在竞争制度下穷人致富的可能性比拥有遗产的人致富的可能性要小得多，但前者不但可能致富，而且也只有在竞争制度之下才能够单靠自由而不靠有势力者的恩惠获得成功，只有在竞争制度下，才没有任何人能够阻挠一个穷人谋求致富的努力。

哈耶克认为，平等作为一种社会目标，是应该努力去争取的。但是，这不能通过牺牲真正的"平等"来实现。强求平等的结果会适得其反，不仅损害了效率，也不可能获得真正的

"平等"。对此，哈耶克说："目前有一种流行的看法，认为我们应当基本上利用市场的调节力量，并且确实在很大程度上必须这样做，但是在它们极其不公正的场合，却应当去'纠正'其后果。当然，只要特定的个人或集团的收入并非取决于某种机构的决策，那么就不能把这种特定的收入分配说成是比其他场合下公正些。如果我们想使它大为公正，我们只能用一种组织代替完全自发的秩序来做到这一点，因为在组织中，每个人所得到的份数是由某种中央机构所固定的。换句话说，由特殊干预行动对自发过程中造成的分配状况的'纠正'，就一个原则同样使用于每一个人而言，从来不可能是公正的。"① 因此，哈耶克认为，只有个人的行动才可能是公正的，物品的分配不可能分什么公正不公正。"人们错误地使用了'分配'（Distribution）这个术语——在他们那里，'分配'这个术语必定意味着一个人格化的负责分配的机构的存在，而且也正是这个机构的意志或抉择决定着不同的个人或群体的相对地位。事实上，根本就不存在这样一种机构……（我们）用一个非人格化的过程来确定利益的配置问题。"②

在平等问题上，哈耶克赞成并发挥了罗宾斯的观点。罗宾斯认为，在平等问题上，应该区分开"机会平等"和"收入与财富的平等"的不同含义。他认为，"机会平等"是一个良好的目标，它有广阔的前景和丰富多彩的内容。虽然人们不想牺牲一切去争取它，但这并不意味着不珍视它，也不意味着不打算用一种不那么有破坏性的方式去努力实现它。哈耶克说：

---

① ［英］哈耶克：《法律、立法和自由（第2卷）》，劳特里奇和基根·保罗图书公司1976年版，第142页。

② 同上书，第131页。

"为了实现这一点（指实际的机会平等），政府必定会致力于至少提供给每一个人以同等的机会；政府在这些做法上越是有成就，那么以下这种合法的要求就会变得越激烈，即要求按照同一原则，必须撤除至今仍保存的障碍，或者采取对至今仍处于比较有利地位的人加上额外的负担的办法来补偿。这种做法将会持续下去，直到政府原原本本地控制了一切可能影响任何人的生活的环境。"① 哈耶克认为，文明进步的常识表明，一个发展迅速的自由社会比任何别的制度能更多地提高处境最差者的利益。罗尔斯主义的福利国家的再分配措施实际是要某一特殊利益集团（如处境最差者）获益更多；而"物品是带着人们对它们的种种权利进入世界的"②，再分配的政府福利行为势必因侵犯个人财产权利和个人自由而难以为继。令人担心的是，"现代工业社会有利于以更多'社会正义'的承诺进行再分配这个恶性循环的产生和存在。再分配在潜在的获取者和富有的人中间都很受欢迎，因此往往'能得到多数的支持'"③。这样看来，"福利国家的基本问题在于，它不能持久不衰，迟早会使福利和民主国家本身都走向崩溃"④。"法治国家的政治制度因公正地分配和再分配产品和服务这一不可兑现的承诺陷入不断增加的不满中，这最终会导致新的极权主义和债台高筑。"⑤

对于自由社会中所存在的报酬上的差异，哈耶克认为，

---

① ［英］哈耶克：《法律、立法和自由（第2卷）》，劳特里奇和基根·保罗图书公司1976年版，第84—85页。

② ［美］诺齐克：《无政府、国家和乌托邦》，中国社会科学出版社1991年版，第165页。

③ ［德］格尔哈德·帕普克主编：《知识、自由与秩序》，中国社会科学出版社2001年版，第201页。

④ 同上书，第199页。

⑤ 同上书，第188页。

"每个社会成员都享有某种自然权利或天赋权利（Natural Right），从其所属群体的收入中分享一确定的份额。虽说当今世界上的大多数人都从彼此的努力中获益，但我们却显然没有理由视世界之一切创造物为集体统一努力的结果"①。所以，社会成员所获报酬上的差异"乃是市场这种指导机制的一个不可分割的组成部分"②。对于收益颇丰的成功人士来说，由于获得巨额财富的"最有效和最重要的方式仍然是向那些最能提高劳动生产率的领域进行投资"③，所以，"不论这种成功是应得的还是偶得的，这种高收益都是把资源引向它们可以为社会总资产做出最大贡献的领域的一个要件。当然，所有的人都是从这些总资产中获得他们各自的份额。如果个人所取得的上述那种收入不视做是正义的，那么，我们也就没有那么多东西可以分享了，因为一如我们所知，正是个人所取得的那种高收入会激励他们对社会总资产做出最大的贡献"④，而对另一些在经济竞赛中失败或落后的人们来说，理智的态度应当是"当市场的结果对我们不利的时候，我们必须接受这些结果"⑤，而不应当有一种受到伤害的感觉。

　　哈耶克特别强调，市场过程不仅对成功人士有利，而且对提高和改善所有成员的生活前景都是有助益的。这是因为"财

---

　　①　［英］哈耶克：《自由秩序原理（上册）》，生活·读书·新知三联书店1997年版，第52页。

　　②　［英］哈耶克：《法律、立法和自由（第2卷）》，劳特里奇和基根·保罗图书公司1976年版，第161页。

　　③　同上书，第167页。

　　④　［英］哈耶克：《社会正义的返祖性质》，《哈耶克论文集》，邓正来译，首都经济贸易大学出版社2001年版，第189页。

　　⑤　［英］哈耶克：《法律、立法和自由（第2卷）》，劳特里奇和基根·保罗图书公司1976年版，第161页。

富产生的主要途径，既不是体力劳动，也不是单纯的节约和投资行为，而是如何把资源用于最具生产性用途的方面。毋庸置疑，大多数积累了表现为新型行业工厂等形式的巨额财富的人士，业已通过创造报酬较高的就业机会而造福了较多的人；如果这些富人不做这样的安排，而是把他们的剩余财富分给穷人，那么他们就显然不可能给这么多人带来持久的益处了"①。既然自由社会中成员报酬上的差异是市场过程使然，所以从道德上讲，"在人们因竞赛能够改进所有人的前景而进行这种竞赛的过程，只要所有的人都遵循相同的规则并且不施以欺诈，那么我们就必须把其间所产生的结果视做是公平的"②。

此外，哈耶克反对垄断和极权，他认为这是对自由的打击，其中，国家垄断比私人垄断对自由的打击更加厉害。他认为，竞争和正义很难有共同的地方，但是，二者中值得称赞的是，都不徇私情。他说："在一个竞争性的社会中，我们选择的自由是基于这一事实：如果某一个人拒绝满足我们的希望，我们可以转向另一个人。但如果我们面对一个垄断组织时，我们将唯他之命是听。而管理整个经济体系的当局，它将拥有多大的垄断权是可以想象得到的……它将不仅决定可供利用的商品和劳务是什么以及数量多少，而且，也将能够决定这些商品和劳务在各个地区和集团之间的分配，并且，只要它愿意，它也能在人们之间实行它所喜欢的任何程度的差别待遇。"③哈

---

① ［英］哈耶克：《法律、立法和自由（第2卷）》，劳特里奇和基根·保罗图书公司1976年版，第167页。
② ［英］哈耶克：《社会正义的返祖性质》，《哈耶克论文集》，邓正来译，首都经济贸易大学出版社2001年版，第188页。
③ ［英］哈耶克：《法律、立法和自由（第2卷）》，劳特里奇和基根·保罗图书公司1976年版，第69—70页。

耶克还认为，只有在竞争的制度下，才不会有任何人对穷人的致富努力加以阻挠。而在另外的制度下，政府为了公平而走上计划的道路，最终会造成由当权者确定人们状况好坏的结果。

（二）哈耶克对福利国家的认识

在哈耶克看来，福利国家的一些要素使自由社会更具吸引力，另一些要素则对自由社会构成潜在威胁。福利国家的诸多目标中，有些目标的实现无损于个人自由，有些目标虽无损于个人自由，但要以人们付出极大代价为前提才能实现。有些目标趋近于计划体制，例如福利国家的收入保障计划。福利国家的产生造成了对自由的威胁。在哈耶克看来，威胁之一便是由妒忌产生的平均主义。这种妒忌心理不愿接受较富者与较贫者的差别。资本主义社会中，私有制、劳动力市场及税收制度的存在，不可避免地造成了社会不平等现象的加剧，福利国家的出现在一定程度上虽缓和了这种不平等现象，却严重抑制了自由和竞争。因为尽管它们表现为纯粹的公共和社会服务活动，但事实上意味着政府在行使一种强制权力。福利计划的实现往往是以政府在某些特定领域内要求享有排他性权利为基础的。福利国家只有借助不利于自由的方法才能实现它的某些目标。哈耶克认为，福利国家构成了对个人自由的威胁，它以整齐划一的生活标准剥夺了个人在诸多问题上的选择权，使政府的权力大增，而个人的自由和责任却被日益削弱。福利国家纵容收入保障，而收入保障制度同样有损于自由。

（三）哈耶克对集体主义和"计划经济"的批判

在这里，哈耶克之所以要使用"集体主义"这一术语，是因为两个原因：第一个原因是"社会主义"这一术语往往被人在两种含义上使用：第一种含义是指社会主义者的最终目标，即社会正义、平等、安全等，对此，他并没有多大异议；

第二种含义是指社会主义者实现最终目标所采用的手段，即建立公有制，实行计划经济制度，由中央计划部门管理一切生产活动，对此，他坚决反对。由于"社会主义"一词的多义性，使他不愿意用这一名词来表述他所反对的经济制度。第二个原因是计划经济制度不仅被用于实现社会主义者心目中的目标，也可以被用来服务于其他各种收入分配上的非社会主义性质的目标。因此就有必要用一个专门的名词来表达为了实现任何一种分配目标需要的计划经济制度，哈耶克选择了"集体主义"这一名词。

哈耶克认为，集体主义在经济上是低效率的。在社会主义制度中，中央计划当局为了按合理的方式把有限的资源配置在无数个相互竞争的目标上，就要设法迅速求解由上万个方程组成的联立方程组。他强调，困难主要不在于这些方程的形式结构，而在于求解所需要的极庞大的资料、数据以及工作量，而实际上中央计划当局不可能具有求解方程组所必需的一切资料和数据，也不可能迅速地作出各种决策。因此，资源的配置将出现不合理的浪费现象，经济效率将低于市场经济。更有甚者，中央计划当局也可能作出严重失误的决策，使经济所受的伤害比资本主义的萧条更严重，而且这种伤害将被平均分摊给各社会成员。

哈耶克也承认，计划经济制度能比自由竞争更好地实现某些特定目标，也能够采用某些技术上非常先进，但在竞争制度下由于不经济而不会被采用的新技术。他认为，这些成就是计划当局不顾其他方面的需要，集中资源于这些特定目标的结果。它并不表明计划经济制度的成功，而是表明资源被错误配置、被浪费了。整个经济将由于这些目标的实现而降低效率。

哈耶克完全否认现代国家对经济社会必要的、适度的、合理的干预，甚至完全否定社会主义的合理计划与必要的宏观调控，这显然是走极端。哈耶克把反对国家干预经济生活、信奉经济自由的思想发展到了极致，这是不可取的。如将社会主义等同于希特勒纳粹主义（国家社会主义）、坚决反对社会主义与计划经济、完全否认国家对经济社会适度合理干预、对福利国家的不当批判等。哈耶克是始终坚持资本主义与市场经济的，且倡导政治上的民主。在他的一生中，对社会主义与计划经济的批判毫不动摇，他尤其对集权主义与集体主义深恶痛绝。但是，对于资本主义市场经济的现实运动过程，哈耶克的自由市场经济有时也无力解释其中的重大经济问题，当然更无力提供应对的药方。失业、生产过剩、增长停滞、经济危机这些始终困扰当代发达市场经济体制的问题，更多地被哈耶克视为文明进步的必要代价而不做科学分析，并予以回避。

五　J. M. 布坎南对自由与公平分配的分析

在公平分配问题上，布坎南认为，"注意力的焦点应该放在权利和要求的先于市场过程本身，而不应该放在社会产品的最终分配"①。与其他自由至上主义者一样，布坎南只承认存在权利正义。关于"公正"比赛的性质和"公正"的意义，"毫不为奇，契约论者对此的答案是……'同意'，'公正规则'就是在参赛者的特殊地位受确认前和在比赛本身开始之前，经参赛者同意的规则。……如果参赛者对它同意，这个规则就是公正的；而不是因为规则公正使参赛者同意。这就是

---

① ［美］J. M. 布坎南：《自由、市场和国家》，北京经济学院出版社 1989 年版，第 124 页。

说，同意限定公正，同意不包括某种客观决定的公正"。① "以公正标准说某人的财产'非正义'、某人的财产'正义'的任何人必定自以为有经济分析和统计资料解释的真正巨大的知识。"② 因此，他建议"我们见到的政治和经济中的分配模式所受多种多样的政府影响加以摘要节录，同时把目光对准市场过程和没有政府干预时产生的分配模式。这就是说，……要观察相当纯粹的市场结构，相当纯粹的市场比赛，这种比赛要在仅限于保护生命财产和执行契约的法律—政治结构中进行。用常用术语说，……将要讨论的是在一个权力最小的或保护性国家中市场经济内的分配"③。

　　布坎南借助罗尔斯的自由优先原则进行了论述。布坎南认为，罗尔斯的两个正义原则（第一原则——自由优先原则，第二原则——差别原则）是在理想的契约环境中被选择出来的伦理道德准则。布坎南不满意几乎所有的经济学家把注意力集中在罗尔斯的差别原则上，却忽视对第一原则的满足。布坎南着重指出，"罗尔斯小心地谈到，先要达到第一原则，然后再试图应用第二原则。不能满足第一原则的试验的制度必然不值得考虑，不管这些制度可能有的效率在外表上能推进第二原则中规定的目标"④。布坎南首先补充提出了一个平等对待准则，这是罗尔斯的第一原则中所没有涉及的。这个原则性的准则是指"对同样的人给予同样的待遇"⑤。就是说，每个人根

---

　　① ［美］J. M. 布坎南：《自由、市场和国家》，北京经济学院出版社 1989 年版，第 127 页。
　　② 同上。
　　③ 同上书，第 128 页。
　　④ 同上书，第 171 页。
　　⑤ 同上书，第 146 页。

据对他的基本才能和能力的鉴定得到与他能力相同的人一样的平等对待。这个平等对待准则"在要求'公正'的社会制度的任何规则中都是必要的因素，同时人们中间的概念化契约协议也往往能产生这样的原则。……（可以）把平等对待原则具体运用于分配的正义问题"①。这个平等对待准则只承认横向平等，而不承认纵向平等，如出发地平等。纵向平等实际上是"给弱者以有利条件"，或者是"给强者以不利条件"。②这是布坎南的平等对待准则不容忍的平等。

　　布坎南在补充了罗尔斯原则中尚未讨论的平等对待原则后，又试图提出符合自己理论需要的自由的定义。布坎南从自由的反面来为它下定义："个人可以无拘无束地进行一桩活动，只要他或她不是受其他某些人（不管是个人还是团体）强制做这桩活动。"③ 布坎南不同意阿马蒂亚·森用"可行能力"概念来说明积极自由，认为"个人是不是有能力或力量承担这个他完全无拘束地去承担的活动是性质不同的另一件事，把自由与能力或力量相等同，或者扩展自由的意义去包括这些性质只会使讨论混乱"。④ 在布坎南看来，消极自由的定义比阿马蒂亚·森之积极自由定义要优越，且范围更广泛。这个消极自由的含义中除了包含一般意义上的公民自由、经济自由以外，"可能还包括个人在现行政权中组织新政治实体的自由——脱离组织的自由。允许单独一个人或大小不等的联合起来的多数人同时退出集体财政账户的税

---

① 　［美］J. M. 布坎南：《自由、市场和国家》，北京经济学院出版社1989年版，第146—147页。

② 　同上书，第134页。

③ 　同上书，第172—173页。

④ 　同上。

收和福利双方，这样就要求他们能靠自己提供全部服务事业，包括法律秩序。这样一种内部退出的选择是正常考虑的一套自由的深有意义的增加。根据罗尔斯第一原则的理由，存在这种同等退出自由的社会显然比不存在这种自由的社会优良"①。

六　西蒙·库兹涅茨"倒U假说"对经济增长与收入分配不平等关系的探讨

在西方经济学关于公平分配的理论中，效率优先论占有重要的位置，而在效率优先论的研究中，相当一个时期里最有影响的莫过于美国经济学家、统计学家、1971年诺贝尔经济学奖获得者西蒙·库兹涅茨（Simon Kuznets）在其"倒U假说"（Kuznets Hypothesis）中对经济增长与收入分配不平等关系的研究了。库兹涅茨在其1955年发表的《经济增长与收入不平等》的论文中，借助于基尼系数，以少数富裕国家和贫穷国家在某一时点上收入分配的部分数据资料为依据，提出了"倒U假说"。该假说认为，在一国的经济发展中，由初期的收入分配比较平等开始，在其发展过程中，为了提高经济效率，收入差距的扩大是避免不了的，当经济发展到一定阶段，人均GNP达到一定程度后，收入分配才又重新趋于平等。这一收入分配的变化趋势用曲线表示如下：②

---

① ［美］J. M. 布坎南：《自由、市场和国家》，北京经济学院出版社1989年版，第174页。
② 陈迪平：《库兹涅茨收入分配假说与我国现实》，《江西社会科学》2004年第3期。

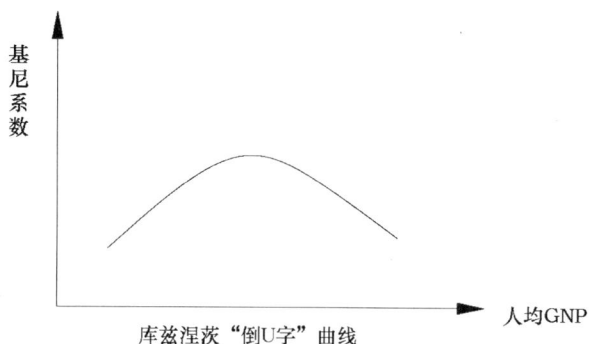

库兹涅茨"倒U字"曲线

库兹涅茨认为，在一国经济增长的早期阶段，许多因素会导致收入差距的扩大。经济增长必然需要大规模的投资，而高投资又是高储蓄的结果。一般来讲，在国民收入的分配中，低收入者的工资主要用于消费，而高收入者的利润则主要用于储蓄。因此，在这一阶段，经济增长客观上要求收入分配向高收入者阶层倾斜。在现代工业部门的成长过程中，大量人口会从农业部门流向非农部门，在其他条件不变的条件下，非农部门在经济中比重的上升将加剧收入分配的不平等程度。而且，在农业部门和非农部门内部也都存在着致使收入差距扩大的因素。此外，在经济增长的早期阶段，由于富人和穷人接受教育的机会和程度都有很大的差别，尤其是在基础教育还没有成为义务教育的时候，人们的就业水平又与其受教育程度具有很大的关联，因此，富人和穷人就业机会的不均等会使得富人越富，穷人越穷。在这个阶段，库兹涅茨认为，收入分配的不平等作为一种对高收入阶层有益的分配现象，对一国的经济增长有着突出的贡献。

但是，库兹涅茨指出，当经济增长达到一定的发达阶段，经济中会产生一系列其他因素以抵消上述因素的作用，使得收入分配日趋公平。他说，随着现代经济增长和工业化的推进，主要产业部门平均每个劳动力产值的差距会逐渐缩小，劳动力的结构也会发生变化，这在某种程度上可以缓和分配不公。而且，随着产业结构的转换、教育的普及和财产收入在国民收入中比重的下降，高收入者和低收入者之间的差距会越来越小。此外，伴随着现代经济增长的平等主义哲学对收入不平等起着持续的限制作用，现代社会普遍把政治平等、法律平等以及经济平等作为不断追求的公平目标。各国的政治干预、立法决策等都尽可能使经济机会均等，并尽力补偿由于社会和经济结构的缺陷所造成的弱者，以缩小不平等。

库兹涅茨认为，收入差距扩大与收入差距缩小这两种趋势贯穿于经济增长的整个过程当中，在经济增长的早期阶段，扩大差距的趋势占主导地位，在经济增长的后期，缩小差距的趋势占主导地位。为了说明这一假说的正确性，库兹涅茨还对英、美、德等国的历史资料进行了统计，最后得出结论：所有的发达国家的收入状况都经历了一个先恶化后改善的过程。

库兹涅茨的"倒 U 假说"对于发展中国家经济发展的政策含义在于：收入分配拉大是发展中国家的早期经济增长过程中的必然现象，是一个基本规律。随着国家经济持续的增长，这种扩大的收入差距能自动弥合，政府无须干涉过多。而且，在经济增长的初期，收入分配差距拉大是必然的，也是必要的。正是这种收入差距，促进发展中国家的经济增长。但是，这一假说却遭到了许多经济学家的责难，并怀疑支撑这一假说的经验数据的真实性和全面性，经济学家们认为库兹涅茨不仅把收入分配差距对经济增长的影响长期化，还掩盖了其所产生的制度根源和阶级根源。

第三章　西方经济学异端学派
对穷人问题的研究

在西方经济学中有一部分游离于正统学派之外的学派，他们一般都以"左"的姿态批判正统学派的观点，揭露现行资本主义制度的弊端和不良现象，这部分学派被称为西方经济学的异端学派。这部分学派的思想中包含着对正统学派观点的否定因素、变革因素，以及一些新思想的萌芽因素和肯定因素，因而往往构成为新旧西方经济学相互转化的过渡点或枢纽点。大量西方经济学文献说明，异端学派与正统学派思想的对立和转化是经济学说史上带有规律行的现象。面对资本主义社会中穷人状况恶化的现实，异端学派对资本主义制度进行了激烈的批判，他们指出社会改良政策无法从根本上解决问题，并提出了自己的一些观点和看法。异端学派的某些观点已深入到资本主义制度的剥削本质。

第一节　威廉·汤普森对穷人问题的研究

威廉·汤普森（1775—1833）是 19 世纪 20 年代工人运动中出现的最有影响的理论家之一，他的思想在工人运动中产生了极大反响，对工人运动的发展具有重要意

义。威廉·汤普森站在穷人的立场上对财富的公平分配
等问题进行了研究，提出了自己的平等主义和合作社会主
义思想。

一　威廉·汤普森的平等主义思想

威廉·汤普森的平等主义思想主要体现在他对财富分配原
则的研究中，这方面的主要著作有《财富分配原则的研究》
（1824）和《有酬劳动》（1827）。

汤普森认为，财富分配是社会各个成员能够获得多少愉
快和满足的最重要决定因素。他相信，随着个人财富的增
加，等量财富的增加将带来越来越小的愉悦。① 而且，如果
社会成员待遇平等，他们对愉悦的感受就会是相同的。② 汤
普森指出，"在与生产无关的所有人类活动事务中，公平分
配是正义的法则"③。然而，他却认为仅有一种不平等能成
立："没有保障——即被每个拥有劳动优势的人排他性占
有——劳动将不被提供。因此，在分配这种雇佣劳动物品
时，该物品称做财富物品，且仅在此情况下，公平必须受到
保障的限制，因为在任何其他情况下，公平与生产没有矛
盾。"④

---

① William Thompson, *An Inquiry into the Principles of the Distribution of Wealth Most Conductive to Human Happiness.* London：William S. Orr and Companry. 1850, p. 144. 转引自［美］亨特（E. K. Hunt）《经济思想史：一种批判性的视角（第二版）》，颜鹏飞总译校，上海财经大学出版社 2007 年版，第 130 页。

② 同上。

③ William Thompson, *An Inquiry into the Principles of the Distribution of Wealth Most Conductive to Human Happiness.* London：William S. Orr. 1850, p. 111. 转引自亨特（E. K. Hunt）《经济思想史：一种批判性的视角（第二版）》，颜鹏飞总译校，上海财经大学出版社 2007 年版，第 132 页

④ 同上。

汤普森对唯一非公平认可的描述与边沁相似，但是汤普森比边沁激进得多。边沁虽然看到英国的财富和收入分配远远偏离必要的公平程度，然而他认为现存的资本主义经济制度与财富和收入的公平分配是完全可以共存的。汤普森则强烈反对这种观点，他不相信资本主义制度会成为一个保障制度，即保障每个人得到其劳动成果。"目前对财富分配的制度安排，是以广大劳动者利益为代价，使少数人富裕而让穷人更加绝望的制度。"① 他指出，在资本主义社会中，"对财富占有的不平等没有边界，它变成了一种占支配地位的癖好：财富带来的高贵和所引起的嫉妒，使人们不择手段地去获取它。一切充满暴力和诡计的伎俩都能够被用来将别人的劳动成果据为己有。在这样的认知下，人们变成了无知、好斗的苦役。它形成了一种习俗或规则。普遍的、持续的资本家监督共谋……无处不在……使劳工们为可能得到的最低工资辛苦劳作。而他们的劳动产品却尽可能地变成了资本家的消费和积累。然而，资本家为了显示高贵，不是为了任何直接享受而像一个被高贵驱使的工具一样消费，这就是这些人的疯狂。成千上万的劳动产品被无止境地吞噬，来取悦这种虚渺的欲望。在这样的社会里，全部积累的财富都被集中到少数人手里。与周围的贫困形成鲜明对照，他们的巨额财富引人瞩目。那些从事生产的劳动者，没有资本，没有工具，没有住房，也没有生产资料供他们从事劳动。他们为需求，为获得生存的必需品辛苦劳作。他们得到的是最低工

---

① 　William Thompson, *An Inquiry into the Principles of the Distribution of Wealth Most Conductive to Human Happiness*. London：William S. Orr. 1850. p. xxix. 转引自 [美] 亨特（E. K. Hunt）《经济思想史：一种批判性的视角（第二版）》，颜鹏飞总译校，上海财经大学出版社 2007 年版，第 130 页。

资，却保持着勤勉劳作的习惯"①。此外，在资本主义制度下，资本家"对财富份额的过度占有产生了罪恶"②。它"引起（穷人）的嫉妒和幻想，富人的罪恶行为在社会中广泛传播"③。

汤普森认为，资本主义财产关系的结果是"资产阶级强制性地剥夺了至少一半归生产者所有的劳动产品"④。而且，资本主义天生动荡不安。这种不稳定性引起的萧条，造成了失业、经济浪费和广泛的疾苦。"社会一般需求和生活条件长期以来基本保持相同：食物、衣服、住所建筑的形式和风尚，虽然改变着，但是慢慢地……由此形成的生产本质和形式，当然地分享了这种稳定性……然而，对那些被称做过度财富的极端奢侈品的需求，却存在本质上的多变性……这种多变的急迫性，增加了对欲望物品的需求……这样自然引起许多人放弃一些产业，而去从事被更自由支付的新产业。然而，长此以往，由于对时髦休闲的病态追求，那些没有实际价值的玩物变得过时和不再新奇，不再被人喜欢。这种行当成为冗余，不久前还活跃非凡的，现在却几乎停滞。在巨大需求时所投入的固定和流动资本，必然在转产的过程中或多或少遭受损失……劳工们的工作愿望和能力仍和以前相同，但是，尽管并非他们的过错，就业机会不再。"⑤汤普森总结道，资本主义是一种不能避免剥削、堕落、动荡、苦难、古怪、贫富两极分化的制度。

---

① William Thompson, *An Inquiry into the Principles of the Distribution of Wealth Most Conductive to Human Happiness*. London：William S. Orr. 1850. p. 133. 转引自[美]亨特（E. K. Hunt）《经济思想史：一种批判性的视角（第二版）》，颜鹏飞总译校，上海财经大学出版社 2007 年版，第 130 页。

② Ibid., p. 145.

③ Ibid., p. 147.

④ Ibid., p. 126.

⑤ Ibid., pp. 155—157.

汤普森得出结论，在公正、竞争的交换社会"劳动的全部产品应该保证还给它们的生产者"①。这意味着资本所有者只能过着"与付出更大创造的工人们一样舒适的生活"②。如果实行这样的规则，在一代人时间里，所有的工人，要么单个要么集体地拥有自己的资本，享有劳动的全部成果。③

因此，汤普森认为，要使交换和谐地惠及所有交换者，必须具备两个重要条件：第一，要使工人自由而不是被迫生产，他们必须拥有自己的资本和生产资料。由于没有哪个工人会比其他工人实质上消耗更多资本，这样的社会在财富分配上会比资本主义实质上更公平，尽管仍然会有某种程度的不公平。第二，如果竞争是普遍有益的，那么所有对自由竞争的限制应该被废除。要废止所有诸类法律：限制和管制生产，在任何市场上建立或保持垄断优势，允许政府规范货币供给，或允许通过继承获取财富等。④

二 威廉·汤普森的合作社会主义思想

汤普森对市场社会主义（Competitive Market Socialism）进行了批判。他认为"个人竞争原则本身"存在其与生俱来的许多孽障。

首先，"市场社会主义是一种工人、工匠、商人，彼此都是相互竞争的对手"。而且，各类人都参与"第二层竞争，

---

① William Thompson, *An Inquiry into the Principles of the Distribution of Wealth Most Conductive to Human Happiness.* London：William S. Orr. 1850. p. 137. 转引自［美］亨特（E. K. Hunt）《经济思想史：一种批判性的视角（第二版）》，颜鹏飞总译校，上海财经大学出版社 2007 年版，第 130 页。

② Ibid.，p. 128.

③ Ibid.，p. 454.

④ Ibid.，pp. 250—253.

（他或她的行业）与公众之间的竞争"①。因此，"自私原则必然存在于所有的生活事务中"②。例如，在竞争的市场社会主义中，"疾病的存在和流行符合医生的利益，不然他们的生意会减少 10 倍或 100 倍"③。实行社会性的医学预防决不可能符合这些医生的利益。许多其他职业也会图谋创造或引起对他们产品和服务的强烈需求，来获得同样的利益，即使他们的产品或服务并不需要有利于社会。这种孽障在市场社会主义中是不可医治的。因为："个人报酬的……每一个环节都是与慈善原则相背离的。该制度对这种公关罪孽所能医治的唯一办法，是将个人竞争限制在同行业之间，以使其在小范围内发生而减少大范围内的罪孽……获取个人财富中的自我利益追求，导致了几乎所有孽障和罪行。这些孽障和罪行必然在某种程度上继续着，直到自我利益不再与他人利益相背离。"④　其次，个人追求财富会导致对妇女的制度性压迫。汤普森认为，这种压迫不但本身是一种罪恶，而且还造成了经济上的巨大浪费。在个人竞争的制度下，"动物性体力优势"与"知识和社会政治权利施加的不平等"必然将使妇女"持续地沦为（经济意义上的浪费）奴隶的隔离和艰辛境地……她们的全部行为都受制于他人，她们的活动和责任被限制于照料她们的主人和孩子的家庭生活之中……（而从不出现）在社会层面上"⑤。然而，这

①　William Thompson, *An Inquiry into the Principles of the Distribution of Wealth Most Conductive to Human Happiness.* London：William S. Orr. 1850. p. 259. 转引自亨特（E. K. Hunt）《经济思想史：一种批判性的视角（第二版）》，颜鹏飞总译校，上海财经大学出版社 2007 年版，第 130 页。

②　Ibid., p. 257.

③　Ibid., p. 259.

④　Ibid., pp. 259—260.

⑤　Ibid., p. 261.

纯粹是个人竞争制度，而不是天然性别差异的结果。在工业技术时代，体力很少成为更大生产力的来源，"妇女，如果受到同等教育……将成为与男性一样的生产力"①。在汤普森眼里，这种劳动平等是社会平等的必要前提。然而，它的实现需要一个合作和共同分享的社会，而不是以个人竞争的社会为基础。

再次，市场竞争会引起经济不稳定。汤普森认为，尽管社会主义能够铲除资本家任性的奢侈嗜好这个危机和萧条的根源，但是只要由竞争市场分配资源，就会产生经济不稳定、失业、浪费以及社会苦难。"在平等的保障下，每个人都拥有必要的体力和脑力，使其劳动具有高生产力；每个劳工也是资本家，这些众多的孽障无疑将消失。但是，只要竞争仍然存在，每个人必须自我判断他所从事的行当成功的可能性。他判断的途径是什么？每个在自己行当里干得好的人，都会隐藏起成功的秘诀，以免竞争减少他的得利。个人如何判断那些经常是遥远的、有时在另一个半球上的市场情况？那里是否对他意欲生产的那种产品供给过剩，或者有可能过剩？……假如有任何判断错误，他的产品就会滞销，他的生产因此不能带来收益。这将造成什么结果？仅一个判断错误……可能使之陷入严酷的困境，即使不是完全被毁掉。充其量，这种情况在个人竞争制度下似不可避免。"② 然后，市场社会主义不可能铲除许多资本主义因对市场依赖而形成的无保障因素。自由竞争社会孕育出来的自私和自我主义将带来"贫困……畸形，疾病，衰老，

---

① William Thompson, *An Inquiry into the Principles of the Distribution of Wealth Most Conductive to Human Happiness.* London：William S. Orr and company. 1850. p. 261. 转引自［美］亨特（E. K. Hunt）《经济思想史：一种批判性的视角（第二版）》，颜鹏飞总译校，上海财经大学出版社 2007 年版，第 130 页。

② Ibid., pp. 261—263.

或多起事故"①。最后，由于获取知识变成贪婪获取个人财富的帮手，所以市场竞争妨碍了知识进步和传播。"诚然，向竞争对手隐藏新的和先进的科学技术，必然伴随个人竞争……因为强烈的个人利益是与慈善之心相违背的。"②

于是，汤普森得出这样的结论："就竞争而言，市场社会主义是对资本主义的巨大改善，然而它对市场的依赖，仍会导致一些社会罪恶。他认为，社会的最好形式应该是一个有计划的合作的社会。这样的社会由共同合作、自我管理、合作社区组成。每个社区有 500 到 2000 个成员。在这样的社区里，人们可以免费从一个公共商店里得到生活必需品。儿童由公家照管，在公共宿舍里睡觉，成年人可以在小公寓里生活。设立供所有人使用的公共厨房设施。劳动不分男女性别。做饭、照料儿童以及其他妇女的琐碎劳动将由所有人轮流分担。所有人都具备各种职业技能，他们可以定期变换工种以消除工作的单调感觉。社区的每个成年人将定期参与协调和管理机构。每个人都能无偿得到最好的教育，保证绝对的政治、知识和宗教自由。总而言之，共同控制和分享所有的财富，使人们不再因财富分配而产生差别。"③ 汤普森关于有计划的、合作的社会主义社会的描述是历史上最早、最完整阐述社会主义思想的理论之一。

---

① William Thompson, *An Inquiry into the Principles of the Distribution of Wealth Most Conductive to Human Happiness.* London：William S. Orr. 1850. p. 263. 转引自［美］亨特（E. K. Hunt）《经济思想史：一种批判性的视角（第二版）》，颜鹏飞总译校，上海财经大学出版社 2007 年版，第 130 页。

② Ibid. , p. 267.

③ Ibid. , pp. 269—367.

第二节　托马斯·霍奇斯金的利润来源观 对收入公正性的探讨

托马斯·霍奇斯金（1787—1869）是和威廉·汤普森同时代的理论家。他的大部分著作和文章都是论及经济和政治问题的，而且观点较为激进，因此在当时的工人运动中产生了较大影响。他在最早的两本书里，公开指责那些因拥有财产而获取收入的不公正性。他在 1813 年发表的《论海军纪律》一文中写道，财产产生了"非公正和非公平的影响"①。因为财产"完全是……剥夺劳动者而送给游手好闲绅士的日常劳动成果"②。在 1818—1819 年期间，霍奇斯金写了《北德之行》，在该书中，他对资本家获取利润、地主获取地租现象提出了批评，"地主和资本家不生产任何东西。资本是劳动的产品，利润只是劳动产品的一部分，却苛刻地要求劳工们只可消费自己生产的一部分产品"③。

霍奇斯金将利润和地租视为"合法的抢劫"，他解释道，这是一个存在阶级区分的社会，在这个社会里，富人控制了立法程序，并因此可以永久施加他们的影响，获取财富，拥有权力："法律……是对那些毫无提防的人们设下的无处不在的陷

---

① Thomas Hodgskin, *An Essay on Naval Discipline, Shewing Part of Its Evil Effects on the Minds of the Officers on the Minds of the Men, and on the Community*. London: Hurst Robinson, 1813, p. 173. 转引自［美］亨特（E. K. Hunt）《经济思想史：一种批判性的视角（第二版）》，颜鹏飞总译校，上海财经大学出版社 2007年版，第 137 页。

② Ibid., p. 192.

③ Ibid., p. 97.

阱，是特殊阶级用来养肥自己、削夺他人的器物。"① "在立法者的眼中，财富仅本身具有万千魅力还不够，他们要赋予它多重特权。事实上，它现在已经占据了全部立法权，致使绝大多数刑法仅为守护财富而设立。"② 霍奇斯金指出，医治这种社会不公平的药方是取消政府和法律，"许多证据显示，目前存在大量的法律灾难。这个时代有一种病态的立法欲望，每个欧洲国家的法令全书都充斥着大量自相矛盾的法令"③。"他们索取财富的手段是合法地压迫劳工，使他们看起来如同慈善法令的缔造者，或福利社会的领袖。苦难的民族渴望慈善或福利。自然赐予每个人能满足自我需求的力量，她将成百上千的财富交到他们手里，并且没有使他们受制于和他们自己一样的一个或几个人。然而，我们的认识和知识只给我们自己的小圈子。那种让我们的力量和影响惠及更广的愿望，不仅愚蠢而且荒唐。我们只会首先将他们判罚到不幸的境地，然后对着这些不幸发泄我们的高兴。这时一种使用得再频繁不过的伎俩：一个阶级的勒索加上立法者的辅助创造了贫穷和苦难，而正是这些创造了贫苦的人，有时却如此焦急地要减轻苦难。慈善和一无所有共同制造了一部分人压迫和统治他们的同类这个事实。自私的信条确实充满仁爱和智慧。没有那种情感如同这种带着关爱进行咒骂的慈善值得寻味。"④ 霍奇斯金认为，资本实质上

---

① Thomas Hodgskin, *An Essay on Naval Discipline, Shewing Part of Its Evil Effects on the Minds of the Officers and the Minds of the Men and on the Community.* London: Hurst Robinson, 1813, p. 27. 转引自［美］亨特（E. K. Hunt）《经济思想史：一种批判性的视角（第二版）》，颜鹏飞总译校，上海财经大学出版社 2007 年版，第 137 页。

② Ibid. , p. 228.

③ Ibid. , p. 466.

④ Ibid. , pp. 107—108.

是一种社会关系，是一个阶级的强权对另一个阶级生产成果的掠夺。他指出生产方式的私有权是自然注定的，现有的非自然财产所有权形式与那些自然和公正财产权形式之间的区别，是他最后一本书的论题——1832 年出版的《自然的和人为的财产权之对照》。他写道："自然赠予每个人他自己的劳动成果，就像给了他自己的身体一样。"① 资本，仅就"生产出来的生产财富"这层含义而言，它既是过去劳动的产品，也是目前和未来劳动的必要辅助。正因为如此，资本的自然所有权应该归生产出它、又用它来进行生产的劳工。那种非生产者占有资本的所有权形式，被霍奇斯金视为非自然所有权，是绝大多数社会问题的核心。任何允许占有一部分不是其生产的财产，即不劳而获所有权的法律都是非自然的。霍奇斯金嘲骂现存的财产权的辩护者们道："他们当成自然的、无须顾虑的财产权，仅仅是由那些法律制造者建立和执行的法律……长期以来，这种制造法律的权力是授与那些人的，而且他们的子孙仍然有这种既定权力。他们不懂生意只知道战争，不懂得手艺只知道抢劫和掠夺……欧洲现在的立法者就是这些人的后代——他们只看重他们自己的观点和习惯，按他们自己的原则行动。他们不熟悉任何财富创造艺术，而靠掠夺别人的产品生活。自然没有赐予他们任何财产，他们拥有的一切是用武力从那些自然赐予了财产的人们那里掠夺来的。"②

　　霍奇斯金认为，理想的社会是一个不可能存在不劳而获

　　① Thomas Hodgskin, *The Natural and Artificial Rights of Property Contrasted* . London：B. S. Fabernoster Row, 1832, p. 28. 转引自［美］亨特（E. K. Hunt）《经济思想史：一种批判性的视角（第二版）》，颜鹏飞总译校，上海财经大学出版社 2007 年版，第 137 页。

　　② Ibid. , p. 32.

所有权的社会。只有那些劳动者才能获得资本，且只拥有那些帮助他们从事个体生产活动的资本。[①] 在这个理想的社会里，所有的生产都是为市场交换进行的。霍奇斯金对自由市场的辩护与汤普森一致，他们的观点都简单地建立在这个观点上，即自愿交换的双方，都从交换中得到了较其失去部分更大的效用。他提出取消一切对供给和需求的限制，无论是来自政府、个人还是团体的。因此，与汤普森的"个人竞争保障制度"一致，霍奇斯金所认为的理想社会是没有资本家的竞争资本主义。

第三节　激进政治经济学派对穷人问题的研究

西方激进政治经济学派（Radical Political Economics），又称持异见经济学派（Economics of Dissent），在某些场合下也被人们叫做"新左派政治经济学派"（the New Left—Wing Political Economics），是资产阶级正统经济学说的反对者和资本主义制度的反对者，其思想也属于西方经济学说中的一种较为激进的"极端"或"异端"经济思潮。抨击资本主义制度造成的罪恶及运行机制的弊端是激进政治经济学派学说的主要特点，因此，其研究所涉及的贫困、不发达等问题值得关注。

一　贫困理论

人力资本理论是正统经济学家针对贫困问题提出的重要理

---

① 这种观点在霍奇斯金的后三本著作里都有表述：*Labour Defended*, pp. 86—105；*Popular Political Economy*, pp. 243—257；*Rights of Property Contrasted*, p. 101。

论，它是从所谓"平等的"工资决定机制的角度来解释贫困的不平等的。这种建立在人力资本理论基础之上的"工资水平差异论"的辩护性在于：它强调收入差异和贫困是合理地基于每个不同的劳动技能之上的，它与先天的禀赋和后天不充分的教育和培训有关，与资本主义制度无关。

（一）双元劳动市场论（Dual Labor Market Theory）

激进政治经济学家们提出了双元劳动市场论（Dual Labor Market Theory），用以对抗正统派的人力资本理论。其代表人物有：赖特·巴基、克拉克·克尔、约翰·邓洛普、迈克尔·皮奥里、彼得·多林格、戴维·戈登、理查德·爱德华兹和迈克尔·赖克等人。在他们看来，人力资本理论是基于传统的新古典主义经济学的自由竞争及边际生产力的基本假设以及均衡分析的方法，由此引出关于"单一工作市场"的假设，劳动力自由流动和劳动力过剩与短缺自我补偿、自我均衡机制的假设。而这种假设不符合充满自由流动障碍的资本主义劳动市场的现实。与此相反，现实劳动市场的特征是有限的流动性，同等人力资本的不等报酬，持续的各种形式的劳动力剩余与短缺。他们指出这是因为现行劳动市场是一种不完全不纯粹的竞争市场，这归因于愚昧、缺乏流动性、工会及企业和企业协会的垄断权、资本家政府对财政政策到劳动法的干预、国际障碍，以及多元的被分割的劳动市场。

正统派的单一自由流动市场被激进派分割为两大市场，并进一步发展成三大市场模型。第一市场的"上层"，由高科技的、职业性的、经理性工作组成，这些工作包含了工作行为准则的内在尺度；第一市场的"下层"，由高收入的工作组成，包括在详尽的工作规则和行政程序下从事的常规性工作；低收入的第二市场，在那里，工作具有严格的人身监督，并且从本质上讲是非常规性的。与三种划分相对，并列了三大阶层"亚文化"形式：中等阶层、工作阶层和低收入阶层；而每一亚文化形式都对待定劳动力市场部分的工作有"支持力"，使每一个分割的劳动力市场都具有稳定性和常规性，因而丧失了劳动的自由流动性。激进政治经济学派以此击碎了人力资本赖以成立的一系列假设，把贫困的根源引向制度因素和结构因素。

（二）产业分割论（Industrial Segmentation Theory）

这个理论是由激进政治经济学家巴里·布卢斯通、霍华德·瓦赫特尔和兰德尔·霍德森提出的，由于这一理论的提出，使双元劳动市场理论更加系统化。

他们对人力资本模型和双元劳动市场模型作了对比研究。人力资本模型有四个特征：（1）工人们能够并且确实能从一个工作换到另一个工作，以使其收入最大化；（2）可观察到的收入水平的不同只存在于人力资本不同的情况下；（3）一个工人的人力资本越多，他的收入也越多；（4）具有相同人力资本的工人的工资是相同的。无疑，这种劳动力自由流动的单一劳动市场是经不起实践检验的。

双元劳动市场模型也有四大特征：（1）工人不能从一个工作（市场）换到另一个工作（市场）而去实现收入最大化；（2）即使人力资本相同也可能存在明显的收入水平的差异（在分割的劳动力市场中）；（3）较多的人力资本不一定必然引致收入的增加，因为个人缺乏流动性来找到那些最能充分实现他们人力资本价值的工作；（4）不论在市场内或者是两类市场之间，具有相同人力资本的工人可能收入不同。这种模型表明存在着相互分割的多元劳动市场，而每一市场中不同的个人相互竞争。无疑，这种市场存在着阻碍劳动力自由流动的机制或制度因素。

并且，他们还进而详尽分析了影响劳动力自由流动，从而形成产业分割局面的阻碍因素。一是流动性的个体障碍：不充足的教育，不充足的培训和技能，工作表现不可靠的历史记录，地理流动的无效性，职业流动的无效性；二是流动性的产业障碍：雇佣与工作中的种族歧视，雇佣与工作中的性别歧视，进入的工会障碍，完全以教育水平作为决定工资的手段；三是流动性的社会障碍，即地理迁移的高费用，自由流动的个人风险，高的总失业水平，种族歧视，性别歧视，劳动市场信息的缺乏。

霍华德·瓦赫特尔是激进的双元劳动理论的集大成者，并构筑了关于贫困一般理论的基本框架。他力图运用马克思主义的观点，探讨了关于贫困的三个制度性决定因素：社会阶级结构、劳动市场和政府，而贫困被理解为资本主义社会这些制度性因素正常作用的结果，并且主要是这三个制度性因素相互作用的结果。或者如布卢斯通所概括的那样，贫困是资本主义经济制度非均衡发展、特别是资本主义高级阶段寡头垄断和竞争相互作用的结果。

在他们看来，社会阶级结构这一制度因素意味着资本家拥有生产资料所有权，因此与贫困无缘，因为资本所有者靠股票和债券获利，而不必被工作能力和技能所限；生病和年老并不构成对资产阶级生计的直接威胁。而恰恰相反，工资劳动者则严重依赖他们持续的健康和技能，生病、怀孕、残疾、缺少流动——总而言之，任何降低工资者工作能力的因素——都可能导致收入的消失和向贫困地位的转移。第二个制度因素即劳动市场结构的层次化。六类贫困人员（老年穷人、城市工作穷人、失业者、病残患者、农村工作穷人、以妇女为首的单亲家庭）构成以低工资和随时解雇为特征的第二市场的总和。他们不可能向具有高工资、高效率特征的第一市场转移。政府是第三个制度因素。政府应对贫困的形成和加剧负有不可推卸的责任。从广义上讲，政府资助有钱的企业家，有产者和养家糊口者二者之间，仅规定很小的税收差别；从狭义上讲，政府行为至少是三类贫困人口（城市工作穷人、老年穷人、农村工作穷人）加剧贫困的重要因素。激进政治经济学家的结论是：这三大社会制度因素的联合作用，使贫困根深蒂固；并且，现行的资本主义经济制度、政府机构和私人财产所有权体系是不断地产生和复制贫困的根源。

激进派的贫困理论不仅批判了正统派的人力资本理论，并且批判了所谓加强劳动的自由流动会消除贫困的观点。理由在于增加劳动力流动性的努力本身并不能导致贫困的消失。自由流动仅能导致这样一种情况：那就是种族和性别不再构成工作进入的障碍，并且好的工作将有可能给予那些拥有较多知识、较高技能的人们。但是，大量的低工资部分并不会减少，贫困并不会根除。更确切地说，贫困只是实现了在种族上、性别上的平等。并且他们还对美国政府应对贫困问题的政策措施进行分析批判，强调要解决贫穷问题，就必须改变社会制度或调整阶级关系以及工人阶级内部的"等级分化"情况。激进政治经济学家的贫困理论尽管有某些缺陷，但它确实在许多方面击中了正统派贫困理论的要害，以至于保罗·阿特韦尔在《60年代以来的激进政治经济学》（1984）一书中，强调指出："这一理论显著的成功应被认为是马克思主义对资产阶级对手的胜利，是向建立学术霸主地位迈进了关键的一步。"激进政治经济学派关于贫困问题的代表作有瓦赫特尔的《激进派视野中的贫困问题》

（1971）、《美国资本主义和贫困：反论抑或矛盾？》（1972）、皮里奥的《双元劳动市场》（1970）、多林格的《国内劳动市场的人力资本分析》（1971）、布卢斯通的《有工作的穷人》（1968）、《低工资产业和工作穷人》（1968）和《低层经济：劳动力市场和工作穷人》（1970）、爱德华兹、赖克和戈登的《劳动市场分割》（1978），以及阿特韦尔的《60年代以来的激进政治经济学》（1984）等。

二　不发达理论

（一）关于不发达的性质问题

大多数研究不发达经济问题的正统经济学家都认为，目前不发达国家普遍存在的劳动生产率低下，人均收入不高，技术设备落后，居住、卫生、教育等条件差的不发达状况，是一种相对于发达资本主义国家的落后现象。他们认为这种不发达的状况是任何国家都必须经历的一个历史阶段，即初始阶段。例如罗斯托无视不发达国家的过去而信心十足地预言它们会有一个类似于富国的未来。罗斯托等正统经济学家把不发达国家列为"传统社会"的假设论据，遭到了激进政治经济学家的激烈批判。

大多数激进政治经济学家则认为，不发达国家的过去和现在同目前发达国家的过去相比较有重大的相似之处，今天不发达国家的社会和经济方面的不发达状况，既不是原始的，也不是传统的。目前的发达资本主义国家虽然在过去经历了一个未发展的阶段，但是绝没有经历过不发达状态的阶段。如果按照传统的经济学家的解释，那么，当前不发达国家的落后状况，完全是不发达国家自身经济、政治、社会和文化特点或结构的产物，造成这种不发达的责任就不能归结于任何国家或阶级。

激进政治经济学家尖锐地指出："传统发展经济学只不过重申了殖民主义的观点，不发达是一种自然现象。"① 一些激进政治经济学家从研究发展中国家的历史和现状中看到，当今处于不发达状态的国家正好大部分是过去的一些殖民地或附属国，它们的不发达状态正是不发达的卫星国和现在发达的宗主国之间过去和现在经济、社会、政治关系的历史产物，而这些关系也正是世界资本主义制度整个结构和发展模式的一个重要组成部分。因此，他们认为："与国际上发达和不发达之间的关系相类似的是，不发达国家中所谓的国内落后或封建地区的现代不发达体制，同所谓的更加进步地区的资本主义体制一样，都是资本主义发展同一历史过程的产物。"②

（二）关于不发达的根源问题

关于不发达的根源问题，正统经济学家比较一致的看法是，不发达国家的贫困落后状态是由于他们进入了无法摆脱的"贫困恶性循环"的陷阱之中。例如，纳克斯的"贫困恶性循环"理论、纳尔逊的"低水平均衡陷阱"理论、莱宾斯坦的"临界最小努力"理论等，他们都认为，发展中国家之所以穷，就是因为穷。激进政治经济学派批判正统经济学家不顾历史的变化和不发达国家与发达国家之间特殊的政治经济关系，把发展中国家不发达的根源归咎于不发达国家自身的观点，他们从世界范围内资本积累的角度出发，提出了"中心外围论"和"不平等交换论"，以此来揭示不发达的根源。他们的主要论点有：

---

① ［美］杰弗里·凯：《发达与不发达：马克思主义的分析》，麦克米伦出版社1975年版，第3页。

② ［美］威尔伯主编：《发达与不发达问题的政治经济学》，中国社会科学出版社1984年版，第147页。

1. 巴兰认为，落后的资本主义国家之所以不能沿着人们在其他资本主义国家历史中熟知的资本主义发展道路前进的原因在于：首先，发达资本主义国家出于攫取剩余和吸取剩余的双重目的，对弱小的前资本主义国家推行帝国主义政策，阻止其资本原始积累和工业化进程，并迫使它们从属于不平等贸易关系和重组适应其需要的经济结构，最终将不发达国家的经济剩余流向发达国家。巴兰强调指出，发达国家的发展正是在牺牲不发达国家的政治经济独立和发展的情况下取得的，不发达国家始终代表着高度发达的资本主义西方不可缺少的"穷乡僻壤"。其次，不发达的根源还在于不发达国家对于自己保有的少量经济剩余利用不当，而这又是由其社会经济结构所决定的。巴兰认为，不发达国家的社会经济结构是由巨大而落后的农业、规模小的工业部门（包括一定数量的涉外资本控制的企业）和大规模的商业部门所组成，它的各个部分都起着阻碍经济发展的作用。而不发达国家无论是殖民政府、买办政府还是"新政"政府任意处置和浪费剩余，或者因其力不从心，均不能有效地支持本国经济的增长。

2. 阿根廷经济学家劳尔·普雷维什（1901—1986）最早将世界经济体系划分为"中心"和"外围"两极，一极是繁荣富足的工业发达资本主义国家；一极是持续贫困的不发达国家。"中心"国家在经济上处于对外扩张和利用"外围"国家的姿态，"外围"国家则处于受限制和受挤压的态势，"中心"和"外围"是不平等的关系。"外围"国家本身也建立在不平等的基础之上，而不平等的根源就在于，那些集中了大部分生产资料的人们将经济剩余攫为己有，因而"外围"国家内部也充满了矛盾，其中包括经济进程与民主进程的矛盾。由于"外围"国家对"中心"国家具有政治、经济技术方面的依附性，最后形成"中心"国家日益发达、"外围"国家则无法摆脱不发达状态的经济格局，而且"外围"国家越来越成为"中心"国家发达资本主义发展的一种不可缺少的补充。

3. "外围"国家资本主义形成的历史上，激进政治经济学家们认为，"外围"资本主义的模式是从外部引进来的，是"中心"国家通过殖民统治和在政治经济上的优势地位强加给他们的。在"中心"国家里，资本主义是通过资产阶级联合本国其他阶级发动革命，在摧毁封建制度的基础上发展起来的，尽管在一段期间内还存在封建残余，但资本主义生产方式占据主导地位。相反，在"外围"国家，"由于西方殖民的影响和资本主义中心的经济统治，在外围并没有发生过堪与资产阶级革命相比的事件"。"外国资本家和他们的当地同盟者并没有促进'外围'的资本主义社会生产关系的发展。反之，他们一般喜欢把前资本主义关系结合到外国资本所统治的国际交换体系中去。资本主义就是这样利用——在许多情况下是帮助建立——以奴隶制、债农奴制、契约劳工及其他各种形式的非自由劳动为基础的前资本主义劳动制度"。① 这样，"外围"资本主义的发展一般会受中心资本主义国家的垄断以及受封建主和买办资产阶级的支配。

4. 在"中心"与"外围"的结构中，造成"外围"资本主义不发达的机制是不等价交换以及由此引起的价值转移。"中心"的经济结构具有同质性和多样化的特征，"外围"经济结构的特点则是异质性和专业化。异质性表现为劳动生产率显著不同的生产活动同时并存，一边是较高劳动生产率的出口部门，另一边是劳动生产率特别低的温饱型农业。专业化特征

① ［美］威尔伯主编：《发达与不发达问题的政治经济学》，中国社会科学出版社1984年版，第189—191页。

则是因为出口部门集中生产少数初级产品，其特征是生产被限制在"外围"经济结构的"飞地"之内，与其他经济部门的联系十分有限。"外围"国家的失业问题与结构异质性相联系；而收支差额的平衡和贸易条件恶化问题则与过度专门化相联系。二者一起造成了"中心"国家和"外围"国家间收入差距的日益增长。

5. 劳尔·普雷维什在分析"中心"国家和"外围"国家之间的贸易格局时，批判了建立在李嘉图比较成本学说基础上的传统的国际贸易理论，认为比较成本学说掩盖了"外围"国家贸易条件、贸易利益不断恶化的趋势。普雷维什指出，在"中心"国家和"外围"国家贸易的过程中，由于初级产品价格低，收入弹性小，制成品价格高，而"中心"国家倾向于用技术进步来节约原材料，从而降低成本价格，这样，"外围"国家的贸易条件将呈现结构性的恶化趋势。解决的办法只能是转变生产结构，关键是实现工业化，提供出口价格弹性高的出口制成品。

6. 希腊经济学家阿吉里·伊曼纽尔提出了不平等交换理论，试图运用马克思主义的劳动价值理论和生产价格理论，用国际生产价格公式来分析发达国家与不发达国家在国际贸易中的不平等交换关系。伊曼纽尔在其主要著作《不平等交换：对帝国主义贸易的研究》（1969）一书中，以论战的形式批判了资产阶级的自由贸易学说和比较成本理论，详细论证了国际贸易的不平等交换，以及价值从落后国家向发达国家的转移过程，强调工资差异和剩余价值的不均衡是形成国际剥削的主要原因。伊曼纽尔的努力为解释不平等交换和国际剥削等问题开辟了一条新思路。伊曼纽尔的《不平等交换》一书的基本观点是：资本可以在国际间自由流动，劳动要素则不能在国际间自由流动，这是两个基本前提或者假设；"资本的竞争性"会导致利润率的国际平均化，而"劳动要素的非竞争性"则形成不均等的工资水平和剩余价值率。发达国家与不发达国家之间，工资水平的差异超过劳动生产力水平的差异，不发达国家由于工资水平低下，所以，其剩余价值率高于发达国家的剩余价值率，由此产生的商品价格（作为独立自变量的工资水平在国际贸易中决定作为因变量的价格），导致国际贸易中的不平等交换。也就是说，工资的差异是不平等交换、富国剥削穷国（即价值无偿转移）以及依附产生的主要原因。伊曼纽尔认为，狭义的不平等交换理论是对马克思的价值、生产价格、有机构成理论及国际贸易理论的修正和发展。但是，这种观点却引起了 20 世纪 60 和 70 年代的有关论战，推动了马克思的价值理论和生产价格理论在国际上应用研究的发展。

7. 萨米尔·阿明是鼎盛时期的依附理论的集大成者和主要代表人物。他对以"中心"、"外围"结构为基础的"依附论"作出了重要的补充和发展，把关于不发达问题的研究成果进行了大综合，形成了一个有一定创见性的有机整体。

阿明指出，人们总是把"不发达"看作是一般的"贫穷"，把"不发达"国家看成是处在发展早期阶段的"发达"国家，也就是说，人们总是在回避问题的本质，即"不发达"国家属于世界体系的一部分，它们曾经有一个被纳入这一体系的历史过程，这形成了它们的特殊结构，而这个特殊结构已经使得这些国家同其被纳入现代世界之前时的结构大相径庭了。因此，阿明认为，对不发达理论的研究如果还萎缩在"社会学"折中主义里面，那么这种理论实际上等于后退了一步。他认为，在研究不发达国家剩余的内容、形式及其用途的时候，问题的实质在于，剩余的形式及其用途取决于外围形态的性质，取决于外围被纳入世界资本主义体系的机制。

他将"外围"资本主义的发展划分为早期的殖民主义阶段、后期的新殖民主义阶段和第三阶段加以研究。阿明认为，在早期阶段，"中心"与"外围"的技术差距不大，因此占统治地位的中心资本必须直接控制它所推动的现代化部门，并辅之以政治控制手段，扶植一批"大庄园买办资产阶级"。在后期阶段，技术差距扩大，可以在不控制投资和不进行直接干预的情况下把"外围"纳入其世界体系，民族资产阶级和小资产阶级将取代买办资产阶级成为政治上独立的统治阶级。这种所谓的外围型"国家资本主义"或"第三世界社会主义"并未取得真正的独立，实际上是一种更高形式的依附或高级不发达的主要形式，并未改变"中心"（霸权）—"外围"（依附）的两极对立格局，仍然是帝国主义统治的"传送带"。① 他的结论是："外围"资本主义的"自发发展"不能在资本主义制度的框架内创造超越自身的条件，不可能向发达的自主的"中心"资本主义模式转化，最终"依附性外围发展的深化所走的道路在将来会构成高级不发达的主要形式"。② 至于"外围"发展的第三阶段，阿明认为，"外围"不会出现一种成熟的、自主的资本主义前景，它在客观上必然要以社会主义的方式同资本主义体系决裂，真正走自力更生的道路，建立一种新的国际经济秩序。他还预言："在资本主义已经具有全球性并在全世界规模上组织生产关系的情况下，社会主义只能在世界范围出现。"③

在阿明看来，当代的全球化资本主义不再是人类追求个人

---

① ［埃］萨米尔·阿明：《不平等的发展》，商务印书馆1990年版，第326、297页。

② 同上书，第326页。

③ 同上书，第326、329页。

和集体解放的适当框架，无论单个的资本主义国家还是整个资本主义世界都是如此。资本主义不仅是一个以剥削工人（尤其是工人阶级）为基础的体系，而且已经成为全人类的敌人。现代帝国主义不能为广大亚非拉地区的绝大多数人提供任何东西，帝国主义的继续发展可能只是让少数拥有特权的群体受益，在某些情况下还导致其他群体（尤其是占人类将近一半人口的农民）的严重贫困。为扩大现有的富豪统治地位而强行开放新领域——公共服务部门（教育、医疗等），以及对满足基本需要的生产（水、电、住房、交通等）实行私有化，结果总是导致不平等的加剧和大众阶层的基本社会权利被破坏。

因此，阿明指出，必须视资本主义为一种"过时的"世界体系，尽管它表面还在成功地扩张。为了保卫人类，就要根据一些不同于支配全球化的资本主义/帝国主义的积累和再生产原则采取措施。这就是社会主义的原则，也就是说，只有使这些国家成为真正的社会主义国家，才能具备在现代化世界中充分发展和充分参与的条件，才能把世界组成一个统一的、消灭了不平等的整体。阿明对将来的发达社会主义世界作了一个设想。他认为，社会主义不能建立在国内市场基础上，也不能建立在世界市场基础上。同样，国际劳动分工（或地区劳动分工）也不能建立在市场的基础上，因为市场必定突出不平等。在国家尚未完全消亡之前，专业化应该建立在十分平等的基础之上。

对于"中心"与"外围"之间的不平等交换到底是资产阶级国家和无产阶级国家之间的斗争，还是世界范围的阶级斗争的问题。A. 埃马纽埃尔认为，富国与穷国的矛盾代替了资产阶级与无产阶级之间的矛盾。而 C. 贝特兰坚持不同意这种替代的说法。他认为，"中心"国家的劳动报酬水平之所以高，主要不是来自对外国的剥削，而是由于"中心"国家的发展水平更加先进。阿明反驳道，在生产率相同的情况下，不平等关系加剧了劳动报酬的不平等。可是对这一点，贝特兰予以了否定，他甚至声称，在发达的资本主义国家中，剥削率更高。而阿明指出，这是完全不正确的。因为"外围"国家的出口不是来自生产率低下的传统部门，而是大部分都来自高生产率的现代化部门，在这些关键部门，生产率虽然与"中心"国家一样，但劳动报酬却比"中心"国家低，这是因为外国资本享受着"外围"资本主义形态中"劳动市场"的特殊待遇。较高的剩余价值率，同等的生产率，世界范围的利润率平衡趋势，这些都决定着价值由"外围"向"中心"转移。贝特兰只是从一国范围去分析阶级斗争，把世界资本主义体系看作仅仅是各个国家资本主义体制的简单并列。实际上，阶级斗争不仅在一国范围内进行，而且在世界资本主义体系内进行。阿明认为，资本主义已成为一个世界体系，而不是各国资本主义的简单总和。因而，反映这一体系特点的诸多社会矛盾带有世界规模，即矛盾不是孤立地发生在每个国家资产阶级与无产阶级之间，而是发生在世界资产阶级与世界无产阶级之间。可是，世界资产阶级和世界无产阶级不是生活在资本主义生活方式的范围之内，而是在资本主义形态的体系之中，因此这些形态既有中心形态又有外围形态。实际上，资本主义体系日益激化的主要矛盾反映在利润率的下降趋势中。为了在世界范围内制止这种趋势，只有提高剩余价值率的水平，而外围形态的性质决定了在那里比在"中心"可以大大提高这一比率。这样，比较而言，"外围"的无产阶级承受的剥削比"中心"无产阶级就更多了。此外，阿明还认为，如果把"中心"无产阶级描写为特权阶级，则必然会认为"中心"无产阶级会支持本国资产阶级去剥削"第三世界"，这其实是把现实过于简单化的表现。他认为，在生产率相等的情况下，"中心"无产阶级的平均报酬确实高于"外围"无产阶级的报酬。但是，资本为了阻止"中心"利润率下降趋势规律起作用，它一方面会从"外围"输入廉价劳动力，另一方面，资本也利用这些输入的劳动力以对宗主国的劳动市场施加压力。资本主义体系正是这样席卷了愈来愈多的、受它剥削的群众，使问题的国际性达到了一个前所未有的水平。同时，世界资本主义体系利用劳动力的大汇合，竭力在"白人"工人中煽动于它有利的种族主义和沙文主义倾向。资本在"中心"的发展过程中，始终起着统一和分裂的作用。有利于统治资本的集中机制同时在"中心"的不同地区发挥作用，所以，随着资本主义的发展，地区不平等的情况也在发展。每个"发达"国家都在它的内部制造自身的"不发达"地区。所以，"工人贵族"的概念已经被更为复杂的分化现象所代替。

第四节　卡尔·波兰尼对穷人问题的研究

卡尔·波兰尼（1886—1964）在其代表作《大转型——我们时代的政治与经济起源》一书中，将贫困的根源归结为市场经济的作用，认为自由市场的不公平运动会产生穷人。波兰尼认为，实际上自发调节的市场从来没有真正存在过；它们的缺陷——不仅仅就它们的内在运转而言，也包括它们的后果（如对穷人造成的影响）——是如此重大，以至于政府干预成为必须。波兰尼的分析清楚地表明，市场经济会使包括穷人在内的所有人从增长中受益的观点得不到历史事实的支持。相反的是，现代以来，有非常多的证据支持以下历史经验：增长可能会导致贫困的增加。

　　波兰尼对穷人问题的分析是围绕斯品汉姆兰法令展开的。在英国，波兰尼说，"土地和货币都是先于劳动力被动员起来的"，可以说，"事实上，劳动力市场是市场经济在新的工业体系下组建的最后一个市场"，① 而在工业革命最活跃的时期，即1795—1834年，英国劳动力市场的建立却由于斯品汉姆兰法令（Speenhamland Law）或"补贴制度（Allowance System）"而受到了阻碍。1795年5月6日，伯克郡（Berkshire）的法官们在斯品汉姆兰作出以下决定：工资以外的津贴应该通过与面包挂钩的方式予以确定，以便保证穷人能够得到一个最低收入，而不论他们实际挣得的钱有多少。② 这一法令在当时是作为一种应急方案被非正式地提出的，虽然通常被称为一项法律，但它本身从未经由国会颁布过。然而它很快成为涵盖几乎所有乡村的法令，之后不久甚至涵盖了许多制造业地区。实际上，它所引发的经济和社会变革几乎就意味着"生存权"的要求被提了出来。直至1834年被废除，这个法令一直有效地防止了具有竞争性的劳动力市场的建立。事实上，工资制度迫切要求撤销斯品汉姆兰法令所体现的"生存权"，这是因为，如果一个人什么工作都不做就可以生存，那就没有人再愿意为了工资而工作了。波兰尼认为，1832年的《改革法案》（the Reform Bill of 1832）和1834年的《济贫法修正案》（the Poor Law Amendment of 1834）是对斯品汉姆兰法令所带来后果

---

　　① ［英］卡尔·波兰尼：《大转型——我们时代的政治与经济起源（第4版）》，浙江人民出版社2007年版，第67页。
　　② 同上书，第68页。

的纠正，也就是说，它结束了"补贴制度"的统治，实际上，存在这种"补贴制度"的资本主义秩序被认为是根本不可能正常运转的，市场体系在《济贫法修正案》中得到解放。因此，这两项法案的颁布普遍被当作现代资本主义的起点，"从编年史的意义上，斯品汉姆兰法令催生了市场经济"①。但是，波兰尼同时指出，"即使在竞争性的劳动力市场存在的情况下，新的集权化了的济贫当局所产生的威胁实际上与斯品汉姆兰法令也差不多。如果说斯品汉姆兰法令曾经阻止了工人阶级的出现，那么现在，穷苦的劳动者则是在无情机制的压力下被结合成了这样一个阶级。如果说在斯品汉姆兰法令之下，人民就像不被稀罕的动物而没有得到照料，那么现在，他们却被预期在重重困境下自己照看自己。如果说斯品汉姆兰法令意味着导致堕落的隐蔽的苦难，那么现在，劳动者则成为社会上的无家可归者。如果说斯品汉姆兰法令是对邻里、家庭和乡村环境之价值的滥用，那么现在，人们则远离家庭和亲属，从他自己的根和一切有意义的环境中被强行拔起。简而言之，如果斯品汉姆兰法令意味着不流动造成的腐败，那么现在的危险则在于遗弃而导致的死亡"②。也就是说，在自由市场的统治下，贫穷依然存在于社会之中，并伴随着富足一起增长，"这仅仅是工业社会带给现代人的诸多悖论中的第一个"，"贫困化与进步之间密不可分"，"最大多数的穷人不在荒凉的国家或者未开化的民族，而是存在于最富饶、最文明的国度"，约翰·穆法兰（John McFarlane）在1782年这样写道。贾马里亚·奥特

---

① ［英］卡尔·波兰尼：《大转型——我们时代的政治与经济起源（第4版）》，浙江人民出版社2007年版，第71页。

② 同上书，第73页。

斯（Giammaria Ortes），一个意大利经济学家，在他 1774 年宣称的一条公理中说，"一个国家的财富与其人口成正比；而其悲惨程度则与其财富成正比"，"传统整合的基督教社会现在已让位于一个富裕者阶级拒绝对其穷困邻人的生存条件担负责任的社会。两个国度的世界（the Two Nations）正在形成"①。波兰尼总结道，"从斯品汉姆兰法令的噩梦中逃脱出来之后，人们盲目地冲向了市场经济乌托邦的屏护"。②

斯蒂格利茨在《大转型》的前言中也对自由市场经济进行了探讨，并对波兰尼的观点给予了评价，从斯蒂格利茨对自由市场经济的分析中，我们可以从一个侧面体会到波兰尼的观点的重要意义。

斯蒂格利茨说道，波兰尼强调了自发调节经济的一种特殊缺陷，它包括经济与社会之间的关系，以及经济体系——或者经济变革——是如何影响人与人之间的关系的。例如，在拉美许多地方，过长的失业期、持续的严重不平等，以及无处不在的贫困和污秽，已经对那里的社会整合产生了灾难性的影响，并成为那里层出不穷、愈演愈烈的暴力现象的助推剂。就个人来看，在现代工业社会里，个人会遭到他们不可控的力量的打击，如果失业率很高——像大萧条中所发生的那样，或者像许多发展中国家今天的情况一样——那么个人所能做的就极其有限。就某些国家来看，波兰尼认为，将资本任意在一国移进移出是某些人所实践的自由，但这种自由的实践是以其他人的巨大损失为代价的。不幸的是，自发调节经济的神话，无论是在

---

①　［英］卡尔·波兰尼：《大转型——我们时代的政治与经济起源（第 4 版）》，浙江人民出版社 2007 年版，第 89 页。

②　同上书，第 88 页。

自由放任的旧伪装下，还是在华盛顿共识的新伪装下，都并不代表着对这些自由的平衡协调，因为穷人比其他人面临着更强烈的不安全感。而新自由主义华盛顿共识的鼓吹者们还在强调，问题的根源正在于政府的干预；他们认为转型的关键在于"让价格就位"，以及通过私有化和自由化把政府从经济中赶出去。

最近的全球金融危机也可以证明自发调节的市场并不总是像它的鼓吹者希望我们相信的那样起作用。甚至美国财政部和国际货币基金组织这些自由市场体系信仰的堡垒，都不认为政府不应该干预汇率。而且即使是在这些最近的事件发生之前，已有充分证据表明，这样的自由化可能给一个国家带来巨大的风险，而且这些风险将会不成比例地落在穷人身上。

经济科学与经济历史已经开始认识到波兰尼论点的有效性。今天已经工业化了的那些国家的政府在它们当初的转型中扮演了积极的角色，不仅通过关税保护了工业，而且也努力促进新技术。在美国，第一条电报线于1842年得到联邦政府的资助，而农业生产力的突破性提高——这为工业化提供了基础——有赖于政府的研究、传授和其他扩展性服务。在西欧，对资本的限制性规定直到前不久才取消。甚至在今天，保护主义和政府干预都还活着，而且活得很好：美国政府威胁对欧洲实行贸易制裁，除非后者向加勒比地区的美国公司所拥有的香蕉开放市场。香港长期作为自由市场的堡垒而被宣扬，但当香港发现来自纽约的投机者正试图通过同时对股票和货币市场进行投机来摧毁它的经济时，它对二者进行了大量的干预。美国政府大声抗议，说这是对自由市场原则的废弃。然而香港的干预成功了——它稳住了那两个市场，避开了对它的通货的未来威胁，而且从交易中大赚其钱。

第四章 西方经济学各学派有关穷人问题研究的理论主线

纵观西方经济学各学派对穷人问题的研究，可以发现，有三条理论主线始终贯穿其中，即国家干预主义与经济自由主义的理论主线、公平分配的理论主线以及和谐与冲突的理论主线，这三条理论主线相对独立却又彼此相交，呈现出此消彼长、相辅相成的特点。这三条理论主线是对西方经济学穷人问题研究的高度理论概括。

第一节 国家干预主义与经济自由主义的理论主线

国家干预主义和经济自由主义是贯穿于西方经济学演变全程的两大思潮，从西方经济学关于穷人问题的研究来看，各学派的经济学家们在维护资本主义制度的共同前提下，其研究却也表现出国家干预学派与经济自由学派思想的交替穿插其中的特点。干预学派一般主张国家对分配领域进行一定程度的干预，以改善穷人的境况，从而缓和社会矛盾，这样可以更好地维护资本主义统治。例如，边沁就认为，政府可以实行改革，通过重新分配，将富人的财产和收入分配给穷人，以增加社会总福利；西斯蒙第提出，国家应该根据宏观经济的各种比例关系调

节经济，要求国家建立以小企业为主体的经济模式，要求国家
通过立法使工人有分享雇主享有的保障的权利；穆勒也主张政
府应该在三个主要的领域进行干涉以减轻自由市场经济对社会
所产生的不利影响；还有瑞典学派的福利国家政策主张。与干
预学派温和的主张有着明显区别的自由派则给予市场机制协调
经济活动的有效性以充分的信任，他们认为，政府一般不应对
经济生活进行干预，因为这样做只会干扰经济的正常运行。弗
里德曼就支持无限制的资本主义，否定政府的再分配行为，不
相信政府"微调"市场的能力，坚持个人经济自由权利至上；
哈耶克也一贯坚持经济自由主义立场，反对国家干预主义的理
论和主张，并批评了社会主义计划经济。对于自由经济中出现
的收入分配不公、贫穷等状况，他们也认为自由经济可以自动
解决，干预有可能会加剧这种状况的恶化。例如，马尔萨斯认
为，不管改革家改变资本主义的尝试有多么成功，现有的财富
所有者和穷苦工人这两大阶级结构将不可避免地重现。马尔萨
斯相信此种阶级划分是自然法则的必然结果。而且，任何减轻
贫穷与受难程度的尝试，不管出于多么好的目的，最终都会使
情况变得更糟而不是好转："从我们本性的必然法则来看，必
须有一些人承受贫困的痛苦。这些不幸的人们在他们的人生蓝
图上留下一片空白"，"无论是谁，没有任何富人的牺牲，特别
是在金钱上的牺牲，可以在某一时候阻止社会底层成员贫穷的
出现"。① 马尔萨斯更反对用立法的形式去减轻穷人痛苦的各种
努力。西尼尔相信，让工人阶级长期生活在极端"对贫困的恐
惧"中绝对是有必要的。他认为旧的济贫法通过赋予工人最低
生活保障而减轻了这种恐惧。库兹涅茨"倒 U 假说"认为，收

① Malthus, First Essay, Vol. 1, pp. 144, 143.

入分配差距拉大是发展中国家的早期经济增长过程中的必然现象，是一个基本规律。随着国家经济持续的增长，这种扩大的收入差距就能自动弥合，政府无须干涉过多。而且，在经济增长的初期，收入分配差距拉大是必然的，也是必要的。正是这种收入差距，促进发展中国家的经济增长。

因此，国家干预主义与经济自由主义的理论主线是西方经济学各学派研究穷人问题的一条理论主线。

一　市场失灵、政府失灵与穷人问题的产生

市场作为一种资源配置方法，是商品经济长期发展的结果。市场是商品经济的必然产物。根据美国学者 D. 格林沃尔德主编的《现代经济辞典》中的解释，市场经济是"一种组织方式，在这种方式下，生产什么样的商品，采用什么方法生产以及生产出来以后谁将得到它们等问题，都依靠供求力量来解决"。

市场失灵，也叫市场缺陷或市场失败（Market Failure），一般来讲，它是由于市场内在功能性缺陷和外部条件缺陷，引起市场机制在资源配置的某些领域运作不灵的现象。就市场失灵的具体含义来看。市场失灵，意指维持合乎需要的活动或停止不合需要的活动，其价格——市场制度偏离理想化状态，致使市场对资源的配置出现低效率。① 传统理论中的市场失灵是一个纯粹关于"效率"的概念，市场失灵指市场机制导致资源不适当配置，即指市场不能或难以有效率地配置经济资源导致低效或无效率的一种状况。换句话说，经济学上对市场失灵的标准定义或传统定

---

① 胡代光、周安军：《当代国外学者论市场经济》，商务印书馆1996年版，第16页。这个定义指出了资源配置低效率和价格体系之间的内在关系，即市场失灵不是市场崩溃或终结，其本身就是市场运行的一种均衡结果，只不过偏离于理想均衡。

义是指市场机制本身不能实现效率，即自由竞争的市场经济不能有效地配置资源，是自由的市场均衡背离帕累托最优的一种情况。这其中的效率是指帕累托效率，就是指在经济资源的配置过程中，生产者能够以最低的生产成本去生产社会最需要的产品，并以最低生产成本生产出最优的产量，消费者以等于完全成本的最低生产成本购买商品，这时的产品价格等于完全成本也等于最低成本也等于边际成本。也就是说消费者以边际成本决定的产品价格来购买该商品，只有在这种条件下，经济资源的配置才是最有效率的。[①] 如果市场供求力量自由发挥作用的结果没有实现帕累托效率，那么就存在市场失灵。

随后"平等（即福利在社会成员中分配的公平性）"概念被纳入市场失灵的考察视野。现代思想强调"效率"与"平等"并重，"效率"不是评价经济运行的唯一标准和社会发展的唯一目标。如果存在大量贫困现象或不能得到满足的其他社会需求，这就是市场失灵。它说明由市场选择的资源配置的方式可能不符合社会理想，由市场所形成的收入分配结果也可能不为社会所接受。平等与效率之间不仅存在交替关系，而且相互之间具有反作用。

后来经济学家进一步认识到如果市场实际上涉及到政治的、文化的和经济的组织制度等各方面，即与市场是经济的组织制度一样，市场同样是文化的组织制度和政治的组织制度。那么，市场失灵必须扩大到包括市场对权力结构和人文发展进程两个方面的影响，[②] 也即广义市场失灵。依据科勒在《经济

---

① 胡代光、高鸿业主编：《现代西方经济学辞典》，中国社会科学出版社1996年版，第74页。

② 胡代光主编：《西方经济学说的演变及其影响》，北京大学出版社1998年版，第583页。

学》教科书中的描述，广义市场失灵是"市场经济显示出被叫做市场失灵的若干典型的缺点……这些缺点的任何一张清单都必定包括无效率、不公平和不稳定"。因此，微观经济无效率、宏观经济不稳定以及社会不公平是市场失灵的主要内容，是市场缺陷的重要表现。

由于市场总是在某些界限之内发挥作用，这便是其局限性所在，正是这些局限性直接导致市场失灵出现。对此法国学者罗奈·勒努阿提出了自己的见解，他认为①，市场存在分配上的局限。这表现为它不能杜绝纯租金的出现从而不能保证公平分配。有三种情形会导致纯租金的产生：一是因与物质财产所有权相联系而产生的纯租金；二是由市场的不确定性和不稳定性产生的纯租金；三是垄断条件下产生的纯租金。纯租金只能依靠国家通过税收和货币政策等来消除，市场无法解决纯租金问题。这就是市场在分配上的局限性。概括起来，造成市场失灵的原因主要有个人自由与社会原则的矛盾、完全竞争市场假定不成立、规模报酬递增导致垄断的存在、公共产品或服务的存在以及偏好的不合理等。

市场失灵表现为宏观失灵、信息失灵、外部失灵、公共失灵和分配失灵。在这里，我们主要关注的是市场的分配失灵。市场经济条件下，竞争是市场有效运作的前提，竞争又受经济利益驱动，取得效率的同时往往会牺牲分配上的公平。西斯蒙第就批判了斯密为自由竞争提出的理论依据，即个人利益和社会利益的同一性。他说，包括在所有其他人的利益中的个人利益确实是公共的福利；但是，每个人不顾别人的利益而只追求

---

① 李其庆编译：《法国学者勒努阿谈市场与市场经济的效益和局限》，《国外理论动态》1992年第41期，第1—4页。

个人的利益，结果，最强有力的人就会得到自己所要得到的利益，而弱者的利益将失去保障。市场经济下由于人们的能力、机遇不同，会形成收入分配差异，收入分配差距大小取决于社会的承受能力。在现实社会中，要素和财富的最初分配是不公平的，人们进入竞争的条件、实力、能力不同，这往往受家庭出身、家庭结构、遗产继承、性别等许多个人不能左右的因素影响，这样经过竞争达到的最终分配结果往往更加不公平。这种收入分配的不公平会影响一个社会的安定和凝聚力，而且也不符合社会的道德观念，完全依靠市场机制的结果是两极分化、社会冲突与敌对等。

"政府失灵"，又称"政府失效"，一般是指用政府活动的最终结果判断的政府活动过程的低效性和活动结果的非理想性，是政府干预经济的局限、缺陷、失误等的可能与现实所带来的代价。换句话说，它是指政府干预达不到弥补"市场失灵"的预期目标，或是虽然达到了目标，但其代价超过"市场失灵"所造成的缺陷。所以，政府失灵不是表现为政府难以发生作用，而是表现为政府不能正确地发生作用，表现为政府治理①质量的下降。

寻租②活动在社会中的泛滥程度集中体现了政府失灵。在学术传统上，通常假设政治人是利他的，假设经济人和政治人两种截然不同的属性能同时并存于同一主体。假设政治市场上

①　政府治理的主要内容包括法律和秩序的维持、宏观经济的稳定、基础设施的有效提供，以及公开公平的税收、金融制度和管制制度。

②　"租"在经济学中是指超过资源所有者的机会成本的报酬，即指某种要素所得到的高于该要素用于其他用途所获得的收益，也可以理解为实际利润或实际收入超过竞争性利润和收入的那部分。戈登·图洛克在1967年第一次系统地讨论了寻租行为，安娜·克鲁格第一次用寻租这一术语来描述所探讨的这种活动。

支配政治家的动机是公正、仁慈、无所不知、无所不能、为公众谋福利的。

1957年，A.唐斯在《民主的经济理论》一书中提出政治家也是理性经济人的假说，指出在政治市场上私欲同样无所不在，公共选择革命把市场制度中的人类行为与政治制度中的人类行为纳入同一分析轨道，修正了传统经济理论把政治制度置于经济分析之外的理论缺陷。指出政治家的行为动机是获得最多选票，政党是追求政治支持最大化，"政党是为了赢得选举而制定政策，而不是为了推行自己偏爱的政策而谋求赢得选举"。

这样就颠覆了传统的政府实行干预的前提假设——政府是社会公共利益的代表，其行为目标与社会公共利益相一致，政府并非超脱于现实社会经济利益关系的超利益组织。无论是政府官员还是政府机构，都有自己独立的行为目标，这必然导致其目标与社会公共利益之间的巨大分歧，政府官僚和政府机构都有自己独立的利益要求，不仅不能代表社会公共利益，政府官员个人利益内在化于政府机构利益中，由于政府机构在社会生活和经济生活中占据特殊地位，拥有实现自身利益的便利性。此外，政府活动也难以排除利益集团的干扰。任何一项宏观政策都不可能对不同的阶层产生完全相同的经济影响。在其他因素一定时，宏观政策的偏向有可能就是不同阶层政治影响力比较的结果。在现实生活中，不同阶层甚至具有不同经济实力的地区，对宏观政策的影响力都是不均等的。而利益集团通过渗透或利益交换，往往能有效地控制着政府的决策过程，使政策有利于一些人和团体而不利于另一些人和团体。[1] 例如，

---

① 谢罗奇：《市场失灵与政府治理》，湖南人民出版社2005年版，第37—43页。

穆勒就认为，在资本主义的体制中，金钱就是权力，而权力又可以产生更多的金钱。用穆勒自己的话来说就是，在资本主义社会中，"人的精力"是"用于发财致富的"，"如果人是粗野的，则他们需要的刺激也将是粗野的"。[①] 他认识到只要资本家和工人阶级彼此对立，政治就是阶级斗争的舞台，而一般情况下，资本家都是这个舞台的统治者。此外，政府干预过度也会带来一系列的问题。瑞典的福利国家政策主张就是一个典型。在战后的经济实践中，瑞典的福利国家政策逐渐暴露出许多尖锐的矛盾和带有根本性质的问题，尤其是在20世纪70年代后期到80年代以后，福利国家产生的"瑞典病"（财政赤字增长、生产率增长缓慢、通货膨胀加剧等）严重地折磨着瑞典社会。

二　国家干预与经济自由互为补充的作用

因为市场失灵与政府失灵在实际上界定了政府与市场的行为边界，其动态演变决定了政府干预机制与市场机制的相互替代是一个动态调整的过程。市场经济的发展和健康运行需要政府规范和系统的管制。但是要求政府管制随着市场条件的变化、市场结构的动态调整和管制绩效的变化作出灵活及时的相应调整。必须既重视"看得见的手"，又重视"看不见的手"。正如萨缪尔森所言："市场是无心的，没有头脑的，它不会思考，不顾忌什么"，所以，有必要"通过政府的政策来纠正某些由市场带来的经济缺陷"。[②]

---

　　① John Stuart Mill, *Principles of Political Economy* , New York：Augustus M. Kelley, 1965, p. 749.

　　② 经济学消息报社编：《诺贝尔经济学奖得主专访录——评说中国经济与经济学发展》，中国计划出版社1995年版，第7、44页。

现代经济体制中市场与国家向来都是相互依赖和相互促进的，二者是不可或缺的基本要素。作为一种经济形态和资源配置方式，市场机制不能独自发挥作用，而是需要一系列社会条件作支持，国家力量或政府力量便是其中重要的一种。由于任何经济机制都必须解决两个问题：一是确保资源在短期和长期的有效利用；二是确保作为生产结果的收入的公平分配。解决这些问题的过程，就成为政府参与市场、作为重要的市场主体之一并干预市场的过程。当今所有国家的市场经济都受到政府机构的或多或少强制性的指导。

所以，必须寻找国家干预主义与自由主义结合的最佳点，找到能兼顾政府、各种利益集团和公众利益之间的最佳点，从而达到政府既克服市场失效又克服政府失效的目标，并不断探索政府治理的最佳途径和模式以更好地克服市场失灵和政府失灵。弗里德曼虽然是自由经济最热情的倡导者，并坚信市场的神奇之处在于，市场能够高效地组织人类经济活动，并且是最有效率的增加社会财富的生产方式，但他同时也指出，虽然市场在提供经济自由、促进经济效率方面具有很强的优越性，但是，仍然存在一些市场本身所不能从事的事情，"自由市场的存在当然并不排除对政府的需要。相反的，政府的必要性在于：它是'竞赛规则'的制定者，又是解释和强制执行这些已经被决定的规则的裁判者。市场所做的是大大减少必须通过政治手段来决定的问题的范围，从而缩小政府直接参与竞赛的程度"①。弗里德曼反对无政府主义，肯定政府在维护市场自由方面的作用；但是，他提倡合法的政府是最小的政府，而不

---

① ［美］米尔顿·弗里德曼：《资本主义与自由》，商务印书馆2004年版，第19页。

是功能更多的再分配政府。

从穷人问题的角度来看，政府应该将收入分配保持在一定社会的富裕程度、文化程度、发展阶段、公共选择等方面相适度差别范围内。为了做到差别适度，政府所采取的相应政策在宏观和微观方面是有区别的。对于微观领域中的个人收入的初次分配过程，应该是保护"等量贡献获得等量报酬"的平等原则，让市场价格机制自动完成对生产要素贡献的定价和收入分配，并尽量防止非竞争和非市场的人为力量干扰这一分配过程的自然进行。另一方面，对于宏观经济范围的个人收入再分配过程，社会所实施的政策则应是基于"平等生存权利"的原则，将一部分过高的个人收入通过纳税、转移支付和举办公共福利的方式征收起来以再分配给收入水平低的个人。这种再分配的实施必须通过政府的干预才能完成。①

第二节   公平分配的理论主线

公平分配作为经济学研究的一个极其重要的基础性问题，是经济学家争论已久的理论热点，同时更是西方经济学各学派关于穷人问题研究的重点，可以说，公平分配理论这一主线始终贯穿于西方经济学各学派有关穷人问题的研究当中。具体来看，近现代西方经济学各学派有关穷人问题的研究所涉及到的公平分配理论是从三个方面展开的。一是福利经济学的公平分配理论；二是阿瑟·奥肯的平等与效率最优交替的公平分配理

---

① 张会恒：《市场失灵与政府干预》，《阜阳师院学报》（社科版）1997年第2期，第28—32页。

论；三是发展经济学的公平分配理论。

一　福利经济学的公平分配理论

福利经济学对公平分配问题的研究始于庇古。他把边际效用递减规律用于收入分配理论时，讨论了收入分配的福利含义。在庇古看来，福利是人们对满足的一种评价，它的范围很广，其中能用货币衡量的部分被称为经济福利。简言之，经济福利是一种能用货币来衡量的经济效用的大小。经济活动中的收入分配和再分配对社会的结果增加了社会的经济福利，收入分配就是公平的；如果分配与再分配导致社会的经济福利减少就是不公平的。因此，收入分配公平与否、公平程度的大小，在庇古那里是可以通过经济福利的准确计量来判断的。

随着货币收入的增加，货币对持有者的边际效用是递减的。穷人的货币收入少，一英镑对他来说边际效用很大；相反，富人的货币收入很多，对他来说货币的边际效用小。因此从富人那里取走一英镑给穷人，对富人来说效用减少得很小，对穷人来说效用增加得很大，结果，社会总的经济效用增加，收入分配趋向公平。反之，如果收入分配的结果是"劫贫济富"，社会总的经济效用减少，收入分配趋向不公平。

庇古的福利经济学分配理论是建立在基数效用论基础上的，被称为旧福利经济学。新福利经济学反对基数效用论，而主张序数效用论，认为效用不应以基数来计算，而只能用序数来排列先后。其主要代表人物是卡尔多、希克斯及美国的萨缪尔森等人。新福利经济学反对庇古把收入均等化看作是社会经济福利最大化的一个必要条件，而是企图把分配问题从福利经济学中排除出去。在他们那里，只有资源配置效率问题才是最大福利的内容。他们的公平理论的基础是帕累托最优原理。

按照帕累托的观点，假定收入分配为既定，社会处于这样一种状态，就是如果还能使有的人福利增加，而同时又不以别人的福利减少作为代价，那就表明社会的福利这时仍可能增加，社会尚未达到尽善尽美的境界；假定社会处于这样一种状态，对这种状态的任何改变都不能再使任何一个人的福利增加而同时又不使其他人的福利减少，社会就达到了尽善尽美状态，即帕累托最优状态。这就是新福利经济学眼中的绝对公平标准。

依据新福利经济学的公平准则，如果在某种变革中，一些社会成员福利的增加同时导致另一些社会成员福利的减少，则社会经济福利的增加应靠社会补偿方式来实现，诸如扩大政府支出或提高社会效率最终使社会上每个人都得到补偿。他们中的一些人甚至主张不必予以真实的补偿，只要设想受益总额超过受损总额，受损人被补偿以后还有余额，即潜在地存在着补偿余额，就可以认为增加了社会福利，实现了公平。这就是所谓"虚拟的补偿"。

二 阿瑟·奥肯的公平与效率最优交替的公平分配理论

同福利经济学研究角度和方法不同的是，现代西方经济学家对于公平分配的研究主要是围绕着平等与效率交替与抉择的论争而展开的。现代西方经济学家一般认为：所谓"平等"，是指社会成员收入的均等化；所谓"效率"，是指资源的有效配置。西方经济理论认为公平与效率两个政策目标是相互抵触，相互矛盾的，因为在市场经济条件下，收入分配的基本依据是市场对生产要素（包括人力资本要素）贡献的评价和付酬制度，其逻辑关系是：市场越起作用，收入差距相应拉得越大，经济效率也越高；相反，市场作用越小，政府管制作用越大，收入分配越平均，经济效率当然也就越低。因此，公平与效率之间存在一种此长彼消的替代关系：为了达到收入均等化，就要牺牲效率；为提高效率，势必要牺牲公平。故公平与效率就有一个先后次序问题。它涉及到西方经济学说中深层次的价值判断问题。

（一）效率优先论

现代西方经济学自由派一般都强调效率优先论，重视经济增长中市场机制配置资源的作用，将与市场相联系的效率放在优先的政策目标，竭力反对政府行政干预再分配的以收入均等化为中心的"结果均等"，认为这是对社会经济发展的最大损害。效率优先看法一般归纳为以下两点：

1. 效率是与市场竞争相联系的，而市场竞争又与自由相联系，因此，如果没有自由，就没有市场竞争，也就没有效率，故效率优先即自由优先，将自由——西方传统价值观的"天赋权利"放在首位，既是效率优先的前提，又是效率优先的结果。

2. 效率本身意味着公平。因为，效率来自个人的努力程度，反映了个人的勤奋，越是勤奋工作的人，就越应该给予较高报酬；反之，则应受到报酬上的惩罚，故应该把效率放在首位。

哈耶克说："目前有一种流行的看法，以为当我们应当基本上利用市场的调节力量，并且确实在很大程度上必须这样做。当然，只要特定的个人或集团的收入并非取决于某种机构的决策，那么就不能把这种特定的收入分配说成是比其他场合下公正些。如果我们想使它大为公正，我们只能用一种组织代替完全自发的秩序来做到这一点，因为在组织中，每个人所得到的份数是由某种中央机构所固定的。换句话说，由于特殊干预行动对自发过程中造成的分配状况的'纠正'，就一个原则同样地使用于每一个人而言，从而不可能是公正的。"① 弗里德曼说："在过去一个世纪里，流传着一种神话，说自由市场资本主义，即我们所说的机会均等，加深了这种不平等，在这种制度下富人剥削穷人。没有比这更荒谬的说法了。凡是容许自由市场起作用的地方，凡是存在着机会均等的地方，老百姓的生活都能达到过去做梦也不曾想到的水平。相反，正是在那些不允许自由市场发挥作用的社会里，贫与富之间的鸿沟不断加宽，富人越来越富，穷人越来越穷。""一个社会把平等——即所谓结果均等——放在自由之上，其结果是既得不到平等，也得不到自由。使用强力来达到平等将毁掉自由，而这种本来用于良好目的的强力，最终将落到那些用它来增进自身利益的人们的手中。另一方面，一个把自由放在首位的国家，最终作为可喜的副产品，将得到更大的自由和更大的平等。"②

（二）公平优先论

国家干预派一般都将公平作为优先考虑的政策目标。他们认为，如果听任市场机制充分发挥作用，收入就不可能公平地分配，并强调在政府干预下推行社会福利事业，主张缩小市场机制的调节范围，公平优先看法一般可归结为以下两点：

1. 公平是一种"天赋权利"，它不能用金钱来衡量和标价。市场性等价交换原则中的以金钱为媒介的交换，对公平是失效的，市场竞争所引起的收入分配悬殊，则是对这种"天

---

① 转引自胡代光、厉以宁《当代资产阶级经济学主要流派》，商务印书馆1982年版，第150页。

② ［美］米尔顿·弗里德曼等：《自由选择》，商务印书馆1982年版，第149、150、152页。

赋权利"的侵犯。

2. 效率本身不仅不代表公平，相反，它来自于不公平。因为在市场经济中，人们在财产占有、接受教育机会、能力等方面机会不均等，竞争中不处于一条起跑线上，另外市场并不是真正按照人们实际贡献的大小来评价和付酬的。因此，市场本身的缺陷要求政府对公平问题实行某种干预。

凯恩斯说："我们生活在其中的社会的显著特点是不能提供充分就业以及缺乏公平合理的财富和收入的分配。"[1] 这已经被称为现代福利国家的目标和方法，他提出的"充分就业"宏观政策目标偏好，就明显含有公平优先的思想。萨缪尔森认为，当市场制度不能保证最低生活标准时，"公民们通过他们的政府，用政府的支出来补充某些人的实际或货币收入"[2]。英国工党理论家克罗斯兰进一步提出工党政府的三个目标：①消灭贫困和缔造一个"社会服务国家"；②平均地分配财富；③实现充分就业。现代福利国家的理论核心是"收入均等化"，其理论与实践日益将"公平优先论"理论系统化与政策化，并将其推到高峰。新制度经济学派的加尔布雷思认为，单单做到收入均等化还不够，收入分配悬殊是由于权力分配不均等引起的，即权力分配不公平造成大公司对小企业的剥削，造成收入不均等，继而进一步要求实现"权力均等化"。他说："如果发现造成收入的巨大差别的，不是由于职务不同，而是由于等级制度，传统势力和权力，那么政策的目的就必然应当

---

① ［英］J. M. 凯恩斯：《就业、利息与货币通论》，生活·读书·新知三联书店 2005 年版，第 317 页。

② ［美］P. A. 萨缪尔森：《经济学》（上册），商务印书馆 1986 年版，第 70—71 页。

是缩小这种差距。"①

总之，仔细观察，从国家干预学派中都能显露出"公平优先"的痕迹。

（三）公平与效率最优交替论

实际上，在效率优先论和公平优先论之间还存在着一种公平与效率最优交替论的思想。这种思想认为公平与效率两个政策目标同等重要，没有先后次序，二者必须兼顾，即如何以最小的不平等换取最大的效率；或以最小的效率损失换取最大的公平。

美国布鲁金斯学会的经济学家阿瑟·奥肯认为，市场竞争机制要限制，但不能限制过分；同样，收入均等化措施必须要有，但也不能过度。因为要实行收入公平，必须由政府干预，但政府干预在经济上容易造成低效率，在政治上侵犯个人自由，产生官僚主义，所以又有必要发挥市场的作用，刺激工作热情，鼓励创新，限制官僚的权力，维护个人自由。但是，如果不对市场过分膨胀加以限制，便会出现市场自身所固有的失效，收入两极分化，低收入者得不到社会保障等。他还认为，如果单纯追求收入均等化，将是一种空想，因为此概念不明确。由于各个家庭的需要不同，所以要达到同等程度的福利水平，需要的是不同家庭的收入水平；反之，如果真的实现收入均等，那么各个家庭福利就不相同了。同时，他还指出持效率优先的机会均等观的含义比结果均等更难界定和量化，因为个人天赋、家庭背景、财产多寡存在很大差距，现实生活中人们很难机会均等地进入市场公平竞争。在市场经济条件下，公平

---

① ［美］J. K. 加尔布雷思：《经济学和公共目标》，商务印书馆 1983 年版，第 266—267 页。

与效率之间虽然有矛盾，但二者相互妥协完全是可能的，因而社会只能在公平与效率、结果均等与机会均等之间达成妥协。对此，奥肯的名言是："或许这正是为什么它们互相需要的道理——在平等中注入一些合理性，在效率中注入一些人道。"①

奥肯和其他一些经济学家由此引出"混合经济结构"，即指既保留财产私有权和个人自由，又存在政府对收入再分配的调节，明确地说，私人经济主要关心以利润等为标志的效率，公共经济主要关心社会福利和平等，二者互为补充，实现社会经济的稳定增长。

三　发展经济学的公平分配理论

发展经济学家对发展中国家经济增长与收入分配不平等变化的实证分析，提出了对公平分配问题的见解和看法。在他们看来，收入分配的不平等程度随着经济增长过程的推移而变化，在经济发展水平较低或较高阶段，收入分配较为平等；在中间阶段，收入分配不平等较为严重。因此，收入分配的公平与否在一定意义上同经济发展阶段密切相关。也有一些发展经济学家认为，尽管收入分配的平等程度与经济发展有关，但绝不能对经济发展中收入分配向不平等演变现象任其自然，国家应在经济发展中积极推进收入再分配，以求得分配的公平。

发展经济学关于公平分配研究的显著特点是，它以历史资料的实证分析方法为工具，以经济增长过程和收入分配变化的关联为中心，强调收入分配公平度的变化是一个自然的经济过程。库兹涅茨通过对 10 多个国家经济发展过程中收入分配的

---

① ［美］阿瑟·奥肯：《平等与效率——重大的抉择》，华夏出版社 1987 年版，第 105 页。

实证分析，得出结论：在一国经济发展的初期，收入分配状况开始恶化，即少数人致富，较多数人贫穷；但是，随着经济日益增长，过剩劳动力逐渐被吸收完毕，实际工资水平会提高，收入分配就得到改善。这就是关于经济增长与收入分配不平等变化的著名的"倒U假说"。据此，库兹涅茨实际上得出这样一个结论，以人均国民生产总值来衡量的经济发展水平是决定一个国家收入分配不平等程度的主要因素。因此，公平分配不能强求，只能随一国经济发展的推进而逐渐地自然而然地到来。而以钱勒里、阿鲁洼利亚等为代表的一批发展经济学，在验证和细化库兹涅茨"倒U假说"的基础上，深入探讨了经济增长中是否存在高速增长和公平分配之间的替代关系，进而概括出组合经济增长和收入分配的几种不同战略。这就使从经济发展过程中讨论的公平分配上升到指导实践的战略选择层面。在对许多国家可信度较大的时间序列资料分析基础上，钱勒里等人发现经济增长与收入分配关系在不同国家中各有差异，因而必须深入分析导致经济增长和公平分配相互替代或相互促进的原因，借此政府在推进经济增长的同时，可以通过实施收入再分配计划来实现收入的公平分配。他们的理论是一种经济增长中的公平分配理论。

四　关于公平分配理论的哲学伦理学思考

美国著名政治哲学家、伦理学家约翰·罗尔斯（John Rawls，1921—2002）于1971年在其代表作《正义论》（*A Theory of Justice*）中提出了"作为公平的正义"（Justice as Fairness）理论，首次向二百多年来占统治地位的古典功利主义伦理理论发出挑战，由此引出了关于公平分配理论的哲学伦理学思考，也就是关于经济正义理论的论争。

罗尔斯认为，功利主义的分配观最明显的不足在于：将生产最大利益的分配作为正确的分配，而对怎样分配不断增长的利益总额问题总是抱着冷淡的态度，从而容忍有较大的不平等。① 在罗尔斯看来，"正义是社会制度的首要价值"②。罗尔斯试图提出"作为公平的正义"（Justice as Fairness）理论来替代功利主义。罗尔斯公平正义论主要包括两大正义原则：第一原则常被称为自由优先原则，第二原则常被称为差别原则。罗尔斯强调，"在作为公平的正义中，正义的原则是先于对效率的考虑的"③。罗尔斯主义正义论坚持了自由主义的基本立场，强调了自由权利的优先性，但同时又力图调和自由与公平间的矛盾，这是一次在自由主义框架内弘扬公平价值的理论努力。

首先与罗尔斯主义产生严重分歧的是自由至上主义。该学派主要代表人物诺齐克（Robert Nozick，1938—2002）在其1974年出版的《无政府、国家和乌托邦》（*Anarchy, State and Utopia*）一书中认为，经济正义问题不是关于利益分配的问题，而是关于持有的权利问题。如果社会现实中实际发生的持有系列是正当的，则无论是对合作社会而言，还是对非合作社会而言，根本不存在任何罗尔斯式的关于如何分配的特殊问题。④ 诺齐克指出，只有当个人财产权利受到侵犯时，正义问题才会出现。他试图以个人权利为根基和主线来论证持有的正

① ［美］罗尔斯：《正义论》（第1版），何怀宏等译，中国社会科学出版社1988年版，第25、77—78页。

② 同上书，第21页。

③ 同上书，第69页。

④ ［美］诺齐克：《无政府、国家和乌托邦》，姚大志译，中国社会科学出版社1991年版，第189—193页。

义理论，主要有三个原则。首先，持有的最初获得，或对无主物的获取，即获取正义原则；其次，涉及从一个人到另一人的持有的转让，即转让正义原则；① 第三点是对持有中的不正义的矫正，② 即矫正正义原则。也就是说，对财产的持有而言，只要财产的最初获取、财产的转让过程是正义的，那么最终的财产结果也就是符合正义原则的。

作为一种政治哲学，社群主义认为，无论是罗尔斯主义，还是自由至上主义，自由主义实际上所探求的正义原则在实践上是不合理的，因为社会应是一个由普遍善（the Common Good）支配的社会，而道德正义就是根植于现实社群（Actual Community）实践的某种东西。因此，在社群主义者看来，正义只能是具有历史传统的特殊的多元的正义，也是一种社会或社群的正义。社群主义试图从社会历史背景，即社群中来考察、分析正义问题。他们认为，在一个严格意义上的共同体社会中，当正义的环境无法形成时，共同体成员之间的关系大部分靠仁爱等美德来维系，而很少吁求个人权利和正义的程序。此时，仁慈、博爱、友谊、和谐或者共同体所认同的公共美德，相对而言要比正义美德更有意义。社群主义者强调，分配的制度安排是极为复杂的，一个正义社会理当受到多重正义原则的支配。

就"经济正义"论题而言，"新"功利主义承袭传统功利主义的基本命题，坚持"最大可能的利益"是功利主义的最高准则。③ "新"功利主义哲学家的核心思想是：否认"正义

---

① ［美］诺齐克：《无政府、国家和乌托邦》，姚大志译，中国社会科学出版社1991年版，第156页。

② 同上书，第158页。

③ ［澳］J. J. C. 斯马特、［英］B. 威廉斯：《功利主义：赞成与反对》，牟斌译，中国社会科学出版社1992年版，第11页。

原则"的首要性，重新确立效用原则的最高地位；同时，他们有限度地接受平等价值，在他们所建立的各种形式的效用函数中加入了"平等"参数。

第三节　和谐与冲突的理论主线

在西方经济学关于穷人问题的研究中，和谐与冲突的理论路线可以看作是贯穿于其中的一条重要线索。和谐学派承认资本主义经济发展中的不和谐因素，并极力修补，以达到和谐的目的；冲突学派认为不和谐阶段是资本主义经济发展的必经之路，听之任之。和谐与冲突思想在对立与融合的发展中形成一条研究穷人问题的重要理论主线。

一　西方和谐—冲突经济学

美国经济学家亨特（E. K. Hunt）教授于 2002 年推出的新作《经济思想史：一种批判性的视角》，被这一领域的许多学者评价为"是一部具有重要文献价值的著作"。在该书中，亨特教授首次提出了一个重要命题：西方和谐与冲突理论，并认为该命题是贯彻于经济思想史的一个重大主题，并且演绎和构筑了附着于和谐与冲突理论、富人经济学（Economics of the Rich）与穷人经济学（Economics of the Poor）主线之上的和谐学派与冲突学派这两大派别及其嬗变的谱系。他在该书中提到，"经济思想史中一个反复出现的主题是——该主题也是本书的中心——资本主义究竟是导致和谐还是导致冲突的一种社会制度。在亚当·斯密（Adam　Smith）和大卫·李嘉图（David　Ricardo）的著作中，两种观念都有进一步阐述。李嘉图之后，大多数经济学家要么认为资本主义是根本和谐的，要么认为是根本冲突的。此点分歧决定了每一个经济学家如何选择其分析的范围、方法和内容。另一个经常争论的主题是有关资本主义是内在稳定还是内在不稳定的问题。①

亨特教授在这里实际上提出了"斯密—李嘉图—穆勒定律"——我们简称为"李嘉图定律"——是和谐抑或冲突这两条理论路线分歧的一个起点或分水岭。② 斯密是这一定律的始作俑者，他一方面强调劳动价值论和阶级冲突，而另一方面则强调效用价值论、社会和谐和"看不见的手"。李嘉图是这一定律的完成者，他提出发展生产力的要求是基本原则，并公开承认资本主义是有利于生产力发展的一种生产方式。作为西方经济学第一次大综合完成者的穆勒，把李嘉图的上述观点作为一种"生产规律"和"分配规律"纳入其折中主义政治经济学体系。总之，社会生产力发展和社会的进步是以牺牲某些阶级或阶层的利益为代价，被称为绝对合理的必然规律。这就是"李嘉图定律"的实质。

马克思指出："李嘉图把资本主义生产方式看做最有利于生产、最有利于创造财富的生产方式，……'人'类的才能的这种发展，虽然在开始时要靠牺牲多数的个人，甚至靠牺牲整个阶级，但最终会克服这种对抗，而同每个个人的发展相一致；因此，个性的比较高度的发展，只有以牺牲个人的历史过程为代价。至于这种感化议论的徒劳，那就不用说了，因为在人类，也象在动植物界一样，种族的利益总是要靠牺牲个体的利益来为自己开辟道路……因此对李嘉图来说，生产力的进一

---

① ［美］亨特（E. K. Hunt）：《经济思想史：一种批判性的视角（第二版）》，颜鹏飞总译校，上海财经大学出版社2007年版，序言。

② 同上。

步发展究竟是毁灭土地所有权还是毁灭工人，这是无关紧要的。"而"穆勒并不掩盖资本同劳动的对立。……为了使人类的（社会的）能力就在那些把工人阶级只当作基础的阶级中自由地发展，工人阶级必须代表不发展，好让其他阶级能够代表人类的发展。这实际上就是资产阶级社会以及过去的一切社会所赖以发展的对立，是被宣扬为必然规律的对立，也就是被宣扬为绝对合理的现状"①。

"李嘉图定律"是西方经济思想发展史上的一个重要路标。由此出发的和谐理论路线，历经马尔萨斯的供应过剩和第三者理论、瓦尔拉斯一般均衡论、帕累托最大化原理等，直到马歇尔的"四位一体"公式，力图论证资本主义社会的和谐性和财富分配的公平性。而始于霍布森、庇古的福利经济学、新福利经济学等福利理论则是到目前为止现代经济学和谐路线的终点。另一条理论路线是为冲突作论证的，其理论主要来自广义激进经济学派和西方马克思主义学派的思想，其中包括威廉·汤普森、卡尔·马克思、托尔斯坦·凡勃伦、霍布森、卢森堡和列宁等。西方冲突理论的典型代表是"李嘉图定律"和"库兹涅茨假说"。其实质为生产力发展和社会发展和构成整个这一发展基础的劳动群众的利益相矛盾并以牺牲后者的利益为代价；而人均财富差异与人均财富增长、增长与不平等的关系、公平与发展则遵循库兹涅茨所谓的倒"U"型曲线规律。激进学派和西方马克思主义学派只是这条理论路线的另一条分支，它表现为阶级和阶级斗争学说。随着资本主义进入后工业时期和国家垄断资本主义阶段，这两条理论路线逐渐呈现

---

① 中共中央马恩列斯著作编译局编：《马克思恩格斯全集》（第26卷），人民出版社1973年版，第102—103页。

出融合的趋势，其特征是往往用和谐理论来掩盖或粉饰资本主义社会的矛盾和对抗。新自由主义学派则是体现这一趋势的典型代表。

二　和谐与冲突思想的对立与融合

就西方经济学各学派有关穷人问题的研究来看，和谐与冲突思想的理论主线也贯穿其中。所不同的是，在这里，和谐派往往承认不和谐因素的存在，并极力修补与解决资本主义社会中出现的不公平与贫困等问题。总体来看，西方经济学和谐派与冲突派对穷人问题的研究呈现出对立与融合的趋势。

从边沁关于社会改革的论述中，他虽然看到英国的财富和收入分配远远偏离必要的公平程度，然而他认为现存的资本主义经济制度与财富和收入的公平分配是完全可以共存的。可见，边沁在极力为资本主义作辩护，认为资本主义从本质上看是一种和谐的制度。而汤普森则强烈反对这种观点，他不相信资本主义制度会成为一个"保障制度"，即保障每个人得到他或她的劳动成果。他认为，"目前对财富分配的制度安排，是以广大劳动者利益为代价，使少数人富裕而让穷人更加绝望的制度"[1]。在资本主义制度下，资本家"对财富份额的过度占有产生了罪恶"[2]。它"引起（穷人）的嫉妒和幻想，富人的罪恶行为在社会中广泛传播"[3]。

---

[1]　William Thompson, *An Inquiry into the Principles of the Distribution of Wealth Most Conductive to Human Happiness.* London：William S. Orr and Company. 1850. p. xxix. 转引自［美］亨特（E. K. Hunt）《经济思想史：一种批判性的视角（第二版）》，颜鹏飞总译校，上海财经大学出版社2007年版，第130页。

[2]　Ibid. , p. 145.

[3]　Ibid. , p. 147.

庇古看到了资本主义社会的穷人问题，主张国家应当关心穷人，应当采取适当措施致力于福利的增加。庇古认为，增大社会福利的途径之一是收入的均等化，即政府通过一些措施把富人的部分收入转移给穷人。这样就可以增加货币的边际效用，从而使社会满足的总量增加。按照这一推论，当原来的富人由于不断转移自己的收入而直到不比其他任何人富裕为止时，社会上一切人的收入的边际效用就都趋于相等，从而总满足也就达到最大量，也就达到了和谐。

新福利经济学家论证，如果一个社会的经济体系满足了这个状态所具备的条件，即交换的最优条件、生产的最优条件以及生产和交换的最优条件，那么，该社会的资源配置达到了最优化的状态。这就是帕累托最优状态。此时，所有的帕累托改进都不存在，任何改变都不可能使至少一个人的福利状况变好而不使任何人的福利状况变坏。而正是在这时，整个社会的生产和交换都是最有效率的，社会经济福利的总和达到了最大量。但由于个人间效用是不可比较的，因此，再分配是没有意义的，因为它不能增加效用和。

社会福利函数论派虽主张既要经济效率又要公平分配，但他们只是借助纯形式主义的分析来为垄断资本主义国家的经济现状辩护，并企图利用国家制定有利于垄断资产阶级的"社会福利"政策。

对于威廉·葛德文要求取消资本主义财产关系而建立公平社会的看法，马尔萨斯进行了批判，他认为，支持这些观点的人"等于是在跟事实作对。他们只把眼光放在更美好的社会状态，用最迷人的色彩勾画美好愿望，他们自我沉溺于对所有现有国家机构的猛烈抨击中，而没有把聪明才智用于思考消除弊端最好和最安全的方法上，甚至在理论上也没有意识到威胁人类走向完美进程的巨大障碍"①。马尔萨斯认为，财富所有者和穷苦工人这两大阶级结构的划分是自然法则的必然结果。可怜的贫苦大众是每个社会不可避免的主要组成部分。而且，任何减轻贫穷与受难程度的尝试，不管出于多么好的目的，最终都会使情况变得更糟而不是好转。

西尼尔否定了阶级之间收入的差别，也坚决反对将富人的财富分给穷人以增加社会总福利的观点，他宣称，不管财富的分配是多么不平等，"没有人会认为他的需求是已经完全被满足的。每个人都有一些不被满足的欲望，以至于他相信，财富的增加将会有所帮助"②。更进一步而言，"每个人需求的属性和紧急程度同个人的性格一样是因人而异的"③。因此，我们不能在个人之间对他们从财富中获得的或是失去的效用大小进行比较。他认为，阶级差别是一种错觉，"阶级之间的区别，在很大程度上是一种错觉。在自然的情况下，工人和雇主之间的关系是自发且友好的，他们的利益是和谐的"④。因此，西尼尔认为，正确的观点应当是所有的利益都是和谐的，并是能够在自由市场和私有产权的保护下得到最好的促进。西尼尔进一步指出，只有当劳动者意识到了建立在当前利益基础上的偏见，并看到西尼尔所证明的穷人同富人的利益是一致的事实，他们才会抛弃阶级对立的错误观点，并开始支持"富人经济学"

---

① Malthus, First Essay, Vol. 1, pp. 68—69.

② Nassau Senior, *An Outline of the Science of Political Economy*. London: Allen and Unwin, 1938, p. 27.

③ Ibid.

④ Nassau Senior, *Three Lectures on the Rate of Wages*. New York: Augustus M. Kelley, 1966, pp. ix—x.

（Economics of the Rich），这最终将促进全社会福利的提高。

弗里德曼是自由经济最热情的鼓吹者和倡导者，他坚信市场的神奇之处在于，市场能够高效地组织人类经济活动，并且是最有效率的增加社会财富的生产方式。他比其他自由至上主义者高明之处在于，为了不在自由市场失灵时才转而去支持政府对自由财产权进行约束和干预，他直接从收入分配入手来说明市场决定收入的正当性。不过，他还认为，如果存在一个有限的政府，它可以修补资本主义社会中的矛盾与冲突，促进和谐。哈耶克也是和谐派的重要代表，他认为，文明进步的常识表明，一个发展迅速的自由社会比任何别的制度更多地提高处境最差者的利益，再分配的政府福利行为势必因侵犯个人财产权利和个人自由而难以为继。对于自由社会中所存在的报酬上的差异，哈耶克认为，"每个社会成员都享有某种自然权利或天赋权利（Natural Right），从其所属群体的收入中分享一确定的份额。虽说当今世界上的大多数人都从彼此的努力中获益，但我们却显然没有理由视世界之一切创造物为集体统一努力的结果"[1]。所以，社会成员所获报酬上的差异"乃是市场这种指导机制的一个不可分割的组成部分"[2]。对于收益颇丰的成功人士来说，由于获得巨额财富的"最有效和最重要的方式仍然是向那些最能提高劳动生产率的领域进行投资"[3]，所以，"不论这种成功是应得的还是偶得的，这种高收益都是把资源引向它们可以为社会总资产作出最大贡献的领域的一个要件。

---

① ［英］哈耶克：《自由秩序原理（上册）》，生活·读书·新知三联书店1997年版，第52页。

② ［英］哈耶克：《法律、立法和自由（第2卷）》，劳特里奇和基根·保罗图书公司1976年版，第161页。

③ 同上书，第167页。

当然，所有的人都是从这些总资产中获得他们各自的份额。如果个人所取得的上述那种收入不被视作是正义的，那么，我们也就没有那么多东西可以分享了，因为一如我们所知，正是个人所取得的那种高收入会激励他们对社会总资产作出最大的贡献"①。而对另一些在经济竞赛中失败或落后的人们来说，理智的态度应当是"当市场的结果对我们不利的时候，我们必须接受这些结果"②，而不应当有一种受到伤害的感觉。

美国制度学派创始人凡勃伦可以说是冲突派的重要代表，他的理论揭示了资本主义制度中崇拜金钱或商业的金钱文化的社会道德观念，从而说明了资本主义给穷人（工人阶级）的物质、精神、感情和艺术生活带来的破坏性影响。他认为，资本主义社会只是历史上独一无二的短暂的社会，这个社会是建立在为数不多的寄生性所有者组成的统治阶级剥削直接生产者的基础之上的，并把资本主义法律和私有产权看作资本家权利和工人地位下降的基础。加尔布雷思也认为，当今资本主义社会经济畸形发展及比例失调都是由于经济中两大系统的权力不平衡所造成的，权力的不平衡导致了大企业对小企业的剥削。库兹涅茨"倒U假说"表明，收入分配拉大是发展中国家的早期经济增长过程中的必然现象，是一个基本规律。随着国家经济持续的增长，这种扩大的收入差距就能自动弥合。而且，在经济增长的初期，收入分配差距拉大是必然的，也是必要的。正是这种收入差距，促进发展中国家的经济增长。

对资本主义固有矛盾与问题的揭露与批判最为激烈的冲突

---

① ［英］哈耶克：《社会正义的返祖性质》，《哈耶克论文集》，邓正来译，首都经济贸易大学出版社2001年版，第189页。

② ［英］哈耶克：《法律、立法和自由（第2卷）》，劳特里奇和基根·保罗图书公司1976年版，第161页。

学派当属激进政治学派。激进派的贫困理论不仅批判了正统派的人力资本理论，并且批判了所谓加强劳动的自由流动会消除贫困的观点。理由在于，增加劳动流动性的努力本身并不能导致贫困的消失。自由流动仅能达到这样一种情况：那就是种族和性别不再构成工作进入的障碍，并且好的工作将有可能给予那些拥有较多知识、较高技能的人们。但是，大量的低工资部分并不会较少，贫困并不会根除。更确切地说，贫困只是实现了在种族上、性别上的平等，并且他们还对美国政府应对贫困问题的政策措施进行分析批判，强调要解决贫穷问题，就必须改变社会制度或调整阶级关系以及工人阶级内部的"等级分化"情况。

大多数和谐学派经济学家都认为，目前不发达国家普遍存在的劳动生产率低下，人均收入不高，技术设备落后，居住、卫生、教育等条件差的不发达状况，是一种相对于发达资本主义国家的落后现象。他们认为这种不发达的状况是任何国家都要经历的一个历史阶段，即初始阶段。例如罗斯托无视不发达国家的过去而信心十足地预言它们会有一个类似于富国的未来。对此，激进政治经济学家进行了激烈的批判。他们认为，当前不发达国家的落后状况，不完全是不发达国家自身经济、政治、社会和文化特点或结构的产物，造成这种不发达的责任不能归结于任何国家或阶级。一些激进政治经济学家从研究发展中国家的历史和现状中看到，当今处于不发达状态的国家正好大部分是过去的一些殖民地或附属国，它们的不发达状态正是不发达的卫星国和现在发达的宗主国之间过去和现在经济、社会、政治关系的历史产物，而这些关系也正是世界资本主义制度整个结构和发展模式的一个重要组成部分。因此，他们认为："与国际上发达和不发达之间的关系相类似的是，不发达国家中所谓的国内落后或封建地区的现代不发达体制，同所谓的更加进步地区的资本主义体制一样，都是资本主义发展同一历史过程的产物。"①

此外，冲突学派的代表人物汤普森认为，资本主义天生动荡不安。这种不稳定性引起的萧条，造成了失业、经济浪费和广泛的疾苦。资本主义是一种不能避免剥削、堕落、动荡、苦难、古怪、贫富两极分化的制度。霍奇斯金指出，医治资本主义社会不公平的药方就是取消政府和法律。霍奇斯金认为，理想的社会是一个不可能存在不劳而获所有权的社会。只有那些劳动者才能获得资本，且只拥有那些帮助他们从事个体生产活动的资本。② 在这个理想的社会里，所有的生产都是为市场交换进行的。实际上，这种激进的冲突思想已经动摇了资本主义的根基。

---

① ［美］威尔伯主编：《发达与不发达问题的政治经济学》，中国社会科学出版社 1984 年版，第 147 页。
② 这种观点在霍奇斯金的后三本著作里都有表述：*Labour Defended*，pp. 86—105；*Popular Political Economy*，pp. 243—257；*Rights of Property Contrasted*，p. 101。

第五章　西方国家有关穷人问题的政策和实践

西方国家自第二次世界大战以来，为了维护其正常的社会秩序和统治秩序，力图化解和缓和"李嘉图定律"所造成的恶果——穷人问题的大量存在，在某些观念上往往向和谐思潮倾斜并在生产关系的具体形式和政策上作了局部的调整和变革。如西方国家通过全球化扩展，不断在全球范围内复制其现代资本主义生产方式；扩充中产阶级；西方国家尤其是北欧的"民主社会主义"化倾向；发展社会保障制度；重视非政府组织和慈善事业的发展，并将其视为弥补市场或政府失灵的"第三次分配"力量；强化对企业的微观规制和劳动立法以及倡导绿色的新发展观等。西方国家所做的自我调节、改良和改善，虽然在一定程度上缓解了其社会矛盾，也在一定程度上维持了资本主义的稳定和发展。但是，这并不意味着资本主义国家的社会经济问题已经得到了解决，相反的，这些问题现在依然存在并且严重地困扰着资本主义国家。可以说，只要资本主义制度存在，剥削、不平等和不稳定就必然伴随其中。

第一节　国际组织关于穷人问题的战略宣言

联合国和世界银行等国际组织在对 20 世纪 90 年代各国发

展状况进行反思和总结的基础上，提出了人类的可持续发展、人类发展、人类安全、社会安全、社会保护和社会资本等一系列的新理念和发展战略，并呼吁摒弃 Jobless、Ruthless、Voiceless、Rootless、Futureless 等一类违背"以人为本"的经济发展观念，力求推动世界范围内人类更好的发展。穷人问题再次得到国际社会的普遍重视，有望在世界范围内得到解决。

在以环境保护和可持续发展为主题的联合国环境与发展大会上通过的巴西《里约热内卢宣言》（1992 年），以及《哥本哈根社会发展宣言》（1995 年）① 这两大宣言中，"以人为中心的可持续发展"的理念得到了具体化和政策化的推动。例如，作出任何国家在社会事业如教育、文化、卫生、体育、安全环境的投资至少占 GDP 30% 的规定，并且赋予社会保障以个人化和普世化权利和原则，包括创造重返工作的刺激原则，健康保障普世权利，基本的退休金保障和家庭补贴，以及劳动

---

① 《哥本哈根社会发展宣言》（1995 年）有下述特点：（1）"民间社会广泛参加和参与制订和执行影响各国社会的运作和福利的各项决定"；（2）"具有广泛基础的持续经济增长和可持续发展模式，把人口问题同经济和发展战略结合起来将加快可持续发展和铲除贫困工作并促成实现人口目标和提高人民生活质量"；（3）"在社会群体和国家之间公平和非歧视性地分配增长利益，并扩大生活于贫穷中的人民获得生产性资源的渠道"；（4）"有利于效率和社会发展的市场力量的相互作用"；（5）"设法克服分化社会的贫富悬殊现象并尊重多元主义和多样性的公共政策"；（6）"促进民主、发展以及所有人权和自由之间的关系相互增强的稳定的支持性政治和法律框架"；（7）"避免排他性、同时尊重多元主义和多样性包括宗教和文化多样性的政治和社会进程"；（8）"按照《哥本哈根社会发展问题宣言》的各项原则、目标和承诺以及国际人口与发展会议的原则、目标和承诺，强化家庭、社区及民间社会的作用"；（9）"更多地取得知识、技术、教育、保健服务和信息"；（10）"增强各级的团结、伙伴关系和合作"；（11）"使人民有能力终身享有良好健康和生产力"；（12）"在以人为中心的可持续发展范围内保护和养护自然环境"（转引自《国际组织关于"以人为本"思想的要点》，载《开放导报》2004 年第 2 期）。

力市场和提升机会均等相结合的原则，其中包括流动的普世权利以及终身学习的普世权利。具体来看：

第一，应该一如既往地区分"发展"和"增长"的概念，"增长"的概念较为狭隘和单一，更要重视发展；要注意区分"社会发展"和"经济发展"的不同，更要重视"社会发展"，而非仅仅的"经济发展"；在"社会发展"中，既要重视世界社会的发展，因为世界社会的发展状况是衡量经济增长质量和社会福利增量的基本方面，同时又要重视人类福利、人类公平、人类尊严和人的发展。

第二，经济增长必须要与生活质量提高相挂钩，以往的发展政策往往忽视经济增长与提高生活质量之间的联系。同时，经济增长也必须与公众参与和治理等问题结合起来，在发展过程中必须保证每一个人的权利和利益，而不仅仅是投资商和精英。

第三，各国十几年的发展实践表明，在经济增长的同时收入不平等也在加剧。因此，社会发展的核心是强调消除贫困、减少失业和消费歧视。社会发展必须保证全体居民尤其是农民的收入及就业安全，增加儿童福利和改善政府的社会政策，尤其要给农村发展以特别关注，政策制定要考虑满足农村发展的基本需求，保证农民收入持续、稳定、平等地增长，为乡村人口创造更多就业机会。

第四，发展分布要注意分配方面的问题。更公平地分配人力资本、土地资本以及其他生产性资本，就意味着更公平地分配收入机会，意味着强化人民利用技术优势和创造收入的能力。

第五，发展的目标应该从"以物为本"过渡到"以人为本"，这是一个重要的发展原则。要关注所有资本，不仅是有形资本，还有人力资本和自然资本。长期以来，为了提高增长率，人们大多关注的是有形资本的积累。而实际上，其他关键资产包括人力资本、社会资本和自然资本等对穷人来说也是至关重要的。发展就是要改善人民的生活质量，提高他们构建自己未来的能力。这不仅需要提高他们的人均收入，还涉及使他们能够更平等地享有受教育和工作的机会，更好的健康和营养状况，更高水平的性别平等，更公正的司法体系，更广泛的公民和政治自由，更清洁和可持续程度更高的自然环境，以及更丰富的文化生活。其发展内容从关注人造资本到关注综合资本。

第六，重视良好治理的机构性框架也是一个重要的发展原则。政府机构的有效运转、公民自由、法规框架以及确保法律规章和民众参与的制度的透明度，对于经济发展而言都是重要的。发展动力从政府推动到社会治理，治理有方的机构性结构是为促进经济增长所作的一切工作的基础。

此外，还推出新公共服务理论和新公共服务型政府角色理论；而对 GDP 理论即西方国民收入核算及其决定理论的反思，产生了以"绿色 GDP"为代表的新国民收入核算方法。世界银行、联合国组织和一些西方发达国家已经设计出了许多种新的衡量社会进步和可持续发展的标准，其中包括"绿色 GDP"核算体系、进步指数（GPI）、MDP 综合发展指标等。

第二节　资本主义生产方式的全球化扩展

19 世纪末到 20 世纪初，随着自由资本主义向垄断阶段过渡，资本主义的经济关系也在全世界范围内得到进一步发展。在资本主义进入垄断阶段后，由于国际垄断组织的出现，资本的再生产过程已经越出了国界，资本的循环和周转必须通过世界市场来实现，使资本能够在全球范围内实现最大限度的增值。资本主义社会化生产扩展到了全世界。这一经济全球化的过程，使各国资源实现了在全世界范围内的优化配置。一方面，发达国家之间通过企业兼并和交叉投资等形式相互开发市场，更新技术，实现产业升级，达到在更大经济规模和更广范围内配置和利用资源的目的；另一方面，发达国家把劳动和资源密集型产业甚至包括高新技术产业中的劳动密集型生产环节向发展中国家转移，充分利用发展中国家的廉价劳动力资源和丰富的自然资源从事生产，实现发达国家的资金技术与发展中国家资源和劳动力的结合与有效配置。

在由西方发达资本主义国家主导的这场经济全球化过程中，从"中心国家"涌出的资本相当大程度上带动着资源的全球配置。西方国家普遍把原材料和劳动力的基地设在发展中国家，利用跨国公司和直接投资等形式对发展中国家的廉价劳动力进行深度剥削，最后，又利用价格剪刀差，从发展中国家那里掠走大部分的利润。此外，在经济全球化的推动下，西方发达国家为了在世界经济技术发展中提高竞争力，保持领先地位，纷纷进行改革和创新。如美国、德国等就采取措施，促进企业进行国内竞争，开发新技术，通过制度创新、技术创新和管理创新，提高在国际经济中的竞争力。因此，可以说西方发达国家在经济全球化中占尽了先机和优势，是经济全球化的最大受益者，不仅其资本主义生产力水平得到很大发展，综合国力也得到显著增强。而在经济全球化的另一面却是，发展中国家的物质财富和人才财富源源不断地转移到发达国家，导致贫者愈贫，富者愈富。可以说，西方发达国家的富裕和幸福在很大程度上是建立在发展中国家的贫困和痛苦之上的。

实质上，经济全球化同纯客观的自然现象不同，它绝不是某种自然规律或某种不容选择的线性技术进步的结果，而是西方发达资本主义国家为了国家利益有意识地推行，并至今仍在推行的政府政策的必然结果。

早在自由资本主义时期，即经济全球化逐渐出现萌芽的过程中，资产阶级就利用其掠夺的庞大殖民地和开拓的国际市场而为过剩资本寻求投资场所，转嫁危机，从而延长了资本主义经济危机的爆发周期，也相应地缓解了国内矛盾。马克思在分析英国经济状况时指出："1868年以来之所以没有出现危机，世界市场的扩大也是一个原因。由于世界市场的扩大，英国的，从而欧洲的过剩资本，就以交通工具投资等等的形式分配于全世界，分配于许许多多的投资场所。"[1] 可见，世界市场对资本主义国家经济的发展是起到一个"缓冲器"的作用，当国内问题和矛盾突出时，就向国外转移。20世纪80年代以来，西方发达资本主义国家凭借其在经济全球化中的主导地位，在科技、生产、金融和资本的全球流动中的垄断地位以及在一些国际性的经济组织中的控制地位，向发展中国家和全球输出和转嫁矛盾，将这些矛盾在国内的激化和危害程度降到最低点，却给发展中国家的经济带来严重危害。连美国国务卿基辛格也不得不承认："全球化对美国是好事，对其他国家是坏事……因为它加深了贫富之间的鸿沟。"[2]

因此，经济全球化也是西方发达资本主义国家为了缓和国内矛盾、缓解国内穷人问题而不断在全世界复制其生产力和生

---

① 中共中央马恩列斯著作编译局编：《马克思恩格斯全集》（第22卷），人民出版社1985年版，第386—387页。

② 史妍嵋：《经济全球化与当代资本主义新变化》，广东人民出版社2004年版，第98页。

产关系的结果，是资本主义剥削的全球化。正如汉斯·马丁和哈拉而特·舒曼在《全球化陷阱》一书中所指出的那样，全球化对于大多数国家来说是一个被迫的过程，这是他们无法摆脱的一个过程。对于美国来说，这却是他的经济精英和政治精英有意识推动并维持的过程。西方发达资本主义国家利用经济全球化进程，缓和了国家内部矛盾，掩盖了西方国家对发展中国家的剥削和掠夺，又有效地保障了西方发达国家的繁荣、富裕和稳定，使其在更为有利的条件下调整生产关系和上层建筑。然而，这些改革和调整，归根结底还是在资本主义制度的范围内所进行的体制性的变革，它只是通过外部因素的作用暂时化解了原有的矛盾，而没有从根本上解决问题。

第三节　大力扩充中产阶级

中产阶级[①]，一般是指居于最富有与最贫穷的两个阶级之间的一个中间阶层。西方资本主义国家经过数百年的工业化孕育了一大批中产阶级。第二次世界大战后，为适应生产力的大变化，西方国家在生产关系方面也作了相应的调整和变化，中产阶级在整个人口中比重的迅速增加，使得这些国家的社会结

---

① 中产阶级，有的学者称其为中间阶层，在我国也称为小康阶层。虽然目前没有哪个国家给出过官方或权威性解释，但根据一些国外资料，中产阶级可以被认为是社会中的这样一部分人，他们既不特别富有也不贫穷，拥有住房、汽车等一定数量的财产或资产，受过高等教育，从事较好的商业或专业性工作（如经理、律师、医生、会计师等），有相似的价值观念或相对独立的意识形态。在当今西方国家，这部分人主要属于既非富豪又不掌握很大权势的白领阶层。据统计，2002 年瑞典人均 GDP 为 25400 美元，中产阶级的比重占 55%；德国人均国民生产总值超过 2 万美元，中产阶级大约占 50%；世界银行 2006 年发布的年度全球经济展望报告称，中产阶级的数量占全球人口的 7.6%，并预测，到 2030 年，中产阶级的数量将增至 12 亿，占全球人口的 16.1%。

构由传统农业社会的"金字塔型"① 转变为现代工业社会的"橄榄型"②。英国学者 T. 马歇尔就曾指出：中产阶级的增长是 20 世纪上半期西方社会发展的最重要的结果。"几乎整个西方社会正在变成一个巨大的中产阶级。"③ 中产阶级队伍的壮大为解决穷人问题、缓和社会矛盾起到了至关重要的作用。职业稳定、收入稳定、消费能力和生产能力都比较稳定的中产阶级，是社会稳定和进步的基础。这也是第二次世界大战后多数西方国家长治久安的社会结构因素。中产阶级的发展在西方不同发达国家有着不同的特点，其中以英国、美国、瑞典和德国最为典型。

一 英国的中产阶级

第二次世界大战后，英国和其他西方发达国家一样，中产阶级④的兴起曾是一个非常引人注目的现象，它在整个人口中的比重迅速增加，为缓和当时的社会矛盾的确起到了至关重要的作用。有学者认为，英国中产阶级指具有 3 万到 20 万英镑流动资产的阶层。在英国学术界，人们一般认为专业人员和主要由自我雇佣者构成的小资产阶级组成了中产阶级的主体，而与这两个群体相近的企业经理/行政主管群体和白领工人群体是否属于中产阶级往往成为争论的焦点。

在英国，推动中产阶级发展的因素主要有：第一，20 世

---

① 在社会分配结构中中低收入者占了绝大多数，越往上人口比例越低，整个分布结构呈"金字塔"形状。

② 又称"纺锤体形"或"菱形"结构，指全社会的收入分配按水平分布呈"两头小、中间大"，类似橄榄形或纺锤体形或菱形。

③ 马健行等：《垄断资本概论》，山东人民出版社 1993 年版，第 523 页。

④ 这里指的是新中产阶级，不同于第二次世界大战以前的老中产阶级。

纪30—70年代，经历两次世界大战之后，英国债台高筑，国际收支逆差剧增，在这种背景下，英国政府视凯恩斯主义为政策核心，以防止20世纪30年代大萧条为基本目标，维持经济稳定和低失业率，在此基础上恢复和发展经济。此间发展战略的主调是凯恩斯主义和"福利国家"理论，及微观经济思想和收入政策作为补充，促使英国经济在不断寻求平衡中向前发展，为中产阶级的形成奠定了理论思想基础，这段时间是英国中产阶级形成的主要阶段，社会相对安定。第二，英国的税收和福利政策为家庭收入的再分配起到重要的调节作用，为中产阶级的发展壮大奠定了制度基础。第三，产业结构的不断升级为中产阶级的壮大提供了物质基础。煤矿、交通和制造业等传统产业部门在产业结构转变中衰退，而新兴的服务业发展很快。产业结构的变化带来劳动力就业结构的变化和收入的大幅度提高。1973—1996年，英国的就业人口基本保持不变，从2471.6万人微升到2482.9万人，其中从事农业的人员所占的比重继续缓慢下降，从3.0%下降到1.3%，从事工业的人员所占的比重则大幅度地下降，从42.0%下降到22.9%，而从事服务业的人员所占的比重则大幅度地上升，从55.0%上升到75.8%。[①] 随着产业结构的变化，劳动力工资收入也随之发生变化，工作在高赢利的新兴产业部门的工资收入就较高。第四，第二次世界大战后，不断的工人运动，使劳动者在初次分配中分享到部分剩余价值，直接促进了中产阶级的发展壮大。

　　然而，20世纪70年代末期以后，英国的收入差距和财富占有的贫富差距又出现扩大的趋势，中产阶级的人数规模开始

---

　　① 李培林，英国近20年社会结构的变化，www.china.org.cn/chinese/ch—wzh/2.doc。

出现萎缩。

二　美国的中产阶级

第二次世界大战后，由于科学技术革命的广泛开展和资本主义经济的迅速发展，美国的社会关系和社会阶级结构也发生了许多新的变化，其中最突出的就是中产阶级的崛起和发展。可以说，中产阶级是美国社会的黏合剂，保证了美国社会和平而稳定地从无序向有序转型。

目前，虽然普遍认为美国中产阶级人数占总人口的绝大多数，但美国中产阶级的具体比重和划分标准却存在争议。有人认为凡年均收入在 3 万美元至 10 万美元的人群都属于中产阶级，以此标准衡量，美国 95% 以上的人都应该属于中产阶级。另一些人则认为，美国中产阶级的人均年收入标准应该在 4 万美元至 20 万美元，凡人年均收入在此区间的，都可以算是中产阶级。以此标准而论，美国中产阶级大约占总人口的 80%。

美国社会学家 C. 赖特·米尔斯（C. Wright Mills）按职业界定的方法将农场主、小商人和自由职业者归之为老中产阶级。美国老中产阶级的形成是美国 19 世纪自由经济历史性变化的时代产物。这种历史性变化改变了农村与城市生活，改革了旧的生产方式，而将中产阶级从旧世界中异化出来。据米尔斯估计，1820 年，全美有 3/4 劳力从事农业生产。这些数量巨大的农场主是天生的企业家，在资本主义秩序——契约社会的信条下，投机地产、棉花、铁路。19 世纪中后期，随着公司经济的发展，私人农庄型农业变得更像一个商务管理实体。在农场主阶层出现了从事农产品加工的企业家，他们不仅是工厂的创业者，同时还从事金融业和商业，他们构成了美国老中产阶级的中坚。米尔斯将随着美国 20 世纪公司经济的发展而产生的经理、雇佣职业者、推销员和诸多的办公室职员归之为新中产阶级。这部分人一般靠薪水生活，他们是以知识和技术提供服务的白领阶层。在劳务市场上，他们不是以对资产的占有，而是以收入、权力、威信得到人们的认可。美国新中产阶级由于受教育程度较高，其生活方式一般都带有小资情调，追求生活的享受。

推动美国新中产阶级发展的因素主要有：第一，战后科技革命的发生。20世纪40年代中期从美国开始的科技革命，不仅涉及领域多，而且发展速度快。战后科技革命使生产力的各个要素发生了革命性的变化，改变了生产方法和劳动的形式，出现了新的劳动分工和过去所没有的新岗位或新职业，尤其由于电子计算机的出现，使传统的机器体系由过去的三部分（动力机、工具机和传动机）改为四部分，即增加了控制机，实现了生产和工作的自动化和半自动化，电子计算机不仅能代替人的体力劳动，而且能部分地代替人的脑力劳动。正因为有了这种科学技术方面的实质性变化，所以在生产过程中人们越来越多地从事设备的调控、检验、维修、监测等工作，形成了大量的工程技术、检测、看仪表等技术工作者，而且其数量不断增长。第二，产业结构的调整。在三大产业中，第一产业的比重大大下降，它在国民生产总值中的比例已变得很小。第二产业的绝对量虽有所增长，但在国民生产总值中的比例也在下降。与此不同的是，第三产业在战后却一直发展很快，其在国民生产总值中的比例已经大大超过了第一、二产业。与产业结构的调整相适应，就业结构也发生了重要变化，在第一、二产业部门的就业人数迅速下降，而在第三产业部门的就业人数却大幅度上升。就业结构变化的关键因素是采用新技术后使物质生产部门（即所谓第一、二产业）的劳动生产率迅速提高，从而使物质生产部门的就业人数大幅度下降。由物质生产部门裁减下来的劳动力被迅速膨胀的服务业吸收进来,造成第三产业即所谓非物质生产部门就业人数的大幅度上升。20 世纪 80 年代后期,美国兴起了以信息产业为代表的新经济以后,第三产业又有了新的发展,传统制造业要么萎缩下去,要么为高新技术所改造,其就业人数有进一步下降的趋势。第三,资本所有权与使用权的分离。在美国当代资本主义条件下,由于股份公司的迅速普及,造成了资本所有权与使用权完全分离的经济条件,它一方面通过股票发行把资本的所有权推向整个社会,从而把资本的所有权排挤出实际的生产过程;另一方面又通过建立经理制度把资本的使用权交给了公司专门的经营管理人员。公司的经营管理者队伍,他们自己一般不掌握股票控制额,不是资本的主要所有者,而是被雇佣来从事公司的高层和中下层的经营管理工作,使公司的经常业务得以正常运转。第四,资产阶级统治策略的变化。在资本主义发展的早期阶段,资产阶级与无产阶级的对抗采取的形式是野蛮的、赤裸裸的。随着社会生产力的发展,无产阶级斗争的深入和资产阶级统治经验的积累,在战后,美国资产阶级在统治策略上进行了比较重大的调整。资产阶级已经意识到,随着他们获取的剩余价值的日益增多,对工人和其他劳动者的最低权利和改善生活的基本要求采取不理睬的态度已经是不可能,甚至是很危险的事情了。因此,他们废除了作为资本主义早期阶段特征的那些琐细的哄骗和欺诈手段,采用了股权分散化的措施,使本公司的经营管理人员和普通职工也掌握少量股票,成为所谓的"股东",从而适当降低大股东的持股率。同时,公司决策层注意吸收职工代表参与对公司的管理和监督,鼓励职工为公司提合理化建议,尽其所能缓和劳资关系和劳资矛盾。此外,资产阶级也注意从微观和宏观两个层面上提高工人和其他劳动者的收入水平。

三　德国和瑞典的中产阶级

从历史上看，德国的哲学团体的作用非常重要。由于这个群体既无力推翻他们的社会，又无经济实力去进行一场工业革命，于是他们倾向于集中精力构造社会的思想体系。在德国中上层阶级知识分子中间，他们对社会进步的必然性和对科学以及经济进步的好处充满信心，并能与官僚制的行政管理和上层社会的责任意识相互结合。这种思想是德国中产阶级产生的思想基础。

第二次世界大战后，西欧的社会民主党人受这种哲学思想的启示，他们认为自己能够找到一条既不同于美国式的自由资本主义也不同于前苏联式的共产主义的独特道路，这就是他们所谓的"第三条道路"，即实行社会市场经济体制或模式，主张在不触动资本主义根基的基础上对资本主义进行改良，提出使政府与公民社会（社区、私人、自愿部门）结成合作伙伴关系，以培育一个积极的公民社会。"第三条道路"的实践核心就是要扩大中产阶级的比重，形成"橄榄型"的社会收入结构，建立一个更加融洽的社会。"第三条道路"的一项重要内容就是实行"劫富济贫"的福利制度。良好的社会福利制度为人民提供了一般性的医疗服务、失业保障以及其他社会需要；发展鼓励人们自立（而不是依赖）的税收和福利政策；通过提高教育水平和加强基础设施建设，使人们获得更多的公平就业机会；鼓励中小企业的发展。这是中产阶级形成并扩大的制度保障。这些都对推动中产阶级的发展起到了重要的作用。

此外，工人运动（特别是白领的运动）和政党运动也推动了瑞典和德国的中产阶级的发展。工人向雇主索取部分剩余价值，使得分配相对合理；并在企业管理中推行雇主与职工的"共决制"。在争取执政的过程中，不同的政党都会部分地采纳工人运动的某些主张。

最后，瑞典和德国都非常重视发展教育，特别是高等教育。众所周知，中产阶级一般都受过高等教育，具有专业技术。教育和培训是"第三条道路"的政治家们优先考虑的重点，他们把教育投资看成是政府的一项势在必行的任务，是机会再分配的一个重要基础。他们把向贫苦人家的孩子提供受教育的机会，视为政治民主、社会公平的基础。德国拥有世界上最顶尖的技术、最好的教育体系以及最有成效的经济体系。第二次世界大战后，进入大学的德国青年人数增长了三倍，而德国的商学院和技术学校则是全球顶尖。瑞典和德国通过普及高等教育造就了中产阶级的后备军。

第四节　西方国家的民主社会主义混合经济模式

西方经济学一般把战后资本主义的国有与私有并存、计划与市场并用、国家干预的现代市场经济统称为混合经济。① 这是一个广义的概念。狭义上的混合经济指欧洲社民党实行的在私有制的前提下国家和集体占有生产资料，实行生产资料所有权职能的部分社会化、计划与市场并用的一种经济运行模式。② 这里论述的西方国家的混合经济模式主要以北欧为例，

---

① 罗肇鸿、张仁德主编：《世界市场经济模式综合与比较》，兰州大学出版社 1994 年版，第 115 页。[美] 阿兰·G. 格鲁奇：《比较经济制度》，中国社会科学出版社 1985 年版，第 61—64 页。

② 马啸原主编：《民主社会主义思潮研究》，云南大学出版社 1993 年版，第 175 页。

指的是民主社会主义混合经济模式。

北欧社民党的混合经济模式渊源于 20 世纪 30 年代社民党反危机纲领、战时经济管制及战后重建措施。可以说，社民党的反危机实践奠定了社民党混合经济模式的政策和理论基础。随着第二次世界大战的爆发，社民党更加强了国家对经济的干预。因第二次世界大战给北欧各国造成的损失不一，各国的经济政策稍有差异。战后紧急状态一结束，丹麦就开始实行相对自由的经济政策，给法人企业以较多的自由；瑞典一度因社民党的经济计划发生争议，但最后还是实行了保持经济总量平衡的经济计划；挪威战时管制措施直到 50 年代末才结束，从 50 年代末开始采取比较灵活的工业和地区发展政策。此时，凯恩斯主义的经济政策成为北欧各国社民党政府普遍奉行的经济政策。

纵观社民党从第二次世界大战后到 20 世纪 70 年代的执政实践，其混合经济模式主要体现在以下几个方面：

一　私有经济为主体的多种所有制结构

私有经济是北欧国家最主要的经济成分，北欧的工业、农业、对外贸易和金融部门基本上都掌握在私人手里，其生产和流通也几乎完全依靠市场机制。瑞典、挪威和丹麦都是资本高度集中的国家，虽然他们自称是"自由经济"，但实际上已发展成为垄断资本主义经济。据瑞典财政部统计，90%以上的生产资料归私人所有。各行业的私营成分比重如下：钢铁业 86%，化学工业 92%，森林工业 89%，食品工业 84%，汽车工业 100%，零售商业 89%，银行 91%，土地及农业生产 100%。私营企业雇佣的劳动力占总数的 84%。① 挪威私营企

---

① 转引自江春泽《比较经济体制学》，人民出版社 1992 年版，第 125 页。

业系统占生产和就业的 85% 左右，50 个家族掌握着全国资源和生产的大部分，他们直接或间接控制着全国生产与销售的 3/4。丹麦则是 200 多家大企业控制了全国 60 多种最重要的工业品生产和销售的 75%。最大的垄断组织大东公司是商业、航运、造船康采恩。其次是水泥托拉斯弗·尔·史密斯垄断了丹麦的建筑行业；而穆勒康采恩则是航运、造船康采恩。[①] 因此，北欧国家经济的特点是私有经济是其所有制的主体和基础。

国有经济在北欧经济中不占重要地位，政府经营的企业主要集中在采矿业、交通运输业、公用事业和专卖事业（如烟酒和药品的专卖）领域。政府经营的采矿业大都是为了帮助企业摆脱困境和破产而从私人手里接管过来的；交通运输业和公用事业多数是由于无利可图，私人不愿经营，只好由政府来经营。在北欧，国家控制着 90%—95% 的铁路网，瑞典和丹麦控制着电力生产的 50%，挪威则控制着电力的 80% 以上。按产值计算，1978 年瑞典国营企业在公用事业中占 95%，在交通运输业中占 60%，在采矿业中占 56%，在制造业中占 9%。[②] 政府经营专卖事业是为了控制消费，特别是烈性酒的消费，而药品专卖则是为了有效地控制价格。

公私合营经济在三国经济中不占主流，它们多半是为了提高原来的一些国营企业的效率和改善经营而改为公私合营的，并且大都以股份制为基础。例如瑞典的 SMT 机械公司便是由国营改为公私合营的。所以，应该说北欧的混合经济实际上是

---

① 张润森：《北欧地区的经贸特点》，《世界经济文汇》1992 年第 5 期，第 43 页。

② 余开祥主编：《西欧各国经济》，复旦大学出版社 1987 年版，第 320 页。

国家垄断资本与私人垄断资本的结合。合作社经济在北欧国家所占比重很小，主要包括消费合作社和生产合作社。消费合作社集中在商业部门，尤其是零售业。

二　政府对经济的控制与干预

北欧社民党政府对国家经济加强控制的主要手段是通过国家经营的企业来对工业化性质、部门、地区、结构、经济效益、增长速度和资本主义再生产的其他方面施加影响。政府利用高度集中的国家所有制，努力提高产品的竞争能力和增加产品的出口。例如，由于木材价格很大程度上取决于运费，而瑞典森林的大部分集中在北部，并且伐木场也分散，瑞典政府针对这种地理条件在这些地方扩建了运输网。在挪威，其国营及半国营电力冶金和电力化学企业用的是政府提供的廉价水电，因而促进了耗电量大的工业的发展。另外，挪威政府对北海石油和天然气也直接经营。

社民党政府对国民经济的间接调节主要通过工资、税收和福利措施来调节，以求实现经济稳定化和收入均等化。主要措施有：第一，实行团结一致的工资政策，缩小工资差距，国家对机关、学校、医院等事业单位以及国营企业的职工工资均有统一规定，差距一般都不太大。由此看出，社民党政府试图通过这种办法实现纳税前的收入均等化。第二，实行累进税制，国家对工资征收所得税税率（包括社会保障税在内）大约为50%；对工资以外收入的征税，边际税率可高达70%。因此，社民党政府试图通过累进税达到纳税后的收入均等。第三，大力采取各种福利措施。北欧国家的预算差不多有70%用于转移支付，其目的在于使低收入者获得更多的津贴与补助。社民党试图通过这种措施最终达到收入平等。国家对农民、渔民都给予必要的补贴，其方式是通过政府的高收购价格来实现。粮食由国家按高价收购，再按市价卖给居民和零售商；牛奶由农民合作社的加工场收购，低价销售后，购销差价由国家补贴；其他农副产品由国家规定最低保证价格，零售价格低于保证价格时，差额由国家补贴。国家对农产品出口也实行补贴。

对外经济是国家调节的主要领域。北欧国家的预算、信贷和其他调节方法在国家干预和混合经济模式中占有重要地位。社民党政府广泛运用信贷政策保护出口和对发展中国家的投资。所以，尽管工业为私人所有，但国家可以通过多种手段来干预。

三 实行指导性经济计划

北欧国家的经济计划，以挪威和瑞典最为典型。第二次世界大战后初年，中期（四年）国家预算是计划国内生产总值增长以及私人的公共消费和投资之间分配的出发点，它同时为指导年度经济核算提供了一个总的框架。长期计划（20年或30年）主要在工业化、都市化、经济增长率和增加空闲时间的活动、保护国家环境等方面选择有效方案。挪威工党政府通过年度计划适应经济形势的变化。瑞典的国家计划始于1943年，当时因正处于战争时期，计划是预算性的年度计划，其目的主要是防止总需求超过总供给，抑制通货膨胀。这种计划一直延续到1947年。1947年以后，社民党政府实行更为广泛的国家计划，主要是年度计划和五年计划。瑞典国家计划是指示性的计划。

北欧的混合经济模式自1973年世界经济危机爆发以来，面临着许多挑战，也出现了不少新问题。为此，社民党政府在20世纪70年代中期至80年代相继对各自的经济政策作了一定的调整与改革。90年代以来，社民党又作了以下几方面的改革：一是调整政府开支，削减社会福利和企业补贴，增加教育和职业培训经费，创造就业机会。1993年3月北欧理事会会议专门讨论了就业问题，与会五国首脑（包括芬兰、冰岛）一致主张加强科研和教育部门投资，加强职业培训，辅导劳动市场人员，改革解聘条例等。① 二是改革税制。北欧各国深感多年推行的所得税及公司税等起点太高，严重影响了公司投资和个人发展的积极性，并且阻碍劳动生产力的发展，因此，各国政府开始改革税制，降低各种税收底线。三是加强金融市场管理。瑞典针对其金融市场混乱的局面，专门成立了一个包括外国专家在内的27人经济委员会，以向政府提供治理经济的决策建议，其重要主张之一就是制定五年和十年政府干预、稳定货币价格的计划，加强金融市场的长期稳定性。另外，瑞典和挪威也加快国营企业的改革，主要措施有："充分下放经营权，大力推行股份法律化、规范化管理等。"②

总的来看，北欧的混合经济模式是各国政党、利益团体"合力"作用的结果，其经济基础是私人垄断资本主义。在20世纪70年代以前，该模式是高度生产性和有效率的；70年代中期以后，由于受世界经济危机和混合经济模式带来的社会开支占国内生产总值比重过高、产品成本过高等问题的影响，混合经济模式陷入平等与效率的矛盾之中，使得经济增长变得乏力。此外，北欧混合经济模式中国家干预的加强、计划与市场

---

① 杨义萍：《北欧地区经济政策的新举措》，《国际资料信息》1993年第12期，第14页。

② 国营企业改革的详细内容，参阅韩继云《瑞典政府改革国营企业管理的启示》，《改革》1993年第3期，第142—146页。

的并用，也反映出生产社会化的要求。

第五节　西方国家的社会福利制度

一　西方国家福利制度概述

（一）西方国家的社会福利制度的建立与发展

在西方国家，社会福利制度的起源与道德、宗教紧密相关。早期社会福利由教会来实施，实行的范围很小，不是现代意义上的社会福利制度。西方现代社会福利制度是工业化、社会化大生产的产物，其实施与政府的行为联系在一起。20 世纪 30 年代的经济大危机使得西方国家的福利观念有了进一步发展。在凯恩斯主义的影响下，对于国家对内保护职能的重要性，西方发达国家达成了共识，在社会政策上，主要表现在三个方面：第一，由政府出面提供与个人及家庭收入相应的最低收入保障；第二，政府有责任帮助个人和家庭抵御社会风险（如疾病、老龄和失业）可能带来的危机；第三，政府保证所有的国民个人（无论其社会地位的高低）享受尽可能最好的、不确定上限的社会服务。[①]

第二次世界大战后，西方各主要资本主义国家受战争结束时以及其后的国内外形势的制约，都先后通过立法，采取了以社会保障为主的福利措施。各国政府将实现"充分就业"及制定社会福利措施当作自己的责任，相继走进"福利国家"阶段。"福利国家"不等同于社会保障或社会政策，而是它们的加总。

（二）西方国家福利制度的危机

"福利国家"在第二次世界大战后经历了二十多年的发

---

① 周弘：《福利国家向何处去》，社会科学文献出版社 2006 年版，第 17 页。

展，曾对资本主义国家的经济发展、社会矛盾的缓解起过一定的积极作用，但从 1973—1975 年的世界经济危机以后，它的消极影响逐渐突出，"福利国家"陷入困境。

1. 西方国家福利制度危机的表现

第一，财政陷入困境。20 世纪 70 年代以来，西方发达资本主义国家相继出现了严重的"滞胀"现象，经济增长速度普遍大幅下降，通货膨胀严重，失业增加，外贸增长速度显著减缓，相应地，失业和贫困人数在剧增，社会福利开支也随之增加。其结果是带有"刚性"特点的高社会福利和社会保障开支的增长幅度快于同期整个经济的增长幅度，从而使政府财政赤字不断增长，经济和财政不堪重负。

事实上，这些国家通货膨胀加剧的一个重要原因，就是政府开支不断增加导致财政赤字大幅度增长，政府要维持庞大的政府开支就只能不断增加课税。社会福利支出的不断增加，还对企业和个人负担的社会保险缴费造成了很大的压力，给企业生产经营带来了不利的影响。在"福利国家"普遍存在的一种现象就是高赋税与高财政赤字并存。

第二，失业严重。在"福利国家"，与高工资、高福利并存的是高税收负担，这种情况导致雇主雇佣劳动力的成本不断上升，此时，企业只能或者减少雇佣工人；或者缩小本国的生产基地，将其转移到具有丰富廉价劳动力资源的发展中国家；或者提高商品价格，将其负担的福利费用转嫁出去，而这又会降低企业产品的竞争力，影响企业的发展，最终影响就业。另外，由于社会福利计划基本保证了失业者及没有正常收入的工人也能获得维持基本的福利性津贴收入，而且这种福利性津贴收入一般不需要缴纳所得税，因而社会福利计划在一定程度上降低了失业者失业期间寻找、恢复工作或变换工作的积极性。

很多人宁愿失业，也不愿意工作。这两方面的结果无疑加重了"福利国家"的失业状况。

第三，行政低效率，结构不合理。"福利国家"臃肿的福利机构，是阻止社会福利制度充分发挥应有的积极作用的重要因素，同时也是调整福利政策的重要障碍。政府官僚机构的扩大，不仅增加了社会福利的行政管理费用及管理人员所需的福利开支，增加了广大公民因申请福利津贴或救济的繁琐手续而造成的种种麻烦，而且使政府权力更加集中，运转更不灵活，办事效率更低，并使社会福利制度的结构变得不合理。

第四，社会危机。随着福利经济制度的不断发展，"福利国家"所实施的高福利政策及社会福利实施过程中的平均化，使人们产生了对社会和政府的依赖，造成了一种不干或少干工作照样可以生活得很好的社会观念。人们认为，政府有责任和义务防止贫困，保证社会公平。由于政府对所有的人都提供一定的生活保障，社会福利政策实际上具有一种"奖懒罚勤"的效果，因而会鼓励懒惰，不利于社会勤勉精神和工作道德的建立，削弱了社会的生机和活力。

二　西方主要国家的福利制度

（一）英国的社会福利制度

1. 英国社会福利制度的形成与发展

英国是世界上最早建立社会福利制度的国家。工业化开始之后，在城市贫困化现象不断加剧、传统农业社会的救济体制趋于瓦解的背景下，为维持社会稳定，1601 年，英格兰议会通过了旧《济贫法》，开创了社会救济的先河。1782 年，英国议会又通过了《吉尔伯特法》。1834 年，英国议会对济贫法进行了修正，通过了新《济贫法》。虽然英国历史上的济贫措施具有一定的社会救济功能，但在价值观念上，英国政府一直把赤贫现象作为穷人个人原因造成的"病态"来进行处理，把救济和强制劳动结合起来，这在一定程度上不仅不能减少社会贫困现象，而且在一定程度上还深化了阶级矛盾和阶级仇恨。

19世纪末20世纪初，在多种因素的作用下，英国各界对贫困问题给予了广泛的关注，逐渐完成了建立现代社会福利制度所需观念的转变过程。经过20世纪初劳合·乔治自由党政府的社会改革和两次世界大战期间的福利制度建设，英国的社会福利制度、职业福利制度和社会保障制度充分地结合起来，构建了福利国家的基本框架。第二次世界大战结束后，英国在"贝弗里奇"报告的指导下，建成了比较全面的福利国家制度。1946年，英国颁布了《国民保险法》和《国民医疗保健法》，1948年颁布了《国民救济法》，这三个法律的施行，标志着英国已经建成了现代社会保障制度，保险覆盖面已经遍及全体公民，保险项目已经达到了"从摇篮到坟墓的水平"。以后的福利国家制度在相当长的时间里运行良好。但是，随着经济的持续衰落，英国从20世纪70年代开始面临严重的经济与社会危机。80年代，以撒切尔夫人为首的保守党政府对福利国家制度进行了较大的调整。90年代后期，主张"第三条道路"的工党政府上台执政，把英国的福利国家改革推到了一个新阶段。

2. 英国社会福利制度的问题与变革

英国的社会福利制度最主要的问题是公共开支比重较大，财政负担沉重，同时福利收益水平偏低，社会贫困化现象相对严重。出现这些问题的原因，一方面与战后英国经济发展缓慢、国际竞争力下降有着密切的关系；另一方面，也是最直接的原因则是英国的社会福利体制存在着制度性的缺陷，从而加剧了英国福利国家危机的严重程度。

首先，英国社会保障制度的资金结构不合理。英国的社会福利制度不是作为社会保险的"补充"或"补救"的部分，而是作为与之并行的制度体系而存在，这就给英国的公共开支增加了负担。其次，英国福利国家制度一直是"低入低出"。一方面，英国社会保险税在西欧国家中是最低的，社会保障制度支付主要依赖于公共开支；另一方面，多数社会保障项目的收益在西欧国家中也是比较低的。同时，单纯依靠养老金生活的老年人和依靠失业津贴生活的失业者，都生活在贫困线以下。20 世纪 70 年代以后，英国的公共开支出现了严重的赤字，导致通货膨胀，反过来又刺激了社会福利开支的增加，形成了恶性循环，英国福利国家制度面临严重的危机。

1979 年年底，撒切尔夫人领导的保守党政府开始对英国进行了长达 16 年的新自由主义改革。"撒切尔革命"的实质是使英国政府在指导思想上摆脱凯恩斯主义的影响，全面否定第二次世界大战后英国的"社会主义"实践，使英国的福利国家制度发生了重大转型。撒切尔政府把削减公共开支当作最重要的目标，改革的基本思路是用"选择性原则"代替"普遍性原则"，让社会福利真正起到帮助穷人的作用，而不是平均分配。1997 年布莱尔领导的工党政府上台以后，将"第三条道路"作为自己的施政意识形态，工党政府提出了新福利制度的 8 项原则：围绕"工作观念"重塑福利国家；公私福利合作；提供高质量的教育、保健和住房公共服务；扶助残疾人；减少儿童贫困；帮助极度贫困者；消除社会保险中的欺诈行为；将政府的工作重心从发放福利津贴转向提供良好的公共服务，使现代福利制度灵活、高效、便民。在社会福利制度改革方面，工党政府试图通过福利制度促进就业、扶助弱势群体，在减少贫困的同时，降低人们对社会福利的依赖性，提高工作的能力。

（二）瑞典的社会福利制度

1. 瑞典的社会福利制度的形成和发展

瑞典的社会福利制度也是与工业化进程同步进行的。从历史上看，教会曾经在瑞典发挥过组织社会慈善事业的作用。19世纪中期，瑞典在北欧国家中率先实现了工业化。随着工业化进程的不断加速，这些传统的福利逐渐不能满足人们的需要，于是，现代社会保障制度就应运而生了。瑞典从20世纪初开始建设社会保障制度。20世纪30年代大萧条时期，瑞典的社会保障制度得到了全面的发展。瑞典社民党执政后进行了一场类似罗斯福"新政"的社会改革，第二次世界大战期间，瑞典作为中立国，保持了较高的经济增长率。第二次世界大战结束后至20世纪70年代的石油危机前这一阶段，瑞典经济持续增长，其福利国家制度处于"黄金时代"。经过30年的发展，瑞典建成了世界上最为典型的福利国家制度：社会再分配程度很高，具有很强的平均主义色彩。石油危机后，瑞典经济走入低谷，福利国家制度也开始面临严峻的挑战。近20年来，瑞典一直在进行经济改革，主要措施包括：削减公共福利开支，增加教育和职业培训费用，使用福利国家的现有机制来解决失业问题等。但是，总的来看，瑞典福利国家制度的基本框架并没有改变，居民收入差距较小，阶级矛盾也比较缓和。

2. 瑞典社会福利制度的问题与变革

瑞典社会福利制度的基本特点是由国家出面实行高水平的社会再分配，因而不得不依靠高税收来保证高福利。在经济低速发展的背景下，福利国家制度所依赖的高税收已经成为制约瑞典经济的沉重负担，而其高水平的社会福利制度，一方面对人们的经济热情产生了一定的消极影响，人们过多地追求"生活质量"和"闲暇"，经济动力不足；另一方面它带来的劳动力成本过高已经明显制约了瑞典中小企业的发展。20世纪70年代中期，瑞典政府就已经着手改革福利制度，但与其他国家比较而言，瑞典改革的幅度不大，没有触及基本结构。其改革内容主要涉及三个方面：减少社会福利开支；进行社会福利管理分散化和社会福利私有化改革；完善项目机制，减少社会福利开支方面的浪费。

（三）美国的社会福利制度

1. 美国社会福利制度的形成和发展

美国的工业化进程比西欧国家晚，社会福利制度的建设开始得也比较晚。20世纪30年代的罗斯福"新政"标志着美国社会福利制度的基本形成，60年代民主党政府的"伟大社会"计划则标志着美国的社会福利制度走向了完善。从历史上看，"新政"以前的美国社会福利制度主要是由两部分组成的：首先是按照英国的济贫体制，建立了一些公立和私立的"慈善"机制；其次，由于美国的工业化进程基本上是在"空地"上进行的，因此不少工厂都兴办了工人宿舍、商店、教堂和图书馆等公共设施，使企业具有了一些社会福利功能。从社会层面上看，由于当时美国的社会模式是以职业福利为核心的，为保持社会的稳定，罗斯福实行"新政"，在运用多种手段促进就业的同时，通过《社会保障法》建立了与职业福利体系并行的社会保障制度，同时建立了以社会救济为核心的社会福利制度。

第二次世界大战以后，美国并没有建立起像西欧国家一样全面的社会保障制度，但是强调"针对性"与"社会需求"的社会福利制度却得到了长足的发展。1965年，连任的约翰逊总统开始把他的社会改革纲领统称为"伟大社会"计划，同年推动国会通过了面向65岁以上老人的"医疗保障计划"，面向低收入阶层的"医疗补助计划"，对全国中小学的教育补贴计划，面向高等学院的贷款和奖学金计划，附有给低收入家庭津贴的扩大公共住房计划，区域经济规划和发展方案，区域性特殊补助计划，等等。从历史上看，"伟大社会"计划对美国的社会福利制度起到了巨大的推动作用，在此后的十几年间，美国政府对社会生活进行干预的深度和范围都有了根本的扩大。为建设"伟大社会"，美国政府对就业、福利、教育和发展等领域进行了广大的干预。据统计，到1980年，有大约一半的美国人都享受到了社会福利制度不同程度的照顾。

2. 美国社会福利制度的问题与变革

由于美国社会福利制度的覆盖面比较小，社会再分配程度比较低，因此和多数西欧国家比起来，存在着更严重的贫困问题和不平等现象；与此同时，由于美国社会福利制度存在体制性的缺陷，所以同样面临财政困难。20世纪60年代民主党社会改革之后，美国的福利费用直线上升。80年代里根政府上台后，开始对福利国家制度进行改革，但此时美国已经形成了一定程度的福利刚性。改革可以延缓社会开支膨胀的速度，但却很难逆转其不断上升的趋势。80年代的改革重点：一是压缩福利、削减开支；二是试图实现机制的转变，使社会福利制度在机制上更加合理，由消极的"消费"向积极的"社会投资"方向转化。强调穷人应该主要通过家庭、志愿组织和私营社会福利机构实现自助，减少对于社会福利的依赖性，同时推出了多种福利改革实验项目，试图实现以工作替代福利的目标。克林顿政府的改革更加兼顾了公平与效率的关系，改革的重点是用工作替代福利，但在改革的核心内容方面与历届政府并没有实质上的区别。

美国社会福利制度改革的主要特点是，依靠经济扩张和就业增加来确保良好的社会经济环境，减少人们对于社会福利的依赖性。从某种意义上说，美国经济连续 10 年的扩张、逐渐好转的公共财政状况和相对较低的失业率似乎已经从一个侧面证明美国社会福利改革的成功。但是，在美国社会福利制度的改革过程中，贫富差距加大的趋势日趋严重。美国政府对社会福利项目进行了较大的削减，使贫困家庭面临更加深重的困境。

第六节　西方国家对 NGO 和慈善事业的重视

一　西方国家 NGO 概述

NGO 是英文"Non—governmental Organization"的缩写，直译为"非政府组织"，类似的用语还包括：非营利组织（Non—Profit Organization，缩写为 NPO）、公民社会组织（Civil Society Organization，缩写为 CSO）、第三部门（Third Sector），等等，我国国内官方通常将其表述为"民间组织"。NGO 这个概念始见于 1945 年 6 月签订的联合国宪章的第 71 款中，在 20 世纪 80 年代引起西方广泛关注。目前国内外研究者对于 NGO 的定义有 50 多种，尚未达成共识，但人们大多比较认同美国约翰·霍布金斯大学的莱斯特·M. 萨拉蒙（Lester M . Salamon）教授所下的定义，他认为，凡是具有以下五个特征的组织即可视作 NGO 的一部分：即组织性、民间性、非营利性、自治性、自愿性。

非政府组织的非营利性和公益慈善性的特点使得其在一定程度上可以弥补市场失灵和政府失灵。许多学者认为非政府组织可以使个人群体集中资源，以满足他们共同需求的但市场机制无法满足的公共物品，而且作为公共物品的提供者，非政府组织又可以克服政府垄断机制的内在局限性。因此，非政府组织在西方国家迅速发展起来，成为政府和市场之外的"第三支力量"，对西方国家社会矛盾的缓和、穷人问题的解决起着重要的作用，西方国家也越来越重视非政府组织在慈善救济事业方面的重要力量。

具有现代意义的非政府组织产生于17世纪资产阶级革命时期。资产阶级为了推翻封建统治，采取社团、俱乐部、沙龙等形式，宣传自由、民主、平等的思想。随着自由资本主义向垄断资本主义发展，要求社会变革、社会改造的工人团体不断涌现；资本积累导致贫富悬殊，致使一些致力于慈善、公益的组织（包括基金会）也随之产生。第二次世界大战以后，由于世界范围的经济社会重建和国际经济政治格局的巨大变化，非政府组织的发展出现良好势头，在社会重建过程中，社群组织、慈善救助组织扮演了非常重要的角色；各种反战组织、战争灾难救援组织、人权组织相继产生。联合国成立后，NGO登上了国际政治舞台。当今社会，随着全球化浪潮的兴起，各国NGO蓬勃发展，NGO活跃在环境保护、扶贫发展、权益保护、社区服务、经济中介、慈善救助等各个领域，并发挥着非常重要的作用。

二 美国的非政府组织与慈善事业

（一）美国非政府组织溯源

美国公益事业的思想传统可以追溯到欧洲，特别是英国。西方扶弱济贫的传统主要源自《圣经》的教导。自从产生了有组织的教会之后，教会就成为慈善事业的主持者和中介人。捐赠者不是直接捐给帮助对象，而是把财产交给教会，由教会发放。中世纪的英国，每一座寺院都有责任收容乞丐、救助老弱病残，并安排有劳动力的流浪者劳动自救，同时也有权劝说或强迫其所管辖范围内的有产者捐款济贫。这样，慈善事业不仅是个人善行，而且产生了复杂的财产关系，王室、贵族、教会都参与其中。随着工业化的发展，贫富悬殊扩大，济贫工作所需的规模也急剧增长。在这种情况下，1601 年英国议会通过了《济贫法》，与此同时，伊丽莎白女王颁布了《英格兰慈善用途法规》。通常把二者统称为《伊丽莎白法规》。《伊丽莎白法规》在多方面都有开创性，如实际上开始了调节税收制、慈善事业世俗化、援助对象社会化，以及有效的管理监督机制等，因此在公益事业史上被认为具有里程碑的作用，是现代公益事业的先声。

由《伊丽莎白法规》开始，17 世纪中期新的慈善事业在英国大规模实施，这也正是英国人向美国大规模移民之时，这一新兴事物也就随着早期的殖民者传到了新大陆。所以可以说，美国的慈善公益事业和思想是与殖民开发同步开展的。[①]但是一旦到了美国，就有了在新的条件下的创新，并非照搬英国的经验。其中最主要的区别是，在美国，捐献并非强制性的，政府监督也远弱于英国，特别是在独立以前。从 17 世纪中叶到 18 世纪 70 年代美国独立这一百年中，美国已经开始有了从早期的慈善救济发展而来的社会公益事业的雏形和一套思想。

早期的慈善先驱都认为社会的贫富不均是上帝定的，人也有优劣之分。那些处于社会上层的人是凭才能和努力达到的。

---

① 资中筠：《财富的归宿——美国现代公益基金会述评》，上海人民出版社2006 年版，第 12 页。

但是一旦拥有了财富和荣誉，就有责任帮助不幸的"兄弟"，为改善社会作出贡献，其中，富兰克林的思想要更进一步：他强调，对穷人"做好事"之道不在于使他们在贫困中过得舒服一些，而是要引导他们走出贫困。富兰克林使美国的世俗的公益思想趋于成熟和系统化，他摸索出了一条适合于美国人心理和传统特色的"志愿"服务社会的原则和服务社会的源自和付诸实践的途径。此时最先进的慈善公益事业的倡导者也开始涉及社会改良和奴隶制问题。由于这些先驱者的努力，在美国立国以前，慈善公益事业的传统和模式就已基本形成，而且与社会改良和种族平等相联系。

1790 年，美国举行了第一次人口普查，建立了人口、财产、教育状况的数据，以此为根据，确定政府财政使用的方向，也为慈善事业的捐赠模式提供了基础。19 世纪 30 年代，托克维尔访问美国时，发现美国富人与穷人之间有一种共同的价值观念和经济原则，没有欧洲的贵族与平民之间的那种鸿沟。美国人对自治权力非常遵从，对个人致富、个人奋斗的精神从不怀疑，但对富人如何使用其财产非常关心。无论是富人还是穷人都对举办慈善事业和参与公益活动非常热心。那时，财富最好的去处就是举办慈善公益事业，这是大家公认的，并形成了一种风气。到南北战争之前，随着经济的发展，发财的人越来越多，公益事业也蓬勃发展，捐赠对象也是多种多样。

美国团体公益事业取代个人慈善事业是在南北战争之后，但是思想观念的转变和公益团体的兴起则自 19 世纪 30 年代以后已经开始。当时在思想舆论界，开始出现对私人慈善事业的批评和改良的要求。有一些人对零星的慈善救济团体的有效性提出怀疑，认为富人把财富的 9/10 留给自己，把 1/10 用于慈善事业，这种做法与其说是慷慨，不如说是本应主持社会公平的官员的失职，这种临时的和分散的慈善事业的作用更多是安抚富人的良心而对穷人有害无益。他们着力于更加广泛的、带有根本性的问题，如少年犯罪、监狱条件的改良、建立健全的精神病院、弱智儿童学校，普及正常的基础教育等。

（二）美国非政府组织的发展与完善

南北战争结束时，大批"解放了的"黑人处于濒临饿死、病死的绝境。于是战前的废奴主义者成立了许多志愿的"援助自由人"组织，并逐步联合起来，帮助黑人。但是由于工作难度很大，在他们的要求下，政府成立了一个"难民、自由和废弃土地局"，负责全国流离失所的人的救济、安置等工作。该机构与"援助自由人"组织合作是政府与私人慈善机构合作的良好范例，在美国南北战争的善后工作中起到了安定社会的历史作用。南北战争时期另一项重要的慈善公益事业是医疗和公共卫生。1861 年，在纽约一名牧师的发起下，成立了美国卫生委员会，设法联合全国分散的志愿组织协助政府，共同为改善军营的医疗卫生条件而努力，从紧急救死扶伤到进一步建立军医院、进行医疗制度改革，都卓有成效。

南北战争后，美国的社会、政治、经济等都发生了巨大的变化。这个时期的一个主要特点就是，伴随着资本主义的经济蓬勃发展而来的是政治的腐败，同时美国社会的各种矛盾也空前激化。美国出现了一个经济发展的黄金时期。在这一阶段里，美国慈善活动从个人行为转为更有组织、更大规模的活动。

1917 年，美国国会通过了一项重要法律（THE SECOND REVENUE ACT）；此法有里程碑意义——其允许美国公民把个人所得课税的部分免税捐给慈善机构。免税待遇无疑鼓励美国人捐助慈善事业。"这项法律反映了美国人普遍相信：

支持私人慈善活动应该得到允许，甚至受到鼓励。"① 大约同一时期，另一项税法以及宪法第十六次修正案规定非政府组织活动本身享受免税待遇。这一阶段参与非营利事业的一种思想倾向认为是社会机制的不公正导致贫穷；非政府组织应当"把重点放在治理那些不公正的根源，使机会更加平等，这就导致不同程度的社会改良，特别表现在从制度上普及教育、解决种族问题的方案以及敦促政府改进福利政策等。19世纪最后30年美国……两极分化加剧……这些变化必然反映到慈善公益事业上，逐步形成一套机制和行政规范，为20世纪繁荣发达的基金会公益事业奠定基础"②。现在衡量非政府组织的标准之一便是组织机制的完善与否，而20世纪美国"公益事业革命"的表现之一就是组织管理的渐趋完善。

（三）美国致力于慈善事业的非政府组织

20世纪80年代之后，美国非政府组织的数量急剧扩大，1967年全美有非营利性组织30万个左右，到1996年就上升到108.5万个左右，2004年更增至139.7万多个。③ 在美国的非政府组织中，公益慈善组织又占了大部分。1998年，美国共有非政府组织160万个，其中慈善组织有734000家，到了2006年，美国受政府认可的民间慈善组织就有约100万家（其中有35万家宗教慈善组织）。下页表中列出了1996年和2004年美国非营利组织的数量及构成的变化。

---

① http://www.mare.gov.br/.

② 资中筠：《财富的归宿——美国现代公益基金会述评》，上海人民出版社2006年版，第21页。

③ 数据来源：National Center for Charitable Statistics 网站，网址：http://nccsdataweb.urban.org/NCCS/files/quickFacts.htm。

美国非营利组织的数量及构成

年份	1996 年		2004 年		比较
	数量	所占百分比（%）	数量	所占百分比（%）	增长百分比（%）
所有非营利组织	1084897	100	1397263	100	28.8
公益慈善组织	535888	49.4	822817	58.9	53.5
私人基金会	58774	5.4	102881	7.4	75
其他非营利组织	490235	45.2	471565	33.7	−3.8

　　资料来源：National Center for Charitable Statistics Website：The Nonprofit Sector in Brief——Facts and Figures from the Nonprofit Almanac 2007。

　　美国非政府组织的蓬勃发展与政府的重视和支持有着重要的关系。这是因为美国政府很清楚，政府主导的社会救助不可能覆盖所有需要帮困的人群，总有一些"看不见的穷人"被遗漏。而民间慈善救助的触角则可以无处不伸，从而弥补此不足。且民办活动的广泛性、针对性、灵活性、及时性以及低成本运作也往往是官办活动所不能及的。

　　在《通行规则：美国慈善法指南》一书中，作者艾德勒女士这样认为："美国慈善部门以其活力、多样性、经济实力和成长速度而格外引人注目。一个影响慈善业发展的重要因素是，美国有一个对慈善部门发展有利的法律环境。"[①] 政府依靠税收及健全的法律制度，引导慈善机构开展活动、配置慈善资源、壮大志愿者队伍，与慈善组织结为"事业伙伴"关系，在非政府组织的发展中起着重要的作用。

　　首先，美国慈善税收法律制度大力鼓励个人和组织向慈善

---

　　① ［美］贝希·布查尔特·艾德勒等：《通行规则：美国慈善法指南》，金锦萍等译，中国社会出版社 2007 年版，第 58 页。

组织捐赠财物，并辅以详尽的捐赠优惠政策，实现了慈善组织的规范管理与税收制度衔接。其次，美国政府对慈善组织的管理较为宽松、透明，激励与约束并举，保证慈善组织的规范运作。再次，美国政府与慈善组织在公共服务领域形成了良好的合作关系，发挥各自的优势，展开良性竞争，这种做法不仅直接减轻了政府的事务负担，而且有利于慈善组织的生存与发展。最后，完善的法律环境是非政府组织生存发展的外在制度保障。

正是有了美国政府的大力支持，美国的慈善事业才得到了充分的发展，各种社会问题、各个领域都会有非政府组织的关注。这些组织在文化、教育、医疗、卫生、妇女与儿童权益保护、老年人服务、消除贫困、就业、移民、环保、预防犯罪、社区改造、帮助少数族裔等方面发挥着十分重要的作用。特别是慈善事业作为社会保障体系的有益补充，已经解决了一部分穷人和生活困难者的受教育、医疗等问题，如今，慈善事业已经成为美国社会稳定和发展的重要组成部分。

致力于慈善事业的非政府组织为推动美国社会的发展所作的贡献功不可没。当然，美国慈善事业也存在许多问题。在美国，各种各样的自我调节体系对慈善事业的发展起着重要作用，并具有不同的模式。但是，社会调节与自我调节缺乏一种协调。例如，美国国税局的管理就面临着危机，在很大程度上挫伤了慈善组织和机构的积极性，阻碍了慈善事业的进一步发展。如何构筑一个健全、高效的社会调节和自我调节体系，仍然是美国慈善事业发展面临的问题。

三 英国的非政府组织与慈善事业

（一）英国非政府组织的溯源

近代以前，英国的民间慈善组织主要表现为社区互助组织和行会，有着数量少、规模小、类型单一的特点，因此其影响也较小。这是萌芽时期社团的早期形态。事实上，近代以前英国的社会状况没有为民间慈善组织的生存提供必要的空间。在中世纪，英国的国家政权长期处于不发达的状态，整个社会呈现出非常明显的小共同体本位，人们主要生活在自然形成的（而非政治性的）较小群体中，诸如家庭、村社、采邑、宗族、教区或自治市镇，小共同体成员意识远强于个体意识或国民意识。由于受活动范围的限制，人们自然的形成了这些小共同体，但又被这些小共同体束缚住了手脚，很难突破其限制向更大的空间发展。同时在这个时期，社会分工和分化的水平较低，社会主体在大体上呈现同质状态，人们的公共需要不多，大体上可以在家庭、宗族、村社等范围内满足，结社的内在动机并不是非常强烈。在这样的社会结构里，社团得以生存的空间是很小的。

还有一个阻碍民间非政府组织发展的重要原因是，教会在这一时期扮演着举足轻重的公益提供者的角色。教会组织庞大，结构复杂，在经济上有规模惊人的寺院领地、神职庄园、教区税收系统与教会财政，在司法上有宗教法庭，在文化教育领域更是拥有大学、图书馆等。而且，教会还控制着大量的慈善基金，教会不但是人们精神的统治者，而且掌握着大量的物质资源和文化资源，有能力而且非常乐意资助弱者，救济贫困。在人们的公益需求本来就不多的情况下，教会又把这一部分公益职能据为己有，进一步缩小了非政府民间组织生存的空间。

英国近代社会的发展是从两个层面展开的，一个层面是王权在与教权的斗争中获得最终胜利并导致民族国家观念的形成和民族国家的建立；另一层面是圈地运动的开展，市场经济的建立，公民社会的形成，进而工业革命的爆发，以及贯穿这一系列过程的阶级矛盾的加剧。在近代化的过程中，英国的民间慈善组织成长了起来。

（二）近代英国非政府组织的发展

工业革命的发展，财富的积累极大促进了慈善事业的发展。工业革命在带来工业化、城市化和大量的移民的同时，也产生了诸如教育、公共健康、住房等各种社会问题，这些都成为慈善组织关注的重点。在各种慈善组织发展的基础上，1869年英国建立了全国性的慈善组织机构——慈善组织协会，其目的是协调各慈善机构之间的关系，促进他们相互合作，集中各慈善机构的财物以便有计划地、大规模的最大限度地发挥作用。

近代慈善组织在英国兴起主要得益于以下几方面因素：

首先，教会慈善事业的衰落，给国家和非政府组织留下了发展空间。16 世纪开始的宗教改革运动，给教会公益垄断以沉重打击，使教会公益事业从顶峰走向衰落。1532 年与 1545 年，英王借宗教改革之机两次把大量教会信托基金收归王室，并在 1545 年颁布法令，强调区分教会基金的慈善用途与迷信用途，对用于后者的基金要予以没收。这样，原先由教会掌握的大部分慈善基金转移到了世俗国王的手中。教会财力吃紧，其自身的运作还得靠教民的捐赠，可用于公益事业的物质资源非常有限。也就是说，教会由以前最大的施惠者变成了现在最大的受惠者，教会慈善的作用大不如从前了。教会慈善的衰落，给了世俗国家和社团在慈善领域发挥作用的空间。

其次，社会结构的变化为非政府组织的发展提供了条件。随着经济的发展，人们活动范围的扩大，交往程度的加深，原先的小共同体已无法满足人们日益扩大的社会交往需求，于是小共同体被打破了，英国的社会结构发生了重大变化。这种变化的结果就是国家与社会的二元分立。在资产阶级革命后，使得国家和社会实现了真正意义上的分立，公共权力由国家来控制，个人的私人事务由家庭和市场来调整。对于个人而言，传统的社会组织与纽带的解体也使个人失去个人之间、个人和国家之间联系的传统纽带，于是自由结社就成为人们建立互相联系的一种方式。另一方面，小共同体社会结构的解体，民族国家的建立，使得国家权力集中而强大，社会和国家之间的原有的平衡关系被打破，社会关系中原有的强社会、弱国家的局面被强国家、弱社会的格局所代替，强大的国家在实现民族国家的统一、社会结构的重建的同时，也可能威胁到个人和社会其他要素的合理存在。从结构上重新确立社会的平衡机制就是社会发展的基本需求。

最后，资本原始积累的同时也积累了工人阶级的贫困，贫困的工人阶级有强烈的结社愿望。开始于 15 世纪晚期的圈地运动，一方面为资本的原始积累作出了重要贡献；另一方面，大量失地农民的产生和贫困的蔓延给英国社会带来了严重的不稳定。统治者担心贫困与流浪者的增加会影响社会稳定，因此他们也力图促进民间公益的发展。1520 年，英国开始建立对带有特定意向的民间捐款实行司法公证的制度。从此民间世俗基金不断增加，1550—1650 年间增长了一倍。然而，此期间英国人的贫困率也同步上升了。同时，农村公社惯例与其他小共同体保护（连同小共同体的束缚）被打破，使许多人成为两种意义上的自由人——既自由得无拘无束，也自由得一无所有。总而言之，这一时期社会的慈善需求与公益需求从总体而言明显增加了。而来自教会方面的宗教慈善基金却日益减少。1601 年，英国通过了两部著名的法律，一个是《英格兰慈善用途法规》，另一个是《济贫法》。政府试图通过这两个法律鼓励民间慈善事业的发展，从而缓解严重的阶级矛盾。

在近代化过程中处境悲惨的工人阶级，起初为了求生存，把为数不多的剩余拿出来，拼凑成紧急救援基金，建立了最早的工人阶级的自助团体，以帮助因生病、年老、死亡而陷入不幸的朋友。这种自助团体很多被称作友谊社。1793 年的《罗斯法》正式承认了友谊社的法律地位，其后还出现了一些其他形式的自助组织，如工会、消费合作社、建房社等。工会的出现，是工人阶级结社史上的一件大事。从此，工会组织在维护工人权益和推动社会变革方面一直发挥着至为重要的作用。

英国在 1799 年和 1800 年通过了两个一般性的组织法，那些不构成垄断性的组织被得到了允许，获得了法律上的认可。在这一阶段，政府即使没有承认工会也对工会采取容忍态度。但是对结社自由的认可也出现了反复，英国于 1825 年颁布的社团法就否定了 1800 年的有关结社自由的内容，直到 1906 年才承认了结社自由是一项基本的权利。在 19 世纪工业革命的最初几十年里，英国社会两级分化严重，劳工的命运极为悲惨，贫民数量剧增，以募捐济贫为目标的慈善组织纷纷建立。但是各组织缺乏联系，步调不一，形成混乱，亟待协调。为此亨利·索里牧师于 1869 年在伦敦成立了组织慈善救济及抑制行乞协会，旋即易名为慈善组织会社。此外，英国还具有一种合作互助形式的救助组织。如友谊会、共济会、募捐会、丧葬会及工人组织的消费合作社等，其种类繁多，规模大小不一，既有全国性的组织也有地方性组织。19 世纪中叶英国各种友谊会已具相当规模。曼彻斯特联合会共济会在 1848 年已拥有 26 万名会员和 34 万英镑的收入。丧葬会也在此时期得到迅速发展，1853 年，斯托克波特济贫区的 8 万居民中有 5 万人是会员，整个英格兰丧葬会会员有 75 万人。与此同时，募捐会也在不断发展，到 1872 年英国募捐会会员已达 100 万人左右。[①]

（三）现代英国非政府组织的现状

19 世纪末之前，英美的志愿团体直接向受惠人提供服务，政府很少参与。20 世纪初叶，资本主义制度面临着严峻的挑战。工业革命带来了经济的高速发展，但也带来了社会结构的剧烈变化，大量社会问题的出现给经济的飞速发展蒙上了阴影，而这些社会问题又不能靠市场经济本身来解决，只能在市场之外寻求解决的途径。1929—1933 年的世界性经济大危机，给英国的经济造成了致命的打击，工人运动高涨，社会矛盾加剧。资产阶级感到了寻求有效办法解决这些问题的迫切性。民间非政府组织在这种社会背景下，遇到了前所未有的考验。一方面，民间非政府组织能募集到的经费十分有限，杯水车薪，解决不了问题；另一方面，志愿性慈善活动分布不均，往往不能照顾到最需要帮助的社会群体。

自从英国人威廉·坦普尔于 1941 年首先提出福利国家这个概念后，后由贝弗里奇提出有关福利国家构想的报告后，福利国家论在第二次世界大战后大行其道。英国政府改变了对经济的自由放任传统，迈出了关键的一步，承担起了解决社会问题的主要责任。从 20 世纪 30 年代经济大危机起，政府一步步进入了教育、卫生保健、社会福利、最低收入保障等领域。不仅经费由政府保证，而且具体的事也由政府工作人员办。英国由此变成了一个福利国家。福利国家的出现改变了民间志愿组织的社会地位。在解决社会问题方面，以前它们做的比政府

---

① ［英］克拉潘：《现代英国经济史》，商务印书馆 1975 年版，第 595—601 页。

多，或至少是与政府地位平行，现在它们最多只能扮演一个配角。例如，在政府独占的医疗领域，大多数民间医院变成了公立医院；在教育领域，很多私立学校虽然仍保留一定程度的自主性，但却成了公立学校系统的一部分。在政府社会政策的指引下，英国的志愿部门不得不调整了组织结构和活动方式，除了在医疗卫生领域大大收缩之外，在其他领域特别是教育、文体休闲和社会服务方面，仍然保存了下来，但影响已经大不如从前，许多人感觉不到它的存在，以至有人认为在这一时期志愿部门消失了。

但实际上，志愿部门在国内的不景气和受排挤把它们引向了一个更为广阔的发展空间——全世界。最先放眼国际的是慈善类组织。如1919年在英国成立的救助儿童基金会，以及更多在第二次世界大战后涌现出来的使命广泛的组织——如乐施会。英国一些公益性社团在其他国家的早期慈善活动，为后来全球化的背景下，第三部门大举向国际社会扩张进行了富有成效的探索，成为之后第三部门在全球范围内开展广泛合作的先驱和楷模。

到了20世纪70年代，保守党撒切尔政府针对政府公共部门低效率和机构臃肿等问题，大力推行"私有化"政策，将许多原来由政府公共部门提供的公共服务以委托等方式转交给民间慈善组织，使政府公共部门与民间公益部门的关系发生了很大的变化。1995年工党政府重新上台，布莱尔政府推行公共部门的所谓"现代化"改革，重新定位政府公共部门、私人企业部门和民间公益部门的关系。布莱尔政府推行的所谓"现代化"，强调的一方面是要建立一个强大的、积极活动的民间公益部门；另一方面是政府和民间公益部门积极的合作。

第六章 关于穷人问题研究的
借鉴与启示

在了解西方经济学各学派对穷人问题的理论探讨以及西方国家的政策实践的基础上，反思、总结我国30年经济改革的经验，对于认识、解决当前中国的贫困、公平分配等问题一定会有诸多借鉴与启示。

面对当前世界经济发展的结构性调整和利益格局的日益复杂化，当代中国社会所面临的主要问题就是如何使社会各阶层公平分享改革和发展的经济成果。因此，合理借鉴西方经济学各学派有关穷人问题的市场调节与国家干预理论、公平与分配理论、和谐与冲突理论，有着重要的理论价值和现实意义。在学习与借鉴西方理论资源为我所用的过程中还要注意，直接套用西方学派的见解和主张不可取，因为近现代西方经济学各学派对穷人问题的理论分析与对策研究有其自身的优点，同时又有严重的缺陷，套用的结果只会是南辕北辙，有害而无益。因此，我们借鉴西方经济学有关穷人问题理论的正确思路应该是，结合当前中国现实的穷人问题，吸取西方经济学各学派有关穷人问题研究的有益成分，摒弃其不合理和错误的观点，从而归纳出有价值的政策建议，为我所用。

第一节 坚持科学发展是解决穷人问题的根本出路

发展是人类物质活动和精神生活的一个永恒主题。在全球化以及世界各国处于不断变革、调整和转型的重要历史时期，如何总结我国发展的经验，根据我国的基本国情和实践状况，积极借鉴他国的成功经验，走科学发展的道路，是从根本上解决穷人问题的意义所在。只有将蛋糕做得更大，才能让穷人分得更多。因此，我们应正确认识"什么叫发展，怎样发展，为谁发展，依靠谁发展"等一系列问题，并在科学发展观的指引下，克服和杜绝 Jobless、Ruthless、Voiceless、Rootless、Futureless、Independenceless 等一类病态的经济发展理念，以改革开放的不断创新，推动我国的科学发展，即创新型发展、绿色型发展和非依附型发展。

现代新发展论产生的背景是 20 世纪 70 年代的石油危机。国际社会尤其联合国和世界银行等国际组织对 20 世纪 90 年代各国发展状况进行反思和总结后，提出了可持续发展、人类的可持续发展、人类发展、人类安全、社会安全、社会保护和社会资本等一系列的新理念和发展战略，这是新发展论的第二个发展阶段。此外，新公共服务理论和新公共服务型政府角色理论的出现，以及以"绿色 GDP"为代表的新国民收入核算方法的出现，是新发展论的第三个阶段。

在世纪之交应运而生的中国特色的科学发展观，是现代新发展理论的新发展。中央领导集体的以人为本的政策、思维向度和话语体系，构成其实践起点和直接来源，而国际社会发展的基本经验和新发展论，构成了科学发展观的一个补充性思想来源。这个科学发展观所包含的内容就是五个优先原则、五个统筹方针、五个倾斜、"五个坚持"和"六个更加"、"七大关系"和构建和谐社会。而坚持以人为本则是科学发展观和新政绩观的核心。它是以大写的"人类"为本，贯穿"四个统一"的精神——即人文精神与科学精神的统一，人本主义发展观、生态发展观、协调和可持续发展观和系统合力发展观的统一，物与物的关系、人与人的关系和人与自然的关系的统一，以及经济规律与自然规律的统一。

发展中国家在发展的初始阶段，大规模引进和模仿发达国家的科学技术，借鉴西方先进的经营管理经验和方法是必要的，也是有利于资源配置的。根据中国的国情，以廉价劳动力和原材料的比较优势参与国际分工，在早期阶段也是十分必要的。但是，正如 UNDP 在 2001 年的报告中所言，中国一直是一个以技术模仿为主的制造业大国而不是以独立的自主创新能力为特征的制造业强国。现在已经到了这样一个历史转折点，我们必须完成从启蒙型、模仿型移植走向自主创新的历史大跨越，转向自主创新经济而不是依附型经济，转变为"世界工厂"、"世界办公室"和"世界实验室"而不是"世界加工厂"或者"OEM 大国"，转变为大脑型国家、创新型国家而不是扮演提供原材料和低端加工产品的附庸经济、打工经济、外包经济一类的"躯干型国家"。

据环境问题专家估算，"如果把环境的恶化考虑在内，中国的 GDP 的实际增长要减少 6 个百分点。2003 年中国空气和生态破坏造成的损失占当年 GDP 的 15%。中国环境污染每年导致 GDP 损失 6000 亿元，在一定程度上抵消了经济发展的部分成果"①。因此，推行绿色型可持续发展战略，推进生态文明建设，是对我国人口剧增、资源短缺、环境恶化的国情进行深刻反思后的一种理性选择。

经济全球化过程是全球经济的整合与同一化过程，有利于吸引外资，引进先进技术，扩大对外贸易，加快产业结构的调整。但是，长期以来，西方发达国家主宰了世界的经济发展，垄断了国际经济组织的决策权，国际经济规则的制订权以及国际市场价格的确定权，并以其强大的经济实力、技术实力、管理实力，把这种不平等的国际经济秩序强加给发展中国家。实践证明，经济落后国家在国际经济秩序、分享全球化"红利"、世界产业技术链，以及国际分工、国际竞争和交换体系等方面，往往处于不利地位和依附性"双赢"状况。

现在已经进入一个关键的战略调整期，主要由投资、出口、低端制造业以及劳动力与资本推动的发展模式已经走到尽头。其负面影响日渐凸显。因此，我们要更新传统的对外开放观念，搞双边的"开放主义"。利用国内外两个市场和两种资源。进一步提高对外开放水平，加快转变外贸增长方式，积极参与国际规则的制订与实施。积极调整外资优惠政策。引导外资流向非环境污染、低能源消耗、高技术和优先发展行业。为外资与内资提供公平的竞争环境。完成出口导向型大国发展模

---

① 易正先生的《关于中国生存环境的报告》，从生态经济学角度（全球生态系统总价值33万亿美元，中国是7万亿到8万亿人民币），估计1997年广义环境损失或生态损失，大约为21万亿人民币，其中未计入成本的对资源与环境的浪费和破坏则相当于当年GDP（7.48万亿元）的3倍。美国对外关系委员会在2004年9月所公布的一份研究报告《中国环境问题的挑战》中指出：2001年，世界银行所公布的全世界污染最严重的20个城市中，中国占了16个；2002年，中国有2/3的城市空气质量达不到世界卫生组织的标准。根据世界银行的报告，中国每年由于环境污染和恶化造成的损失相当于国民生产总值的8%—12%。

式的转型，即外向型经济向开放型自主经济的转型，计划经济体制转向市场经济体制的转型，以及经济结构战略性调整和经济增长方式的转变。促进经济增长由主要依靠投资、出口拉动向依靠消费、投资、出口协调拉动转变，由主要依靠第二产业带动向依靠第一、第二、第三产业协同带动转变，由主要依靠增加物质资源消耗向主要依靠科技进步、劳动者素质提高、管理创新转变；从工业化初期以投资依赖、资源依赖和出口依赖和制造业依赖为特征的粗放发展模式，逐步转换为以技术创新驱动、生产效益提高和内需拉动为主的，旨在追求速度、质量和效益相统一，消费、投资和出口相匹配，经济发展和人口、资源和环境相协调的内生型、内源型、协调型亦即又好又快的发展模式。

第二节　使财富与公共资源为大多数人所共享

如何使社会财富为全体国民所共享？如何使公共资源和公共服务为大多数人所共享？这两个共享是当前中国体制改革所面临的重要问题。

一　社会财富的共享

我国经过 30 年的改革开放，计划经济体制下的传统分配方式已被彻底打破，按劳分配为主体、多种分配方式并存的分配制度逐步确立，各种生产要素参与分配的形式和内容不断丰富，收入来源日益多元化，城乡居民收入差距日益扩大。如何从根本上扭转收入差距拉大的趋势，使改革开放的成果为大多数人所共享，是个重要课题。对此，十七大报告给出了解决问题的新思路：

第一，合理的收入分配制度是社会公平的重要体现。十七大报告强调要"坚持和完善按劳分配为主体、多种分配方式并存的分配制度"和"健全劳动、资本、技术、管理等生产要素按贡献参与分配的制度"。这就是要在坚持与社会主义初级阶段基本经济制度相适应的分配制度的前提下，让创造社会财富的源泉更加充分。党的十六大报告的提法是"理顺分配关系，事关广大群众的切身利益和积极性的发挥"；党的十七大报告用"社会公平"这一普世的价值观取代"广大群众的切身利益和积极性"，对分配制度的价值作了新的定位。

第二，初次分配和再分配都要处理好效率和公平的关系，再分配更加注重公平。"十七大"关于"初次分配和再分配都要处理好效率和公平的关系，再分配更加注重公平"的论述，是基于中国经济社会发展现实提出的新的分配理论，与"平均主义"的分配理论有着根本区别。分配关系是否合理，分配制度是否有效，直接关系到国民经济能否持续、快速、健康、稳定发展，关系到国家的长治久安。"十七大"报告强调初次分配和再分配都要注重效率与公平，意味着劳动者的劳动报酬将有所提高，即工资部分上升，这将使众多中低收入者的劳动收入得到较多增加，从而减缓基尼系数的进一步扩大，使那些只能凭劳动力赚取收入的低收入者更多地分享经济发展的果实。

第三，逐步提高居民收入在国民收入分配中的比重，提高劳动报酬在初次分配中的比重。生产要素的共同努力是财富创造的源泉，劳动则是价值的源泉。我们不仅要尊重复杂劳动，而且要尊重简单劳动。特别是我国已经出现"强资本、弱劳动"的情况下，应当倡导全社会尊重广大普通劳动者的劳动。这应当是我国深化收入分配制度改革的立足点。随着以市场为取向的经济体制改革的不断深入，收入分配领域的市场调节机制作用正在逐渐加强，而在现实中，资本、土地、技术等非劳动要素形成市场分配机制相对容易，劳动要素实现完全的市场调节则相对复杂，所以，坚持和完善按劳分配为主体的分配制度还必须与这两个"提高"相结合。

第四，创造条件让更多群众拥有财产性收入。十七大报告明确提出了"创造条件让更多群众拥有财产性收入"的重要论断，这是对中国特色社会主义理论与实践的一次积极的和重要的新的制度性探索。"让更多群众拥有财产性收入"，既意味着要努力创造更多的社会财富，实现城乡居民财产性收入总量的更快增长，又意味着要让城乡低收入居民也拥有财产性收入，实现财产性收入分配的更加公平。

二　公共资源的共享

改革开放 30 年的发展，我国开始由以解决温饱为主要任务的生存型社会向以促进人的全面发展为目标的发展型社会过渡。社会全体成员在生存问题得到基本解决后，其发展性的需求变得越来越明显，其中，对公共资源的需求显得更为突出。目前，我国社会公共需求的全面快速增长与公共服务不到位、基本公共产品短缺，成为现阶段的突出矛盾。实现公共资源为大多数社会成员所共享已成为现阶段反贫困的重大战略任务。

当前环境下，我国贫困问题的发生已经不再是由于人们的基本生存条件缺乏所导致的，而主要是基本公共服务不到位、公共产品短缺，才成为贫困产生、积累和代际传递的重要根源。以基本医疗为例，国家发展与改革委员会制定的《医药行业"十一五"发展指导意见》披露，全国每年大约有一千多万农村人口因病致贫或因病返贫。① 在一些贫困地区，教育负担已经成为致贫的主要原因之一，特别是农村家庭，教育花费已经成为他们的"头号"家庭开支。此外，由于制度安排的缺乏，广大农民工的发展机会和发展权益难以得到有效保护。例如，农民工的劳动权益得不到充分保障、劳动收益长期偏低；基本医疗、社会保障欠缺；农民工子女接受义务教育困难等。这使得很大一部分农民工处于低收入贫困状态，生活质量难以提高。

实现公共资源的社会共享，就是要承认和保障贫困人口的自身发展权益，保证他们在义务教育、公共卫生和基本医疗、基本社会保障、公共就业服务等基本公共服务上享有的平等权利，给予他们平等的发展能力和发展机会。例如，农民工在流入地创造财富，成为流入地政府的纳税人，理应享受到当地居民的基本公共服务；农民工为城市建设作出了巨大贡献，在实施城镇低保住房、困难家庭住房救助制度时，应当采取多种办法将农民工纳入城市住房救助的范围。

总的来讲，当前贫困问题的解决不仅仅在于改善贫困人口的生存状况，更重要的是保障他们的自身及下一代的发展权益，避免贫困和不公平在代际传递；而且不仅要提高贫困人口的收入水平，更要注意提高他们的可行能力，并为可能陷入贫困的低收入群体提供基础的保障。

第三节　突出公平与和谐理念

当前，全球社会发展正处于一个结构性的转型过程中，

---

①　国家发展和改革委员会：《医药行业"十一五"发展指导意见》［EB/OL］，国家发改委网站，2006 年 6 月。

中国也面临社会发展模式的战略转型问题，作为一个发展中的大国，中国在转型中凸显出来的穷人问题与社会矛盾，是无法用哪一个西方既定的社会经济发展理论和模型来进行诠释的。而在对西方经济学相关理论的批判性借鉴中，却能发现许多有益的成分。历史经验证明：资本主义的发展是遵循"李嘉图定律"和"库兹涅茨假说"的。这是西方社会及其发展模式的制度性缺陷和内在的根本性矛盾。而中国要解决穷人问题，实现全面建设小康社会和和谐社会的战略目标，就要有新的思路：必须坚持以人为本作为核心原则，突出公平与和谐理念，注重生产力发展与实现社会公平、效率与公平之间的对立统一的辩证关系。否则，就是没有创造就业机会的经济增长（Jobless），就是改革开放成果不能为社会共同分享的经济增长（Ruthless），就是以牺牲相当一部分劳动者利益为代价的"李嘉图推进"，就是导致以忽视公平和影响稳定为代价的社会，而不是和谐社会。社会主义公有制度优于资本主义私有制度的地方，在于党和政府坚持发展为了人民、发展依靠人民、发展成果由人民共享的原则，应该对在改革过程和分配方式中吃了亏的农民、民工、下岗失业等弱势群体和不发达地区，直接地主动地支付转轨成本、改革成本亦即和谐成本。

在现阶段，解决穷人问题尤应注重改善民生问题，着力解决社会公平尤其三大收入分配差距或者三大利益失衡问题，亦即居民收入差距、中观层次的地区差距以及宏观层次的国家与居民收入差距，从而促进经济社会又好又快又和谐地发展。

三大利益失衡之一是微观层次的居民收入差距问题较为突出。"居民收入在国民收入中的比重已呈下降趋势。从2001年至 2006 年，中国劳动者报酬占 GDP 的比重从 51.5% 下滑到 40.6%"[1]，与此对应的则是利润侵蚀工资、资本分配比重提高的现象。根据世界银行《世界发展报告 2006》提供的 127 个国家近年来收入分配不平等状况的指标，中国居民收入的基尼系数已由改革开放前的 0.16 上升到 0.47，不仅超过了国际上 0.4 的警戒线，也超过了世界上所有发达国家的水平。基尼系数低于中国的国家有 94 个，高于中国的国家只有 29 个。这种状况说明，中国的基尼系数高于所有发达国家和大多数发展中国家，也高于中国的历史高点。

二是中观层次地区差距。东中西部差距、城乡居民财产分布的差距已远远超过居民个人收入分配差距。坚定不移地继续推进社会主义新农村建设，走中国特色农业现代化道路，加快形成城乡经济社会发展一体化新格局，坚持工业反哺农业、城市支持农村和多予少取放活方针，始终把实现好、维护好、发展好广大农民的根本利益作为农村一切工作的出发点和落脚点，是一个很好的解决"三农"问题的思路。

三是宏观层次的国家与居民收入差距，亦即国富民弱而不是国富民强。我们长期强调"国家利益本位"、"集体利益本位"、"国富"的理念，尤其是计划经济时期，要求低个人消费、低个人工资、高国家积累甚至牺牲农民的利益（例如工农业产品价格剪刀差）来发展生产。可以说，目前中国最大的贫富差距是国家与个人或社会群体之间，而不是在国民之

---

[1] 赖德胜：《工资上涨会压垮中国这座"世界工厂"吗?》，《上海证券报》2008 年 4 月 21 日。另据美国一家权威经济调查机构的报告：中国社会财富总量在 2006 年保持着惊人的增长速度。但与此同时，中国的工人和农民的收入加在一起，也就只有 GDP 的 15%—20%，国际的平均水平应该在 40%—50%，而美国，工资和福利加在一起占 GDP 的 60%。

间。国富固然可以增强国家宏观调控能力，但是，长期国民利益失衡而带来的弊端是不利于社会稳定与和谐社会的建设的，增强带有凯恩斯色彩的国家消费会产生对居民个人消费的"挤出效应"，还会产生对市场配置资源的"挤出效应"，因为国家垄断大量本来应该由市场配置的资源不利于社会主义市场经济建设。

总之，中国现阶段国民收入的分配出现利益长期失衡取向，国民创造的财富通过利润和税收的形式转移到了生产要素所有者和各级政府手中，而没有向穷人（或劳动者）倾斜，出现了三大利益失衡或者三大收入分配差距等。我们应该重新研究效率与公平的关系，重新检讨"效率优先、兼顾公平"的分配取向，倡导公平与和谐的新理念，在初次分配和再分配中都要处理好效率和公平的关系，并在再分配中更加注重公平，落实区域经济协调发展战略，逐步提高居民收入在国民收入分配中的比重，创造条件让更多群众拥有财产性收入。

第四节　探寻和谐社会背景下中国社会福利制度的新模式

社会福利制度是社会化大生产的产物，西方国家的社会福利制度经过多年的发展已形成了多种模式，并日臻完善，合理借鉴西方各国社会福利制度发展与变革过程中的有益启示，对我国和谐社会构建中社会福利制度的改革有着重要的现实意义。

一　应认真协调好制约社会福利制度的几个关系

1. 公平与效率的兼顾问题。公平与效率兼顾的问题主要涉及社会福利保障与社会结构的变化、社会福利保障与社会贫困及贫困线等问题。在发展社会福利事业、促进社会公平的过程中，应该特别注意不能使社会福利保障事业影响经济效率；否则，经济效率的降低会反过来制约社会福利事业的发展。

2. 权利与义务的兼顾问题。在实施社会福利的过程中，要求权利与义务兼顾。一般来说，受益者比较强调应享有的权利，而政府则比较强调公民应尽的义务。当权利与义务得以兼顾时，福利经济制度才能正常运行。

3. 发展与稳定、福利与经济的兼顾问题。西方福利经济制度的功能是缓和劳资矛盾、维护社会稳定。但福利经济制度更重要的作用在于它是构建市场经济功能体系的重要环节，在市场经济发展中起着不可或缺的作用。现代市场经济的发展对福利制度提出了更高的要求，需要正确认识和深入研究发展与稳定、社会福利与现代市场经济之间的相互关系。这涉及社会福利与国民经济结构变化、社会福利与第三产业、社会福利与经济发展、社会福利与劳动生产率等问题。目前，各福利国家最关心的问题是如何处理好高福利与经济低效率，或者说社会福利资金来源与支出平衡的问题。

4. 社会福利与市场机制或政府干预之间的关系。应该说，社会福利与自由放任、社会福利与政府干预都不是一种二者必居其一的选择关系。要充分发挥福利制度在促进市场经济发展中的作用，不仅需要有市场机制的作用，而且更需要有政府的宏观调控，尤其需要将市场机制与政府适当干预有机结合起来。一方面使社会福利政策成为政府干预经济生活、调节经济周期的重要手段；另一方面也要使社会福利的发展不能破坏市场机制的作用，避免因过分追求社会公平而严重损害经济效率的现象。

二 社会福利制度的建立和发展应与生产力发展水平相适应

社会福利制度的建立和发展与生产力发展水平之间存在着密切的联系。社会福利的规模、水平等都要受到生产力水平的制约，任何超过生产力发展水平的社会福利计划最终都是要破产的。同时，社会福利制度的建立应该与经济市场化要求相适应。经济发展状况是社会福利制度选择的一个平台，而我国目前经济发展与西方发达福利国家还有很大的差距，人均生活水平不高。因此，应以选择性而非普遍性为资源分配取向，并强调多方共担。社会福利还应该向低收入群体转移，侧重于社会弱势群体。

三 改进公共行政部门的低效率，发展职业福利

公共行政服务部门低效率的改进是"福利国家"福利制度改革中经常提到的一个问题。西方各国的一个普遍做法是鼓励私营部门参与社会福利资源的配置并提供公共产品和公共服务，以刺激公共服务部门的工作效率。社会福利的"社会化"和"私有化"使职业福利获得了快速发展。职业福利的发展对于"福利国家"的公共行政管理方式提出了新的要求。国家的公共服务部门不仅要解决内部的管理和效率问题，而且还要面对职业福利的兴起所带来的挑战，特别是要寻找利用、规范、引导、监督职业福利的方法，制定良好的服务和信息标准，并针对社会福利和职业福利在其合作领域中出现的问题进行协调和创新。职业福利的发展使政府公共行政部门除了要考虑公共服务的质量问题外，还要考虑成本问题。这就大大提高了公共行政部门的效率。而一些跨国公司和保险公司，一些非

政府、非营利的志愿机构如工人合作社、社区团体等都开始介入到社会福利领域。职业福利具有很大的灵活性，雇员可以根据自己的偏好进行选择；职业福利的目标和任务都非常明确，即为了配合机构最大限度地提高雇员的劳动生产率，并为机构未来的发展争取和准备人力资源，因而其风险和收益也很明确；职业福利不受国界的限制，适应经济全球化的趋势。这主要是下一节将要讨论的问题。

第五节 积极发挥非政府组织的有效作用

在西方国家，以慈善为重要目的的非政府组织的力量，被认为是社会的"第三部门"，在解决公平分配资源、缓解社会矛盾、维护社会公平中发挥着重要的作用，并作为社会福利制度的必要补充，对于社会的稳定和谐有重要的现实意义。20 世纪80 年代以来，以美国为代表的西方社会非政府组织开始呈蓬勃增长之势，并覆盖了社会服务、医疗健康、公共安全、教育和研究、扶贫和弱势群体保护、宗教事务等非常广泛的社会领域。

2005 年，中共十六届五中全会在提到推进社会主义和谐社会建设时指出，要"加强社会福利事业建设，完善优抚保障机制和社会救助体系，支持社会慈善、社会捐赠、群众互助等社会救助活动"。但由于种种原因，中国的现代公益建设还处于发育阶段。因此，西方国家非政府组织的机构、机制和运作，以及西方国家政府的立法保障和政策引导都对我国的公益事业发展有一定的启示。

一 非政府组织的资金来源

西方国家非政府组织的资金主要来自于两个渠道：一

是政府资助；二是社会捐赠。其中政府资助占据了主要的位置，政府是非政府组织的主要财政资助来源，在我国，非政府组织所面临的主要问题就是资金上的困难，而资金是非政府组织实施项目的前提条件，政府对于非政府组织几乎没有给予直接资助，间接资助也是刚刚开始。我国的非政府组织要很好地发展，政府必须给予一定的重视，尤其是在资金的问题上，政府必须给予非政府组织大力的支持。非政府组织作用的有效发挥，可以使一些本来由政府管理的公共事务领域的职能改由非政府组织来承担，政府就能转变其职能，把更多的时间用在如何作出正确的公共决策上来，这样就能更好地提高政府的工作效率，同时也能提高对公众的服务水平。

二　非政府组织的管理者素质

西方国家非政府组织的管理者普遍具备较高的素质。以美国为例，非营利组织的管理人员大多数是政府官员、大学教授、公司经理、社会活动家、律师及其他方面的专家。一般来说，他们知识层次高，社会阅历广，有丰富的经验，具有为社会奉献的精神。因此，他们能对组织进行合法、高效的管理，使志愿者组织能够以最少的成本，提供最多的服务。而且，美国非政府组织的工作人员一般都会得到合理的收入。我国也应向这个方向努力，我国的非政府组织要想发展，也必须要充分吸收优秀的人才，给予其丰厚的待遇，鼓励其投入到非政府组织的工作中来。同时要加大对非政府组织管理人员的培训力度，加强非政府组织的能力建设，提高其整体素质，使非政府组织的人员在一个优越的环境中自身得到充分发展。

三　对非政府组织的管理和监督

从对非政府组织的管理和监督来看，以美国为例，全国各大城市设有无数个国家的、地方的委员会和理事会，它们负责监督和管理非营利组织活动，以确保这些组织的运作与它们的服务使命相一致，确保它们的活动符合法律要求和公共利益，信守公平原则，承担应负的目标任务。各级政府，特别是州政府对签订合同的过程和服务项目的实际兑现制定了详细的条款，不断完善它们的信息收集和管理系统，以进一步加强监督，提高管理效率，为非营利组织提供更好的服务。此外，其他组织和机构以及非营利组织本身也对非营利组织的运作进行严格的监督。这些对我国加强对非营利组织的管理和监督都是一个很好的借鉴。我国政府应当放宽登记控制，以体现公民的自由，同时加强服务机构运作期间的管理，对其运作的规范化及质量进行监督，以促使这些机构在满足居民需要方面起到应有的作用。

四　国家对非政府组织的调控

从法制上看，西方对非营利组织进行宏观控制的主要手段是税法。非政府组织的内外经济活动受到有关税法条款的约束。美国对非政府组织的税务控制，首先是严格审定免税组织。其次是严格审查与非营利目标无关联的活动。我国的非政府组织在法制上还很不健全，当务之急是加快法制、法规建设，尽早制定非营利组织的审查和注册标准，使一批真正愿意为社会做贡献的非政府组织合法化。对于合法的非政府组织，国家也要免税，同时严格规范其行为，使非政府组织沿着法制的轨道，正常地得到发展。

还有就是人们的慈善意识问题。在美国，个人捐赠几乎已经深入到每个家庭。与此同时，参加志愿者行动的人数也在增加。素不相识的志愿者为了同一个目标走到一起，他们奉献的的确不只是时间，而是共同的价值观。可以说，现代慈善意识深入人心，是促进美国非政府组织持续稳定发展的重要原因。现代慈善不仅是一种组织结构，而且是一种新的社会价值观。它使人们面对自己或他人的社会苦难不是简单的发发善心拉人一把，而是致力于增加自己和他人解决问题并持续发展的能力。这个能力的培养要靠全社会群众的广泛参与和共同努力。我们这么大的一个国家，如果全体公民都有了慈善意识，每个人都能为慈善事业尽一份心、尽一份力，我们的非政府组织的事业就会发展得更好。然而支持慈善事业，光靠接济是不够的，应该像美国非政府组织一样，让慈善意识深入人心，帮助需要帮助的人树立信心，并帮其找到解决难题的方法才是最重要的。"授之以鱼"不如"授之以渔"，因为这样才是真正从根本上帮助他们，让他们掌握解决问题的能力。

参考文献

（一）中文参考文献（译著）

1. ［美］阿瑟·奥肯：《平等与效率——重大的抉择》，华夏出版社 1987 年版。

2. ［瑞士］西斯蒙第：《政治经济学新原理》，商务印书馆 1964 年版。

3. 中共中央马恩列斯著作编译局编：《马克思恩格斯选集》（第 1 卷），人民出版社 1995 年版。

4. ［瑞典］克赛尔：《国民经济学讲义》，上海译文出版社 1983 年版。

5. ［美］加尔布雷思：《经济学和公共目标》，商务印书馆 1980 年版。

6. ［英］庇古：《福利经济学》，华夏出版社 2007 年版。

7. ［英］罗宾斯：《经济科学的性质和意义》，商务印书馆 2000 年版。

8. ［英］李特尔：《福利经济学评述》，商务印书馆 1980 年版。

9. ［美］萨缪尔森：《经济分析基础》，商务印书馆 1992 年版。

10. ［美］萨缪尔森、诺德豪斯：《经济学》（第 17 版），人民邮电出版社 2004 年版。

11. ［美］詹姆斯·M. 亨德森、理查德·E. 匡特：《中级微观经济理论——数学方法》，北京大学出版社 1988 年版。

12. ［印］阿玛蒂亚·森：《伦理学与经济学》，商务印书馆 2000 年版。

13. ［美］舒尔茨：《论人力资本投资》，北京经济学院出版社 1992 年版。

14. ［美］米尔顿·弗里德曼：《资本主义与自由》，商务印书馆 2004 年版。

15. ［美］米尔顿·弗里德曼、罗斯·弗里德曼：《自由选择：个人声明》，商务印书馆 1982 年版。

16. ［英］哈耶克：《法律、立法和自由》（第 2 卷），劳特里奇和基根·保罗图书公司 1976 年版。

17. ［美］诺齐克：《无政府、国家与乌托邦》，中国社会科学出版社 1991 年版。

18. ［德］格尔哈德帕普克主编： 《知识、自由与秩序——哈耶克思想论集》，中国社会科学出版社 2001 年版。

19. ［英］哈耶克：《自由秩序原理（上册)》，生活·读书·新知三联书店 1997 年版。

20. ［美］J. M. 布坎南：《自由、市场和国家》，北京经济学院出版社 1989 年版。

21. ［美］威尔伯主编：《发达与不发达问题的政治经济学》，中国社会科学出版社 1984 年版。

22. ［埃］萨米尔·阿明：《不平等的发展》，商务印书馆 1990 年版。

23. ［英］卡尔·波兰尼：《大转型——我们时代的政治

与经济起源》（第 4 版），浙江人民出版社 2007 年版。

24．［美］萨缪尔森：《经济学》（上册），商务印书馆 1986 年版。

25．［英］J. M. 凯恩斯：《就业、利息与货币通论》，生活·读书·新知三联书店 1996 年版。

26．［美］罗尔斯：《正义论》（第一版），中国社会科学出版社 1988 年版。

27．［澳］J. J. C. 斯马特、［英］B. 威廉斯：《功利主义：赞成与反对》，中国社会科学出版社 1992 年版。

28．［美］亨特（E. K. Hunt）：《经济思想史：一种批判性的视角（第二版）》，颜鹏飞总译校，上海财经大学出版社 2007 年版。

29．［美］贝希·布查尔特·艾德勒等：《通行规则：美国慈善法指南》，中国社会出版社 2007 年版。

30．［英］克拉潘：《现代英国经济史》，商务印书馆 1975 年版。

31．盛庆琜：《统合效用主义与公平分配》，浙江大学出版社 2006 年版。

32．［英］亚当·斯密：《道德情操论》，商务印书馆 2004 年版。

33．［英］亚当·斯密：《国民财富的性质和原因的研究》，商务印书馆 2004 年版。

34．［英］威廉·汤普逊：《最能促进人类幸福的财富分配原理的研究》，何慕李译，商务印书馆 1997 年版。

35．［美］迈克尔·沃尔泽：《正义诸领域：为多元主义与平等一辩》，译林出版社 2002 年版。

36．［美］约瑟夫·熊彼特：《经济分析史（第一、二卷)》，朱泱等译，商务印书馆 2001 年版。

37.［加］威尔·金里卡：《当代政治哲学》，上海三联书店 2003 年版。

38.［美］拉齐恩·萨丽等：《哈耶克与古典自由主义》，秋风译，贵州人民出版社 2003 年版。

39.［美］查理德·布隆克：《质疑自由市场经济》，林季红译，江苏人民出版社 2000 年版。

40.［美］艾伦·布坎南：《伦理学、效率与市场》，廖申白等译，中国社会科学出版社 1991 年版。

41.［美］詹姆斯·M. 布坎南：《财产与自由》，韩旭译，中国社会科学出版社 2002 年版。

42.［美］詹姆斯·L. 多蒂、德威特·R. 李：《市场经济：大师们的思考》，林季红等译，江苏人民出版社 2000 年版。

43.［英］安德鲁·甘布尔：《自由的铁笼：哈耶克传》，王晓冬等译，江苏人民出版社 2005 年版。

44.［英］哈耶克：《哈耶克论文集》，邓正来译，首都经济贸易大学出版社 2001 年版。

44.［美］克拉克：《财富的分配》，陈福生译，商务印书馆 1997 年版。

45.［美］詹姆斯·E. 米德：《效率、公平与产权》，施仁译，北京经济学院出版社 1992 年版。

46.［印］阿玛蒂亚·森：《论经济不平等——不平等之再考察》，社会科学文献出版社 2006 年版。

47.［印］阿玛蒂亚·森等：《生活水准》，徐大建译，上海财经大学出版社 2007 年版。

48.［美］迈克尔·谢若登：《资产与穷人——一项新的

美国福利政策》，高鉴国译，商务印书馆 2007 年版。

49. ［美］杰弗里·萨克斯：《贫穷的终结——我们时代的经济可能》，邹光译，上海人民出版社 2007 年版。

50. ［瑞典］冈纳·缪尔达尔：《亚洲的戏剧——对一些国家贫困问题的研究》，北京经济学院出版社 1992 年版。

51. ［瑞典］冈纳·缪尔达尔：《世界贫困的挑战——世界反贫困大纲》，北京经济学院出版社 1991 年版。

52. ［印］阿玛蒂亚·森：《以自由看待发展》，中国人民大学出版社 2002 年版。

53. ［英］尼古拉斯·巴尔主编：《福利经济学前沿问题》，中国税务出版社 2000 年版。

54. ［美］夏普·雷吉斯特：《社会问题经济学》，中国人民大学出版社 2000 年版。

55. ［美］西奥多·W. 舒尔茨：《改造传统农业》，梁小民译，商务印书馆 2007 年版。

56. ［美］威廉·朱利叶斯·威尔逊：《真正的穷人——内城区、底层阶级和公共政策》，上海人民出版社 2007 年版。

（二）中文参考文献（专著）

57. 丁冰、张连城编著：《现代西方经济学说》，中国经济出版社 2002 年版。

58. 厉以宁、吴易风、李懿：《西方福利经济学述评》，商务印书馆 1984 年版。

59. 胡代光编著：《西方经济学说的演变及其影响》，北京大学出版社 1998 年版。

60. 胡代光、周安军：《当代国外学者论市场经济》，商务印书馆 1996 年版。

61. 谢罗奇：《市场失灵与政府治理》，湖南人民出版社 2005 年版。

62. 胡代光、厉以宁：《当代资产阶级经济学主要流派》，商务印书馆 1982 年版。

63. 江春泽：《比较经济体制学》，人民出版社 1992 年版。

64. 罗肇鸿、张仁德编著：《世界市场经济模式综合与比较》，兰州大学出版社 1994 年版。

65. 马啸原编著：《民主社会主义思潮研究》，云南大学出版社 1993 年版。

66. 史妍嵋：《经济全球化与当代资本主义新变化》，广东人民出版社 2004 年版。

67. 资中筠：《财富的归宿——美国现代公益基金会述评》，上海人民出版社 2006 年版。

68. 黄有光：《经济与快乐》，东北财经大学出版社 2000 年版。

69. 黄有光：《效率、公平与公共政策——扩大公共支出势在必行》，社会科学文献出版社 2003 年版。

70. 钱满素：《美国自由主义的历史变迁》，生活·读书·新知三联书店 2006 年版。

71. 吴忠民：《社会公正论》，山东人民出版社 2004 年版。

72. 郭雪剑：《三条保障线——中国反贫困的理论与实践》，中国社会出版社 2007 年版。

73. 任福耀、王洪瑞：《中国反贫困理论与实践》，人民出版社 2003 年版。

74. 王碧玉：《中国农村反贫困问题研究》，中国农业出版社 2006 年版。

75. 程胜利：《经济全球化与当代中国城市贫困》，社会科学文献出版社 2007 年版。

76. 刘明宇：《贫困的制度成因——产业分工与交换的经济学分析》，经济管理出版社 2007 年版。

77. 叶普万：《贫困经济学研究》，中国社会科学出版社 2004 年版。

78. 蔡昉：《穷人的经济学——农业依然是基础》，社会科学文献出版社 2007 年版。

79. 李彦昌：《城市贫困与社会救助研究》，北京大学出版社 2004 年版。

80. 陈文通等：《科学发展观新论》，江苏人民出版社 2005 年版。

81. 方福前：《福利经济学》，人民出版社 1994 年版。

82. 中国发展研究基金会组织编：《2007 中国发展报告：在发展中消除贫困》，中国发展出版社 2007 年版。

83. 王艳萍：《克服经济学的哲学贫困——阿玛蒂亚·森的经济思想研究》，中国经济出版社 2006 年版。

84. 樊勇：《贫富论——唯物史观视角》，人民出版社 2006 年版。

85. 钱再见：《失业弱势群体及其社会支持研究》，南京师范大学出版社 2006 年版。

86. 刘朝臣、鲍步云：《农村人力资本投资研究》，吉林大学出版社 2007 年版。

87. 余秀兰：《社会弱势群体的教育支持》，中国劳动社会保障出版社 2007 年版。

88. 刘润葵等编著：《市场竞争中的弱势群体研究》，经济日报出版社 2007 年版。

89. 刘明宇：《贫困的制度成因——产业分工与交换的经

济学分析》，经济管理出版社 2007 年版。

　　90. 李学林：《社会转型与中国社会弱势群体》，西南交通大学出版社 2005 年版。

　　91. 权衡等编著：《收入分配与社会和谐》，上海社会科学院出版社 2006 年版。

　　92. 谭崇台编著：《发展经济学》，上海人民出版社 1989年版。

（三）中文参考文献（论文）

　　93. 卢周来：《用"穷人的经济学"看中国的贫困治理》，《学习与实践》2006 年第 3 期。

　　94. 蔡昉：《从发展经济学到"穷人经济学"》，《读书》2006 年第 7 期。

　　95. 赵晓：《赚穷人的钱并帮助穷人——我所读到的最新的"穷人的经济学"》，《理论前沿》2005 年第 14 期。

　　96. 季建林：《执政成本与"穷人经济学"》，《执政党建设研究》2005 年第 10 期。

　　97. 陈端计、詹向阳：《贫困理论研究的历史轨迹与展望》，《青海师专学报》（教育科学版）2006 年第 1 期。

　　98. 徐铁光、邓志平：《穷人经济学新探》，《和田师范专科学校学报》（汉文综合版）2007 年第 4 期。

　　99. 范振华：《穷人经济与穷人经济学探析》，《学习论坛》2006 年第 9 期。

　　100. 益民：《穷人经济学的伟大实践——中国式扶贫加速世界减贫进程》，《决策与信息》2005 年第 11 期。

　　101. 周诚：《从穷人的经济学谈起——关于"经济学"这一概念的滥用等问题》，《中国经济时报》2006 年 3 月

28 日。

102. 樊继达：《舒尔茨与"穷人经济学"》，《学习时报》
2005 年 5 月 16 日。

103. 吴祚来：《研究穷人成为世界课题》，《环球时报》
2006 年 10 月 28 日。

104. 霍增龙：《房价疯涨摧残着穷人的梦想》，《财富时
报》2005 年 4 月 12 日。

105. 刘春雷：《关于住房的"穷人经济学"》，《资源与人
居环境》2006 年第 9 期。

106. 俞肖云：《穷人经济学之四：血汗民工路》，《中国
统计》2006 年第 11 期。

107. 陈迪平：《库兹涅茨收入分配假说与我国现实》，
《江西社会科学》2004 年第 3 期。

108. 张会恒：《市场失灵与政府干预》，《阜阳师院学报
（社科版）》1997 年第 2 期。

109. 张润森：《北欧地区的经贸特点》，《世界经济文汇》
1992 年第 5 期。

110. 邵东：《舒尔茨与"穷人的经济学"》，《经济广角》
2005 年第 6 期。

111. 吴清华：《当代中外贫困理论比较研究》，《人口与
经济》2004 年第 1 期。

112. 季小江：《"穷人经济学"的三重启示》，《经济论
坛》2006 年第 15 期。

113. 汪段泳、刘振光：《国外反贫困理论研究的新进展》，
《江汉论坛》2007 年第 5 期。

114. 李薇玲、李洪梅：《马克思的无产阶级贫困化理论与
阿马蒂亚·森的贫困理论比较》，《社科纵横》2008 年第 2 期。

115. 王新生、罗志刚：《以人为本视角下社会弱势群体保护的理论探析》，《湖南财经高等专科学校学报》2007 年第12 期。

116. 李茂平：《我国民间组织与社会弱势群体救助》，《理论界》2008 年第 1 期。

117. 崔旺来、闫莉娜：《文明与和谐：兼论和谐社会视域中的弱势群体》，《辽宁行政学院学报》2008 年第 2 期。

（四）英文参考文献

118. Alexander S. Preker and John C. Langenbrunner, Spending Wisely：Buying Health Services for the Poor, Copyright 2005 by The International Bank for Reconstruction and Development/The World Bank 1818 H Street, N. W. , Washington, D. C. 20433, U. S. A.

119. Martin Ravallion, Poverty Comparition, Washington, D. C. 1994.

120. K. J. Arrow （ed. ）. *Choice, Welfare and Development.* 1st ed. Cambridge University Press, 1995.

121. Azizur R. Khan, *Poverty in China in the period of globalization.* IL0, 1999.

122. Jeremy Bentham, *Jeremy Bentham's Economic Writings*, W. Stark. London：Allen and Unwin, 1954.

123. John Stuart Mill, *Principles of Political Economy*. New York：Augustus M. Kelley, 1965.

124. Thorstein Veblen, *The Theory of the Leisure Class.* New York：Augustus M. Kelley, 1965.

125. J. A. Hobson, *Imperialism：A Study.* Ann Arbor：University of Michigan Press, 1965.

126. A. Sen. *Social Exclusion*: *Concept*, *Application and Scrutiny*, *Social Development Papers*, No. 1, Office of Environment and Social Development, Asian Development Bank, June 2000.

127. Nassau Senior, *Three Lectures on the Rate of Wages.* New York: Augustus M. Kelley, 1966.

128. Freeman, Samuel, (ed.), Rawls, 生活·读书·新知三联书店 2006 年版。

129. Pressman, Steven, & Summerfield, Gale, （2000）, The Contribution of Amartya Sen, *Review of Political Economy*, Vol. 12, No 1.

130. Rauhut, Daniel; Hatti, Neelambar & Olsson, Carl—Axel ed., *Economists and Poverty*: *From Adam Smith to Amartya Sen*, New Delhi: Vdeams ebooks Pvt. Ltd, 2005.

131. Wolff, Robert, P., *Understanding Rawls*: *A Reconstruction and Critique of A Theory of Justice*, Princeton: Princeton University Press, 1977.

后　记

　　本书是在我博士论文的基础上修改完成的。在我的博士生活即将结束之时，我才突然发现，美丽的武汉大学是如此让我留恋，在这里结下的深厚友谊亦让我终身难忘。我深深地感觉到这段生活无论对我的学业、事业还是对我以后的人生都影响重大。

　　在这三年里，对我影响最大的人就是我的导师——颜鹏飞老师。正是在导师为人、为学、为事的高贵品质的熏陶下，我才得以有所感悟和收获。导师的广博学识、缜密思维、优美流畅的文笔，尤其是对最新科研动态的关注及重大现实问题的准确把握和敏锐洞察，常常让我钦佩不已。他严谨的治学态度、从容的处事方略以及亲切和蔼的品性都给我留下了深刻的印象。导师对我整个博士研究生学习的指导与帮助！令我受益匪浅！最为关键的是，在我人生最重要的时刻，是导师帮助我迈入一个更高的阶段，改变了我以后的人生道路，使我能够继续顺利往前走，我将终身感激不尽。另外，师母邵秋芬老师也在生活上给予了我极大的关怀和指导，她的亲切、慈爱常常令我感觉到家的温暖！

　　就本书的写作而言，从选题到资料的查找、结构的推敲及成文的整个过程，颜老师都给予了我悉心的指导和最大的帮助，在写作过程中，颜老师每每于百忙之中抽出时间来审阅，并提出许多宝贵意见和建议，在写作最艰难的时候，如果不是颜老师给予我学业上的指导和精神上的鞭策，我想以我个人学识和承受力很难完成此稿。本书的字里行间无不凝结着导师的无数心血。可以说，本书从选题立意，到布局谋篇、观点推敲，乃至遣词造句、标点注释，无不浸透着导师的不倦教诲和亲切关怀。导师的豁达、勤奋与睿智，将使我永远铭记。在开题报告中，顾海良老师、王元璋老师、乔洪武老师、严清华老师提出了很多非常具体和有价值的修改意见，也给了我很多的鼓励，让我受益良多，老师们和蔼亲切的态度也让我倍感温馨。在这里，要对我们经济思想史研究所的各位老师表示衷心的谢意。

在这里，还要感谢我的同学，是他们的殷切希望和良好的祝愿，给了我不断进取的力量，是他们的理解、支持与并肩作战使我能够坚持到今天。我要感谢我的家人，他们的物质与精神支持让我得以顺利完成学业。最后，感谢出版社的编辑对本书的出版付出的辛勤劳动。谨以此书献给我的爱人和我肚子里的宝宝。

贺　静

2012 年 8 月于北京